"Musik ist, was Musik für Dich ist".
- Damian Hermann

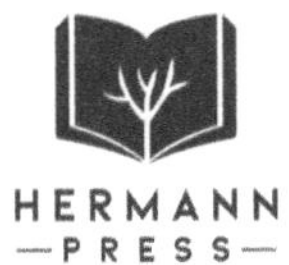

HERMANN
—PRESS—

Veröffentlicht von

www.HermannPress.com

# WILKOMMEN

### Zu: 'MOLL & DUR SKALA'.
#### Der Klavier Lehrer: Buch 1


Deine Reise durch musikalische Tonleitern.
Die essentielle Grundlage zum Verstehen von Harmonie und
Entwicklung deiner Kreativität.

Dieser Schritt-für-Schritt Leitfaden bietet dir ein
Wertvolles musikalisches Fundament über Tonleitern,
Auch Skalen genannt mit ihren Umkehrungen
Auf einfache und verständliche Weise.


Dranbleiben ist der Schlüssel zum Erfolg und selbst wenige,
Jedoch regelmäßige Minuten täglich verhelfen
Dir deine Ziele zu erreichen.


## JETZT IST DEINE ZEIT

# EINFÜHRUNG

Jede Tonleiter in diesem Buch folgt einer bestimmten Abfolge und Struktur.
Man hat die Möglichkeit entweder mit der linken oder der rechten Hand zu beginnen.
Üblich ist, dass die linke Hand die Melodie der rechten Hand begleitet. Eine gut
ausgebaute Basis ist essentiel und dient daher als der erste Schritt.

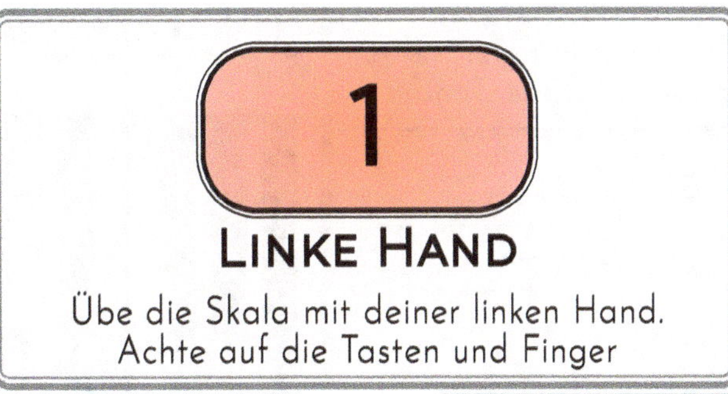




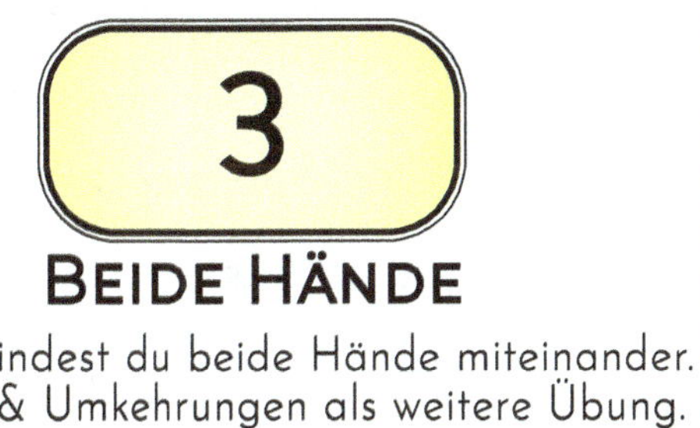


### NOTEN DER TONLEITER

Diese sieben Noten bilden die Tonleiter. Eine Dur-Tonleiter folgt dem Muster von
Ganz- und Halbtonschritten: G-G-H-G-G-G-H. Eine Moll-Tonleiter folgt dem Muster: G-H-G-G-H-G-G und erzeugt dadurch einen anderen emotionalen Klang.

### TONART DER MUSIKNOTIERUNG

Wieviele "Vorzeichen" (Kreuze oder Bs) hat die Tonart. Diese Vorzeichen verändern
die Tonhöhe einer Note, indem diese entweder durch ein "Kreuz" um einen Halbton
erhöht oder durch ein "B" um einen Halbston gesenkt wird. Eine Vorzeichnung enthält
entweder Kreuze oder Bs, niemals beide.

### REIHENFOLGE DER KREUZE UND BS

Dies ist die Reihenfolge in der die Vorzeichen auf dem Notensystem stehem. Als Beispiel
hat ein Notenbild mit fünf Kreuzen die Vorzeichen (Fis - Cis - Gis - Dis - Ais (sprich: A-is),
immer in dieser Folge stehen. Wenn gespielt kann diese Abfolge jedoch anders sein.

### PARALLELTONART

Eine Paralleltonart hat dieselben Noten wie ihre prallel -Dur oder -Moll Tonleiter. Zum
Beispiel ist die Tonleiter A-Moll die Parallelmoll von C-Dur, sie haben dieselbe
Vorzeichnung. Sie haben auch dieselben Noten, jedoch in einer anderen Reihenfolge.

### TIPPS ZUM ÜBEN

Übe mit einem Metronom um dein Tempo zu verbessern.
**Legato:** Die Noten werden weich und möglichst ohne Pausen verbunden gespielt.
**Staccato:** Noten kurz und präzise und so getrennt wie möglich spielen. *(Maschinengwehr-Klang).*

*DIE LINKE & RECHTE HAND FOLGEN DIESEN SCHRITTEN UND DEFINITIONEN*
*DURCH ALLE TONLEITERN IN DIESEM BUCH*

# PARALLELTONART

### C -Dur: keine Kreuze oder Bs

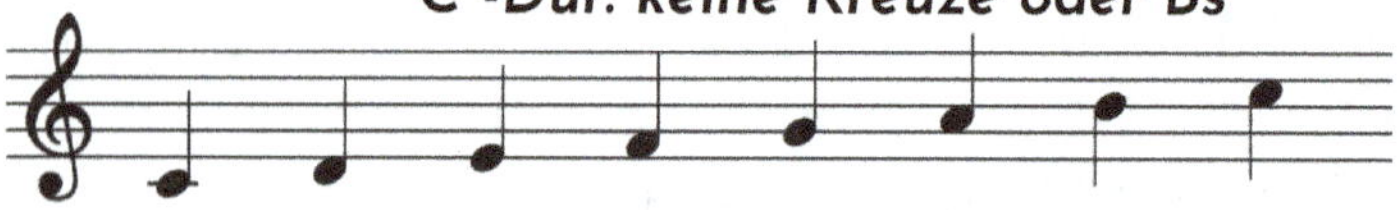

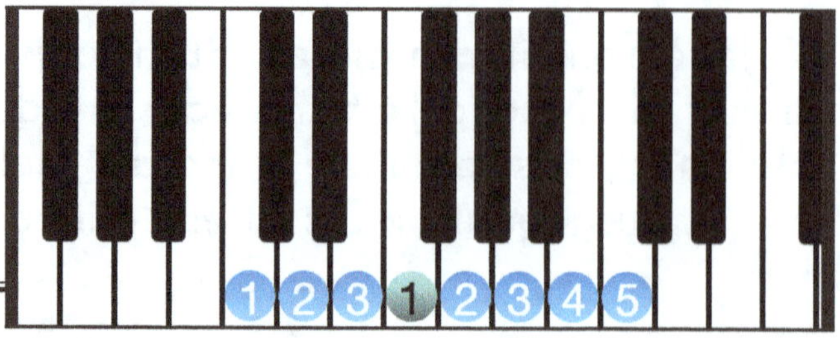

> C -Dur und C -Moll beginnen mit der selben
> Note, haben jedoch eine andere Tonart.

### C -Moll: drei Bs

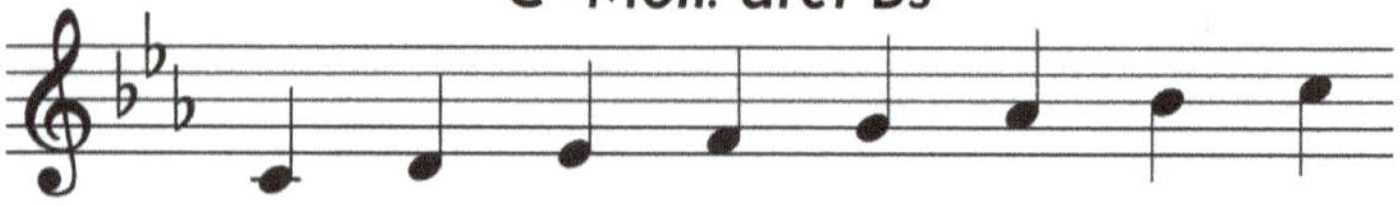

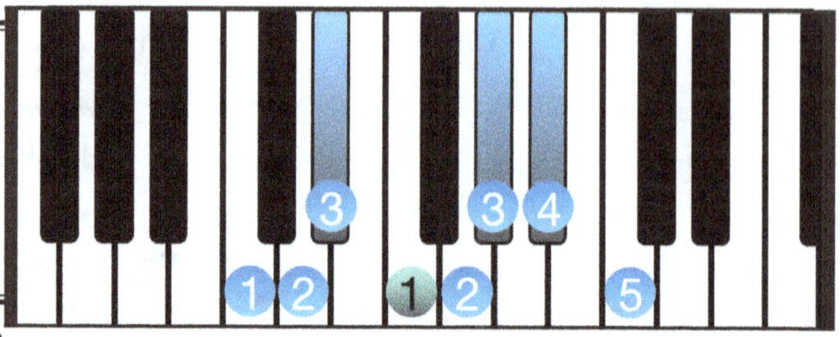

> C -Moll und Es -Dur beginnen mit verscheidenen
> Noten, haben jedoch dieselbe Tonart.

### Es -Dur: drei Bs

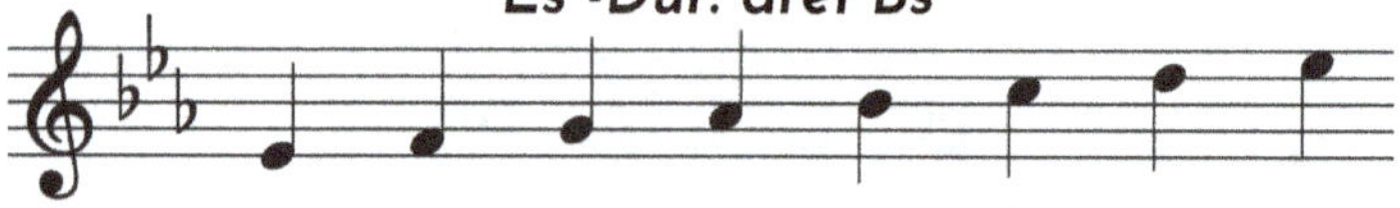

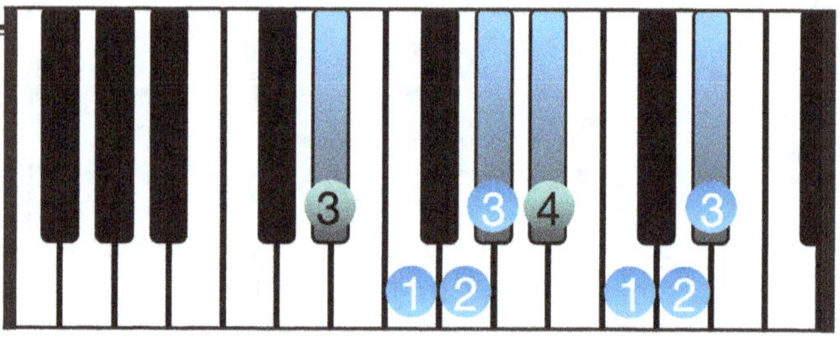

C -Moll ist die Parallelmoll von Es -Dur.
*siehe - Quintenzirkel s.7*

# ENHARMONISCHE TONLEITERN

Dur und Moll Skalen folgen immer dem selben Muster von Ganz- und Halbtonscrhitten.
Siehe -Dur und -Moll Skalen (*Seite 5*).
Du kannst also eine Moll Tonleiter entweder bei Es-Moll oder Dis-Moll beginnen und
wirst immer die selbe Reihenfolge an Noten spielen wenn du die Tonleiter spielst.
Diese Tonleitern teilen sich ebenso den selben Platz im Quintenzirkel (*Seite 7*).

### Es -Moll : sechs Bs

### Dis -Moll : sechs Kreuze

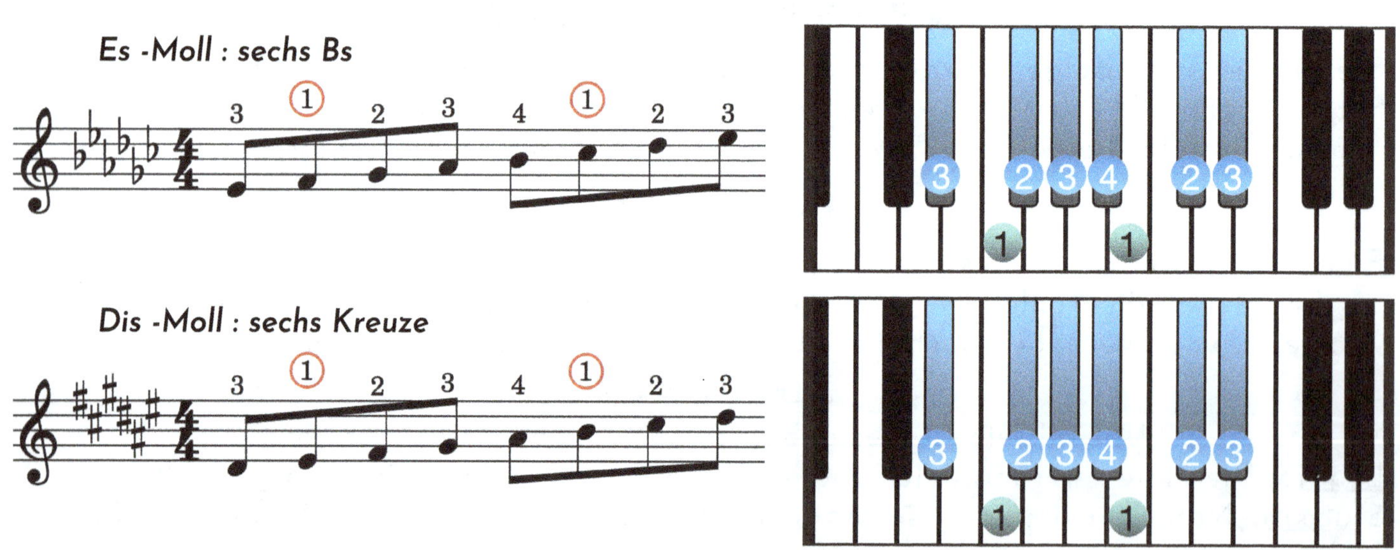

Beide Skalen haben die selbe Anordnung auf den Tasten, welche sie zu enharmonischen
Tonleitern macht. Die Schreibweise und Notennamen unterscheiden sich jedoch.

# DUR & NATÜRLICHE MOLL TONLEITERN

## Tonleitermuster -Dur und -Moll Vergleich

**Moll- Skala Muster (natürlich):**  G  H  G  G  H  G  G

**Dur- Skala Muster (natürlich):**  G  G  H  G  G  G  H

**G** = Ganzton- Schritt  **H** = Halbton- Schritt

Der Vergleich veranschaulicht, dass das Muster der Moll- Tonleitern mit dem Muster der Dur- Tonleitern übereinstimmt. Die Moll- Skala startet einen Halbton und einen Ganzton unter der Dur- Skala, deshalb ist eine relative Molltonart immer drei Halbtöne unter ihrer entsprechenden Durtonart.

**A-Moll hat die gleiche Tonart wie C-Dur, da C eine kleine Terz über A liegt.**

***Kleine Terz:*** *Ein musikalisches Intervall , das  aus drei Halbtonschritten besteht.*
***Grosse Terz:*** *Eine grosse Terz umfasst vier Halbtonschritte.*

**Beispiel**

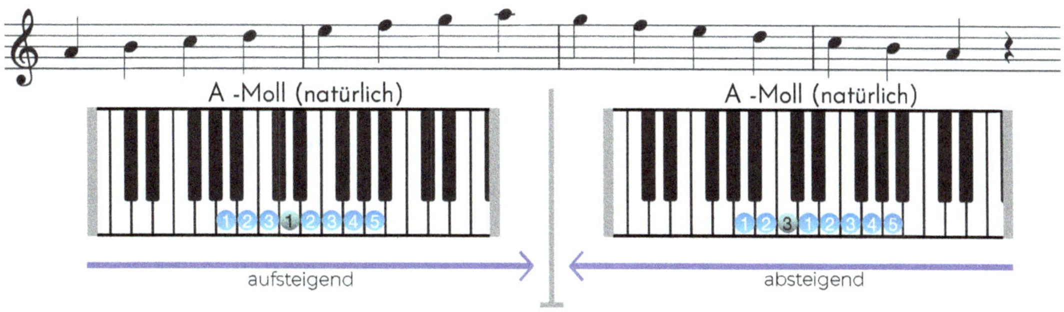

A -Moll (natürlich)  A -Moll (natürlich)

aufsteigend  absteigend

## NATÜRLICHE MOLL- LEITER

- *siehe* Grafik oben: Moll- Tonleiter Muster (natürlich)

C -Dur  C -Dur

aufsteigend  absteigend

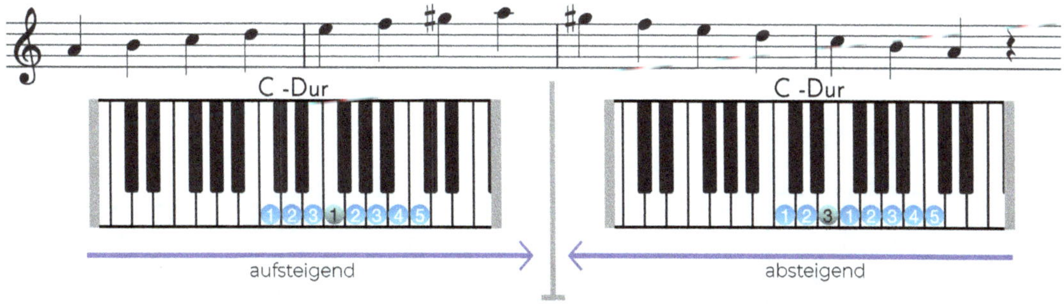

## DUR- LEITER

- *siehe* Grafik oben: Dur- Tonleiter Muster (natürlich)

## Übung I

Schreibe jede Tonleiter aus dem Bild als <u>aufsteigende</u> natürliche Moll- Skala.

*Grosses Notensystem auf Seite 102 ( Lösung zu Übung S. 103)*

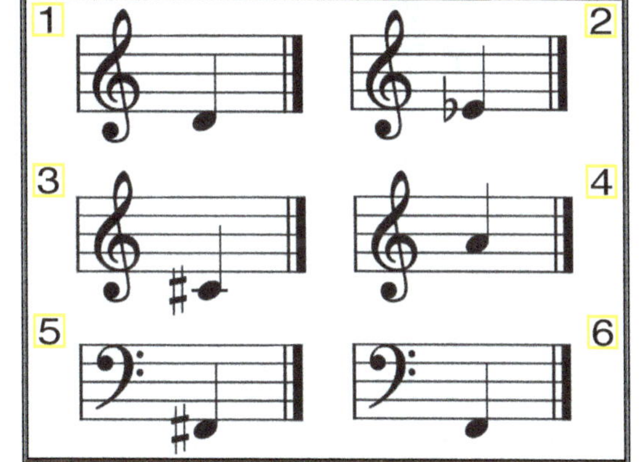

## Übung II

Schreibe jede Tonleiter aus dem Bild als <u>absteigende</u> Dur- Skala.

*Grosses Notensystem auf Seite 102 ( Lösung zu Übung S. 103)*

**Dur- und natürliche Moll Tonleitern folgen demselben Muster, starten jedoch an verschiedener Stelle.**

| Noten der Tonleiter: | C -Dur<br>1 Oktave<br>Beide Hände | Tonart: |
|---|---|---|
| C, D, E, F, G, A, H | | kein B / kein Kreuz |

In der Musik ist eine Oktave der Abstand zwischen zwei Musiknoten, die denselben Buchstaben haben (Latein octo = acht).

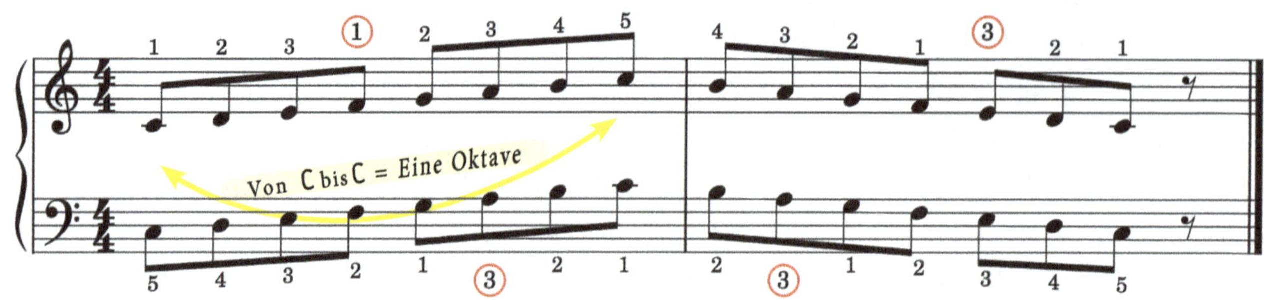


Hier oben siehst du die Noten im Notensystem. Note 8 verfollständigt die Oktave, imn diesem Beispiel ein 'C'. Das Feld 'Noten der Tonleiter' folgt der schriftlichen Reihenfolge im Schlüssel (wiederholt sich nach 7).

## WIE UNTEN GEZEIGT HAT JEDER FINGER EINE NUMMER, DAS IST IMMER SO.

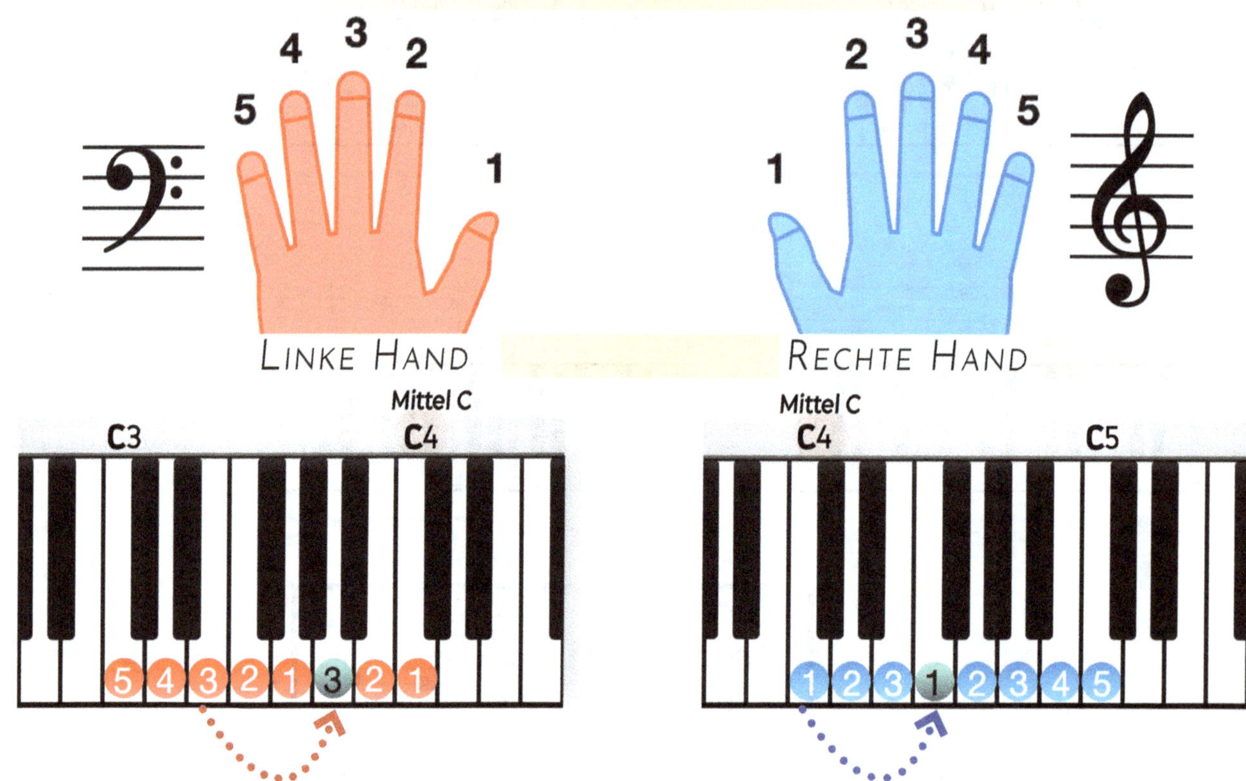


Die Tonleiter wird mit der zugehörigen Fingerzahl gespielt. Die Pfeile (gestrichelte Linie) zeigen an, wann die Finger Sprünge machen bzw. gewechselt werden. Verwende Finger '3' um die Skala fortzuführen. Finger '1' macht das 'Daumenunterschlagen' (eine Technik bei der der Daumen unter der Handfläche weitergeführt wird um die nächste Note zu spielen.)

**AUFSTEIGEND ( VON LINKS NACH RECHTS ),     ABSTEIGEND ( VON RECHTS NACH LINKS )**



SEITENLAYOUT

# QUINTENZIRKEL

Der Quintenzirkel zeigt in einer grafischen Weise die Beziehungen zwischen den 12 Dur- und Molltonarten. Zu <u>jeder Durtonart gibt es eine entsprechende verwandte Molltonart</u>. Nach rechts fügt jeder Schritt ein Kreuz hinzu, was bedeutet, dass jede folgende Tonart um eine *Quinte höher* liegt. Nach links fügt jeder Schritt ein B hinzu, wodurch jede folgende Tonart um eine *Quarte niedriger* liegt.

Diese Dur- und Molltonarten teilen <u>denselben Satz von Noten</u> miteinander, nur in einer anderen Reihenfolge.

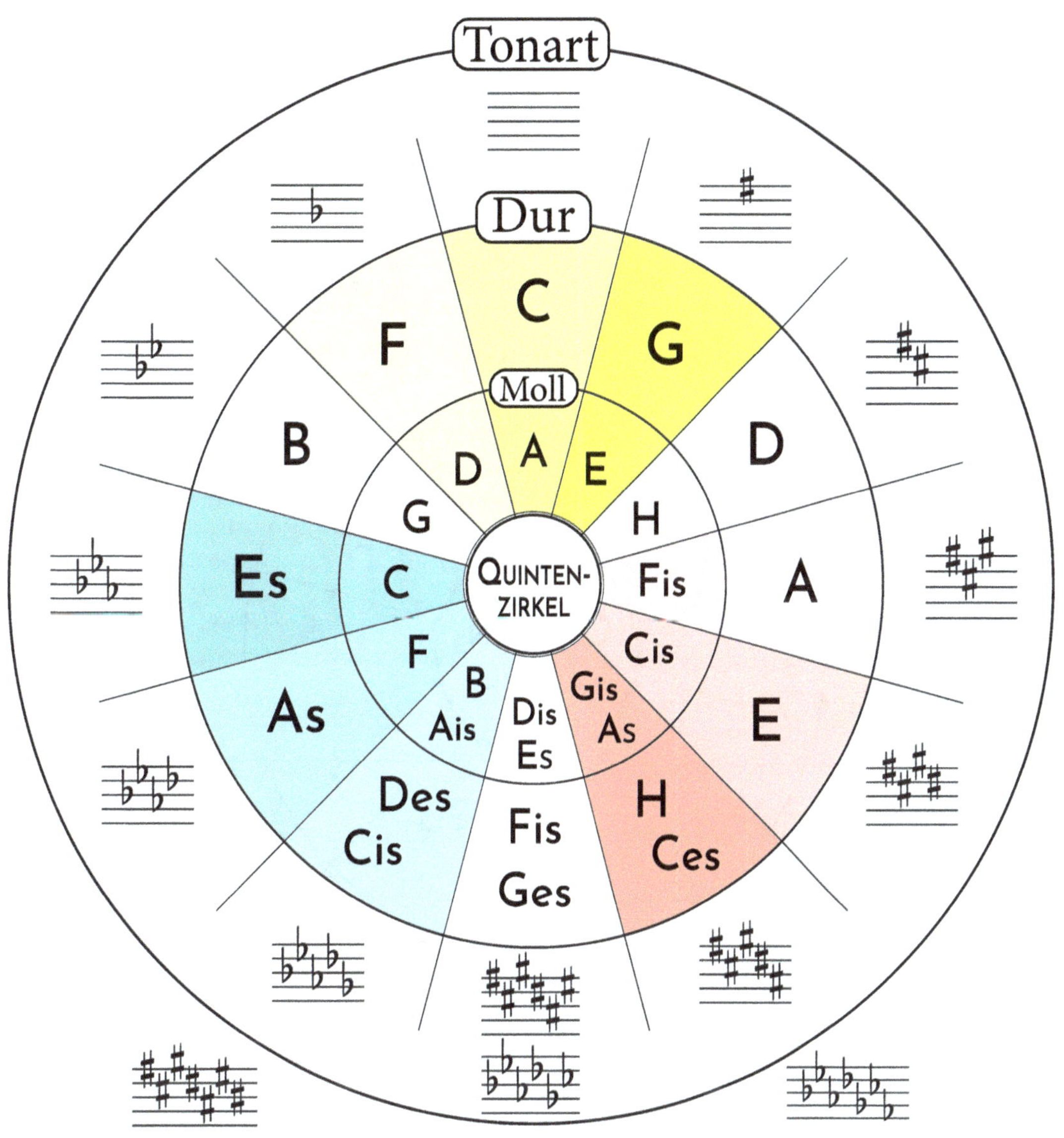


---

<table>
<tr><td>Reihenfolge in der Bs zur Tonart hinzugefügt werden</td><td>Reihenfolge in der Kreuze zur Tonart hinzugefügt werden</td></tr>
<tr><td>B (B♭), Es (E♭), As (A♭), Des (D♭), Ges (G♭), Ces (C♭), Fes (F♭)</td><td>Fis (F#), Cis (C#), Gis (G#), Dis (D#), Ais (A#), Eis (E#), His (B#)</td></tr>
</table>

# DUR - TONLEITERN

MIT DEM UHRZEIGERSINN

C-Dur (kein Kreuz)  ---> Cis-Dur (7 Kreuze)

VORZEICHEN TONART

( Anzahl Kreuze, erhöht sich um  $\sharp$ +1)

( Anzahl an Bs, senkt sich um  $\flat$ -1)

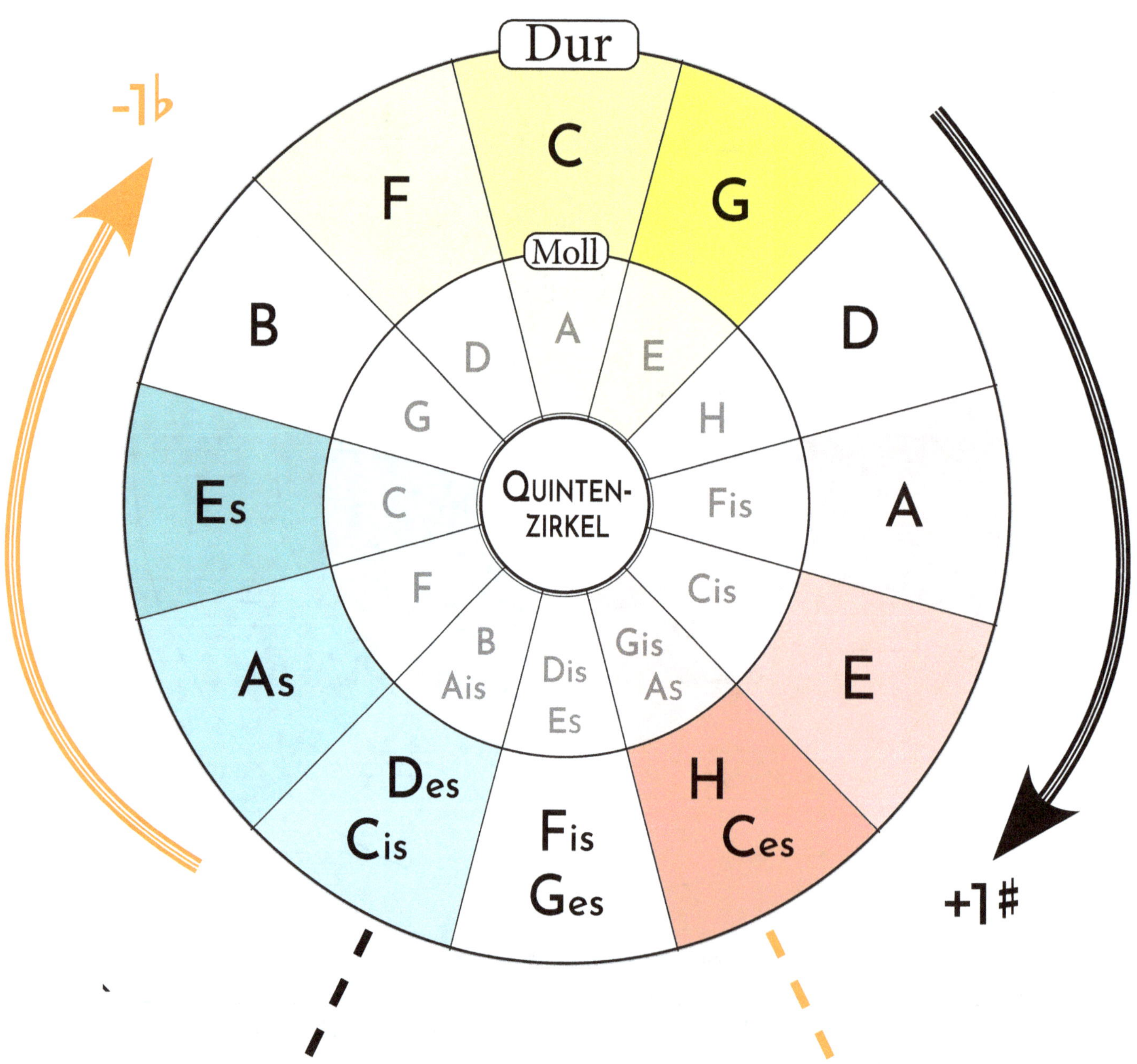

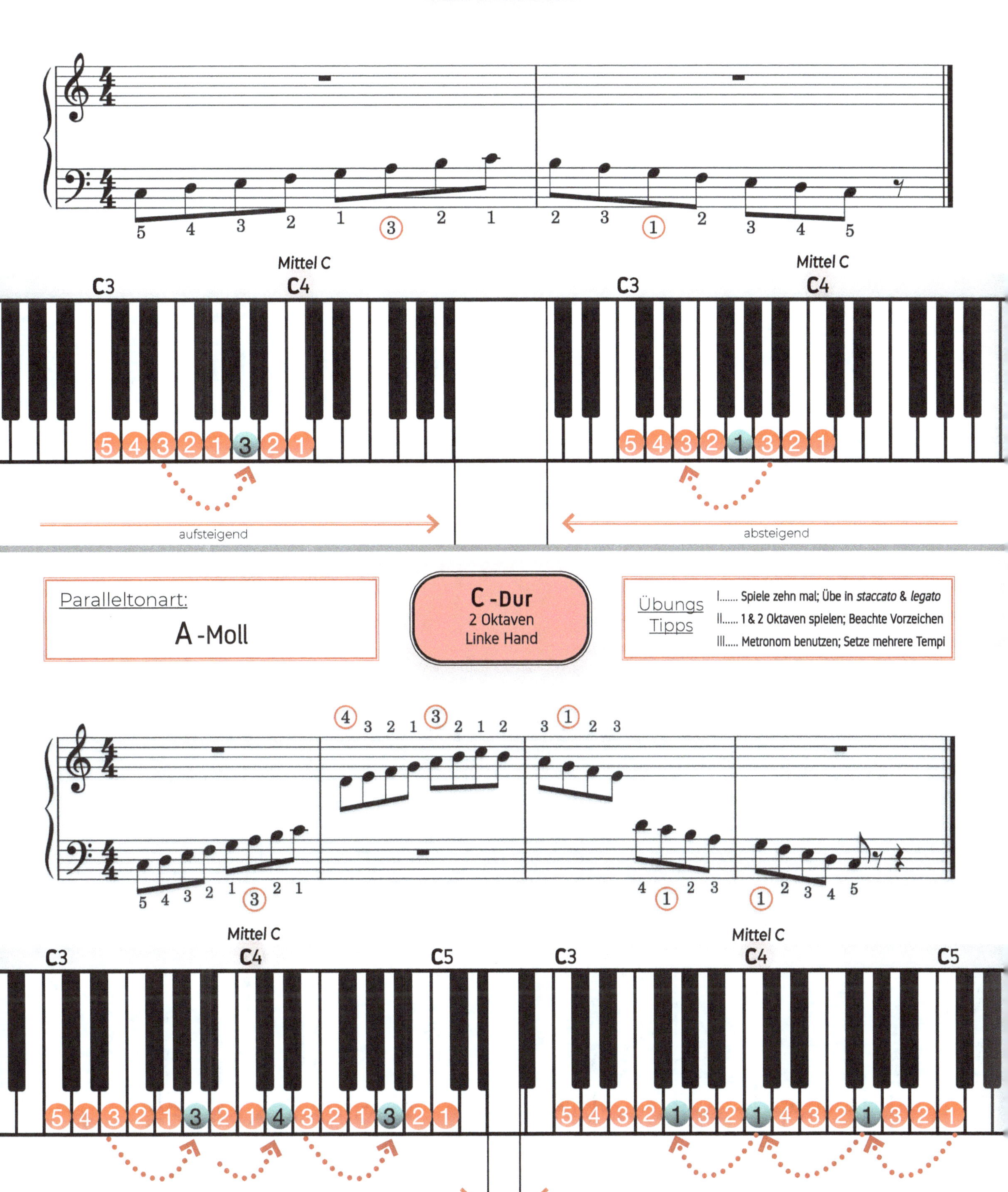

Noten der Tonleiter:
C, D, E, F, G, A, H
C -Dur
1 Oktave
Linke Hand
Tonart:
Kein B / Kein Kreuz
Mittel C
C3
C4
C3
Mittel C
C4
5 4 3 2 1 3 2 1
5 4 3 2 1 3 2 1
aufsteigend
absteigend
Paralleltonart:
A -Moll
C -Dur
2 Oktaven
Linke Hand
Übungs Tipps
I....... Spiele zehn mal; Übe in staccato & legato
II...... 1 & 2 Oktaven spielen; Beachte Vorzeichen
III..... Metronom benutzen; Setze mehrere Tempi
Mittel C
C3
C4
C5
C3
Mittel C
C4
C5
5 4 3 2 1 3 2 1 4 3 2 1 3 2 1
5 4 3 2 1 3 2 1 4 3 2 1 3 2 1
aufsteigend
absteigend

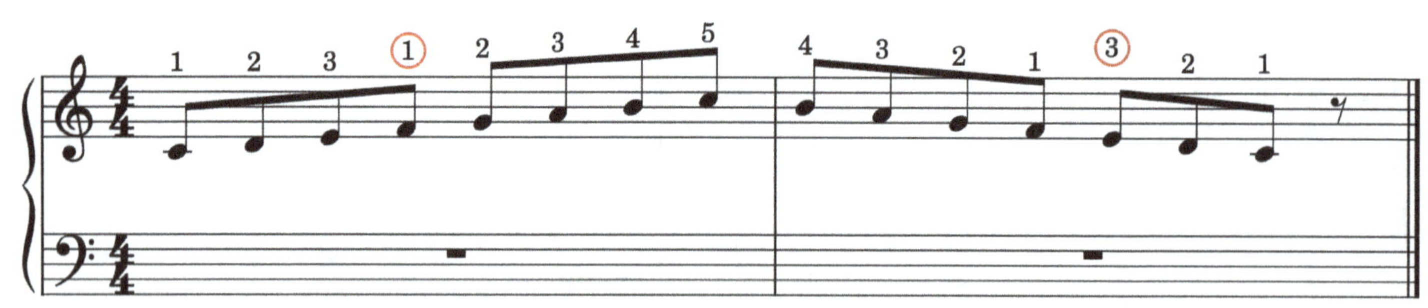

Noten der Tonleiter:
C, D, E, F, G, A, H
C -Dur
1 Oktave
Rechte Hand
Tonart:
Kein B / Kein Kreuz
1 2 3 1 2 3 4 5 4 3 2 1 3 2 1


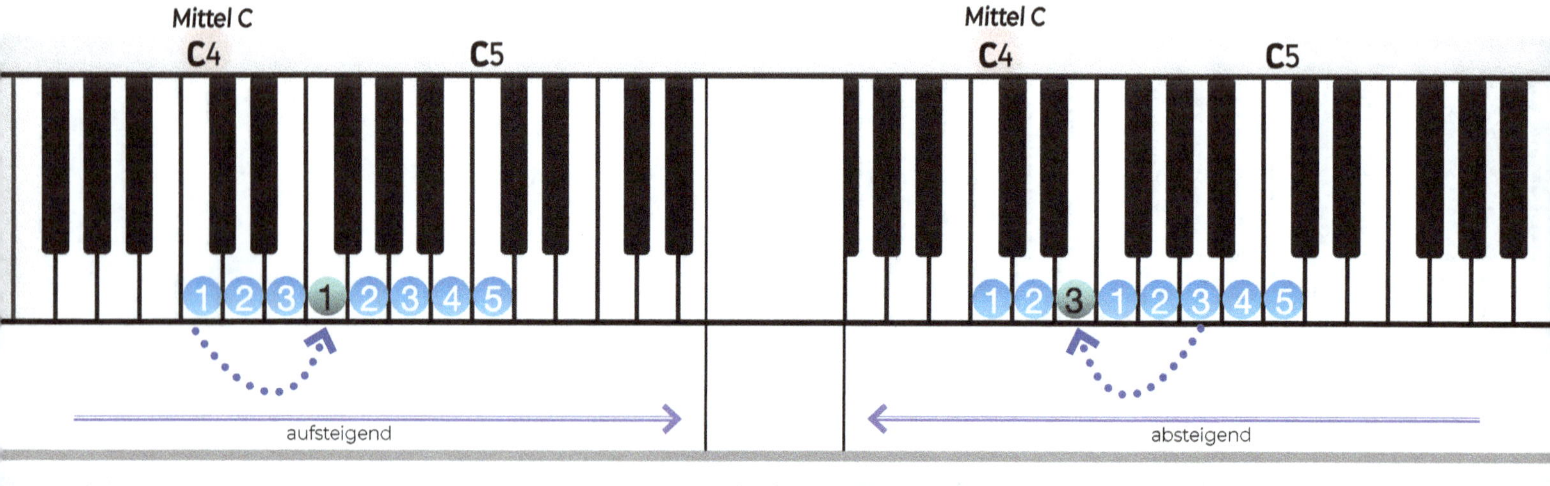

Mittel C
C4
C5
Mittel C
C4
C5
1 2 3 1 2 3 4 5
1 2 3 1 2 3 4 5
aufsteigend
absteigend


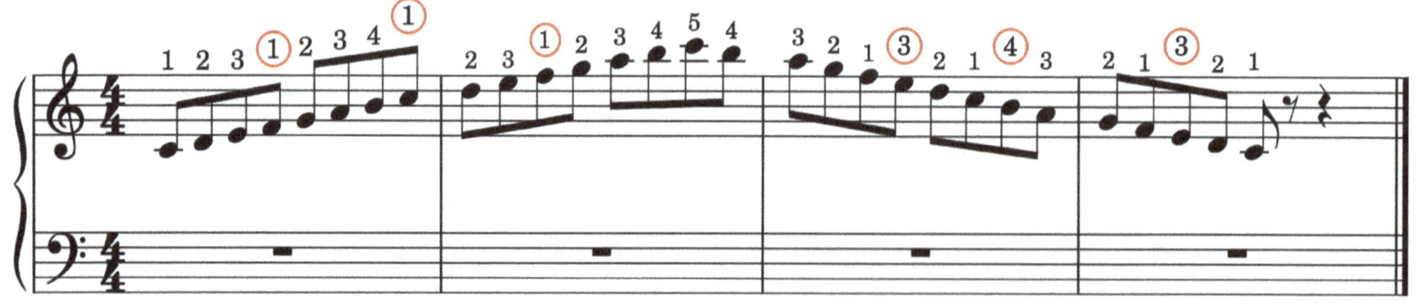

Paralleltonart:
A -Moll
C -Dur
2 Oktaven
Rechte Hand
Übungs Tipps
I....... Spiele zehn mal; Übe in staccato & legato
II...... 1 & 2 Oktaven spielen; Beachte Vorzeichen
III..... Metronom benutzen; Setze mehrere Tempi
1 2 3 1 2 3 4 1 2 3 4 5 4 3 2 1 3 2 1 4 3 2 1 3 2 1


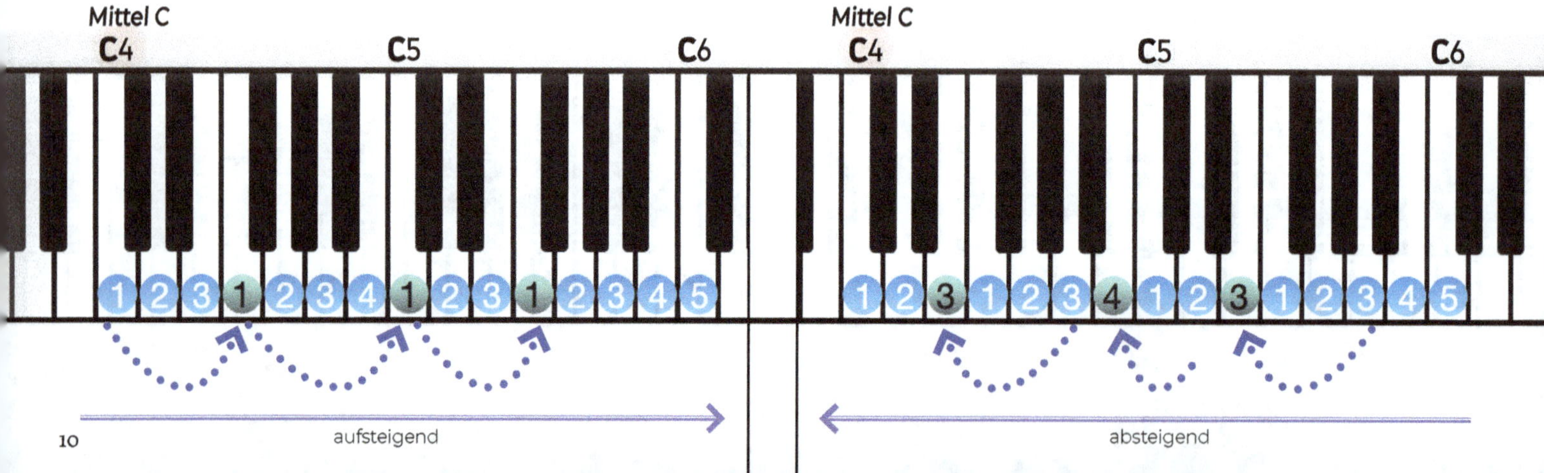

Mittel C
C4
C5
C6
Mittel C
C4
C5
C6
1 2 3 1 2 3 4 1 2 3 1 2 3 4 5
1 2 3 1 2 3 4 1 2 3 1 2 3 4 5
aufsteigend
absteigend

Noten der Tonleiter:
C, D, E, F, G, A, H

C -Dur
1 Oktave
Beide Hände

Tonart:
Kein B / Kein Kreuz

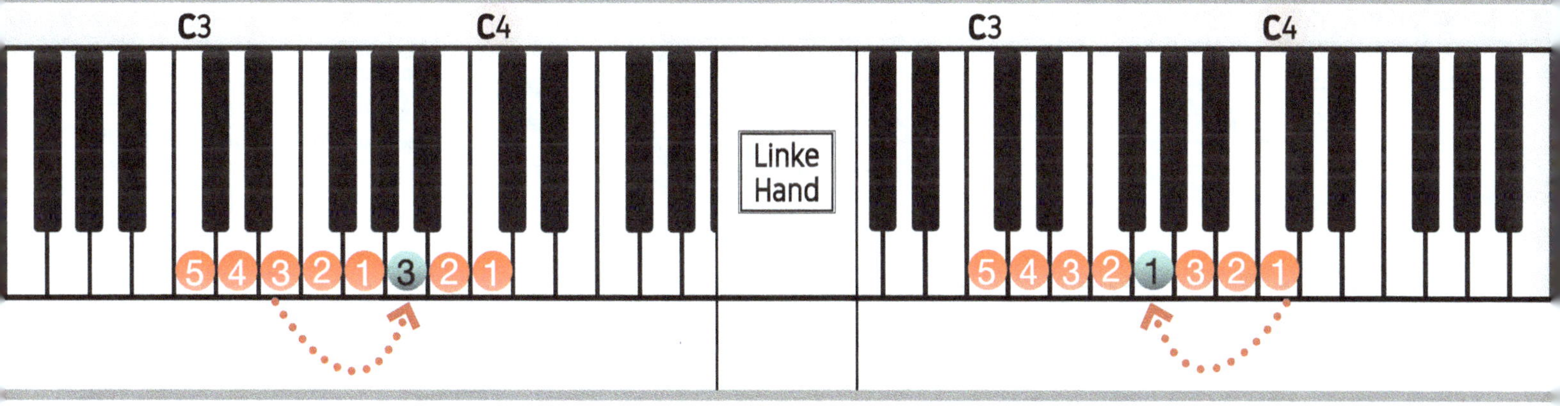

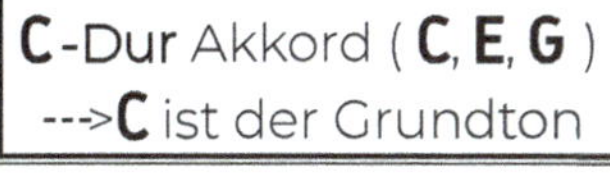


Mittel C
C4
C5
Mittel C
C4
C5
Rechte Hand
aufsteigend
absteigend
C3
C4
C3
C4
Linke Hand

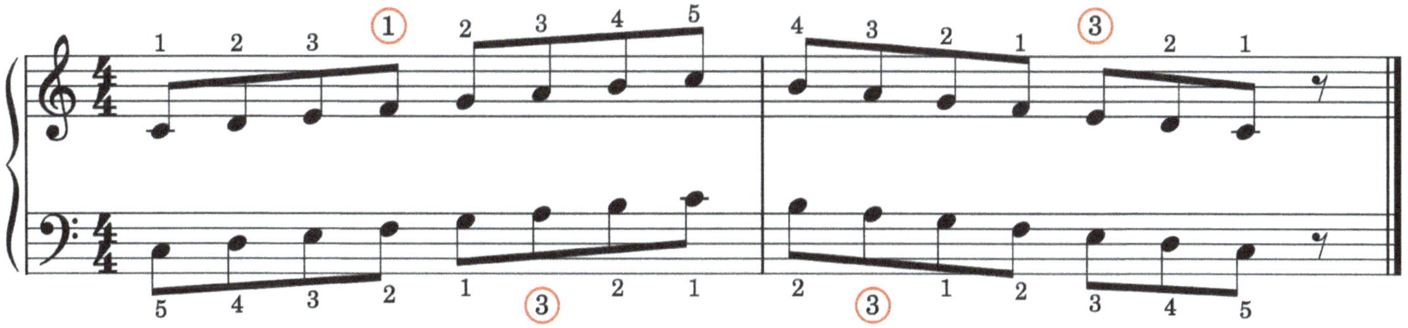

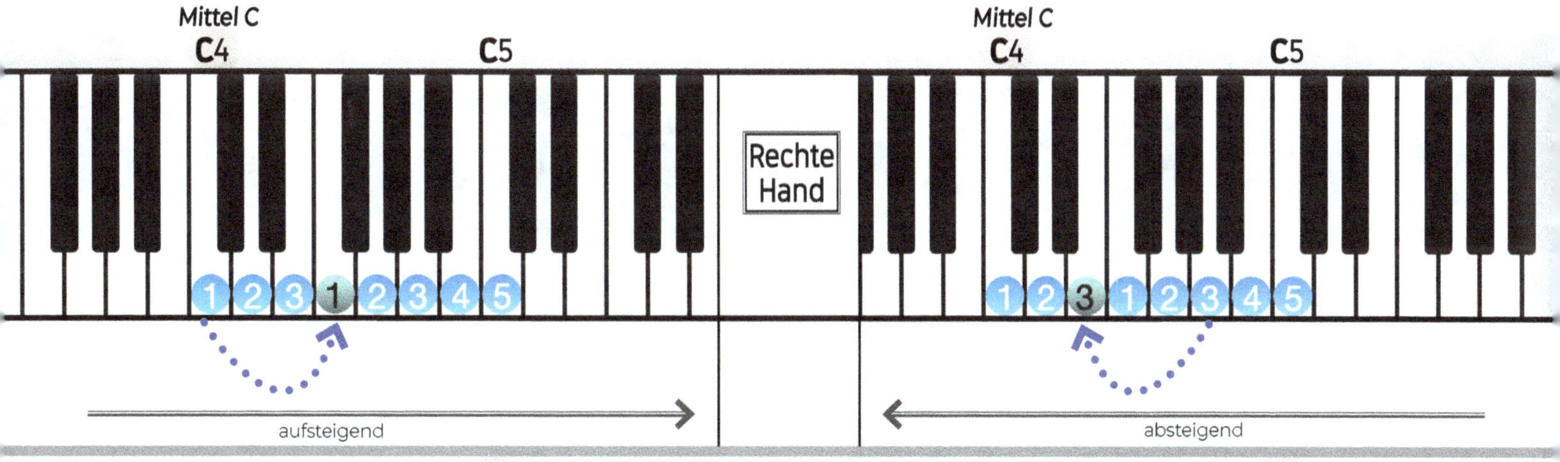

Grundakkord:
C-Dur Akkord ( C, E, G )
--->C ist der Grundton
Der Grundton
der C-Dur
Skala ist C

C -Dur
Akkorde &
Umkehrungen

Umkehrung: (andere Note im Bass des Akkords)
1. Umkehrung --- > E   als tiefster Ton
2. Umkehrung --- > G   als tiefster Ton


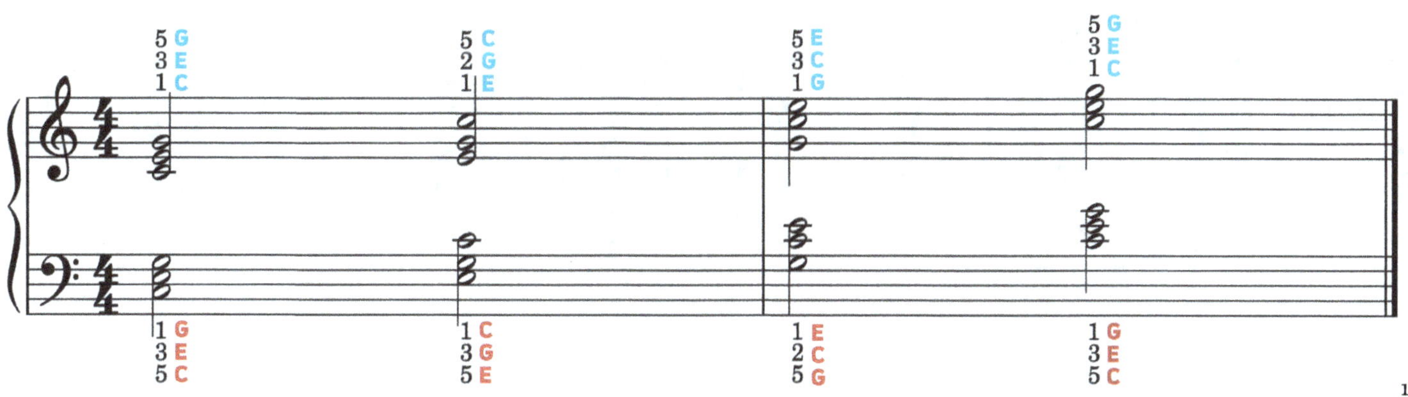

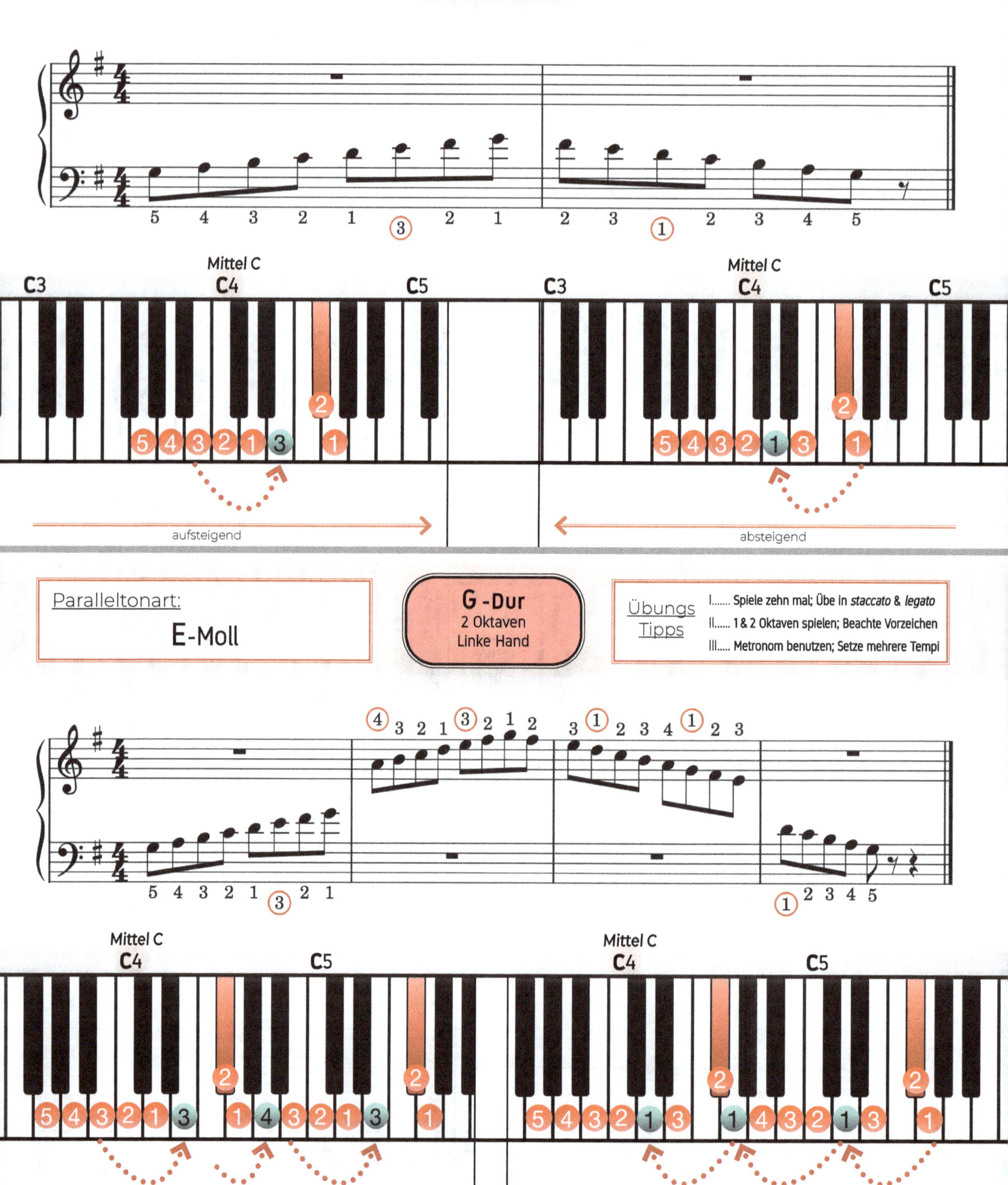

Noten der Tonleiter:
G, A, H, C, D, E, Fis
G -Dur
1 Oktave
Linke Hand
Tonart:
1 Kreuz ( Fis )
C3
Mittel C
C4
C5
C3
Mittel C
C4
C5
5 4 3 2 1 3 2 1
2 3 1 2 3 4 5
2
1
2
1
aufsteigend
absteigend
Paralleltonart:
E -Moll
G -Dur
2 Oktaven
Linke Hand
Übungs Tipps
I....... Spiele zehn mal; Übe in staccato & legato
II...... 1 & 2 Oktaven spielen; Beachte Vorzeichen
III..... Metronom benutzen; Setze mehrere Tempi
4 3 2 1 3 2 1 2
3 1 2 3 4 1 2 3
5 4 3 2 1 3 2 1
1 2 3 4 5
Mittel C
C4
C5
Mittel C
C4
C5
5 4 3 2 1 3 1 4 3 2 1 3
2
1
1
4
2
2
1
5 4 3 2 1 3 1 4 3 2 1 3
2
1
aufsteigend
absteigend

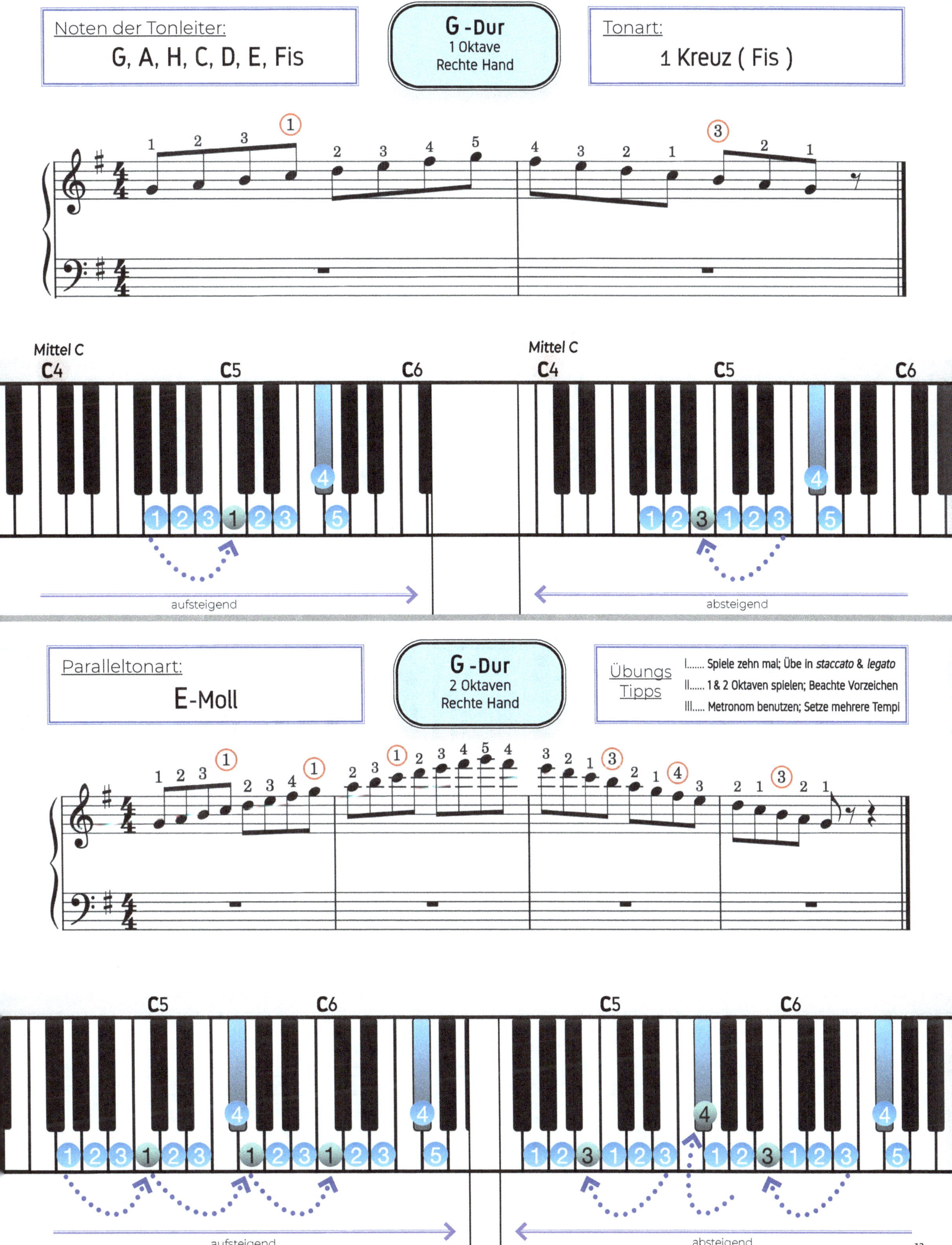

Noten der Tonleiter:
G, A, H, C, D, E, Fis
G -Dur
1 Oktave
Rechte Hand
Tonart:
1 Kreuz ( Fis )
Mittel C
C4
C5
C6
aufsteigend
Mittel C
C4
C5
C6
absteigend
Paralleltonart:
E-Moll
G -Dur
2 Oktaven
Rechte Hand
Übungs Tipps
I....... Spiele zehn mal; Übe in staccato & legato
II...... 1 & 2 Oktaven spielen; Beachte Vorzeichen
III..... Metronom benutzen; Setze mehrere Tempi
C5
C6
C5
C6
aufsteigend
absteigend

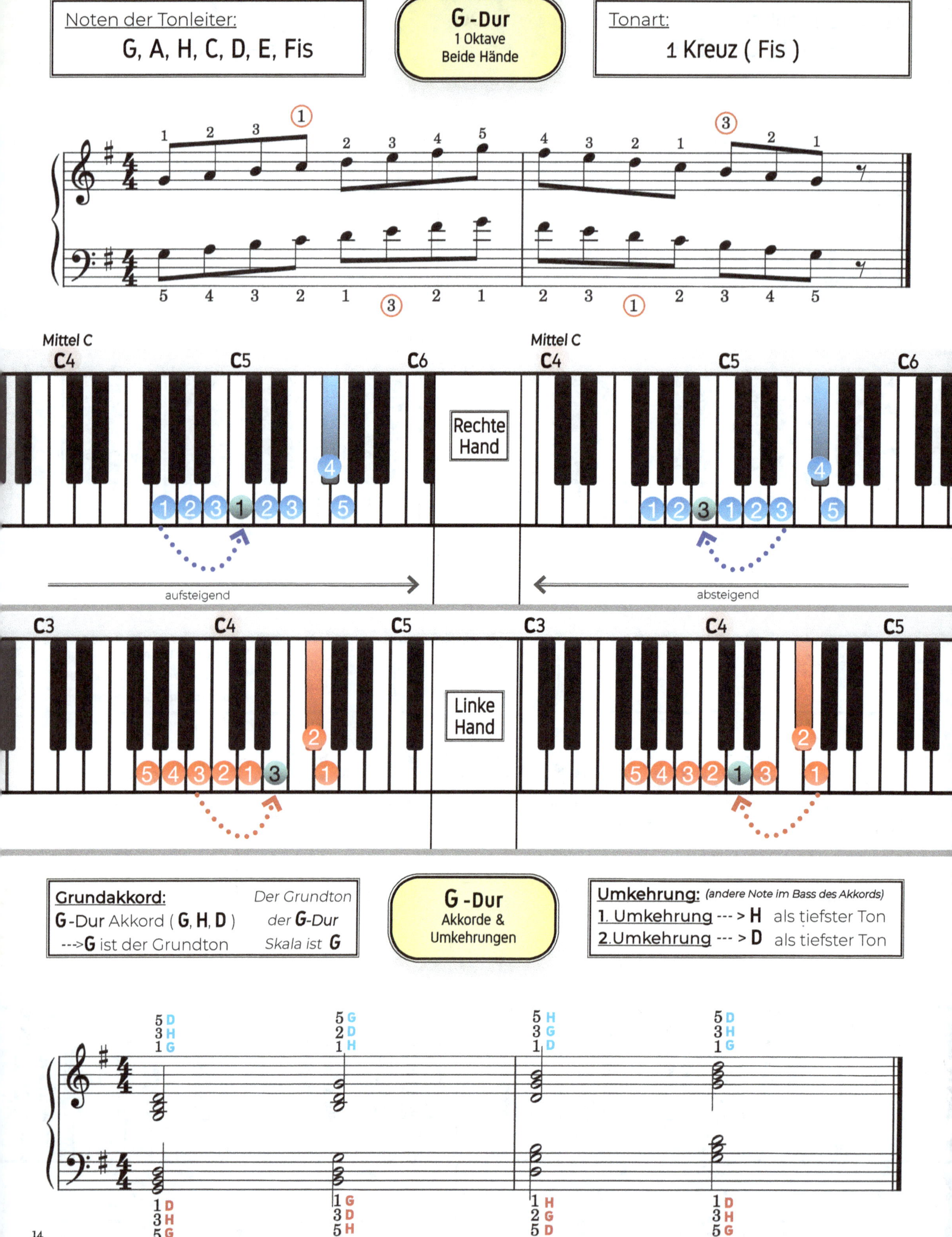

Noten der Tonleiter:
G, A, H, C, D, E, Fis

G -Dur
1 Oktave
Beide Hände

Tonart:
1 Kreuz ( Fis )

Mittel C
C4
C5
C6
Rechte Hand
aufsteigend

Mittel C
C4
C5
C6
absteigend

C3
C4
C5
Linke Hand

C3
C4
C5

Grundakkord:
G -Dur Akkord ( G, H, D )
--->G ist der Grundton

Der Grundton
der G-Dur
Skala ist G

G -Dur
Akkorde &
Umkehrungen

Umkehrung: (andere Note im Bass des Akkords)
1. Umkehrung ---> H als tiefster Ton
2. Umkehrung ---> D als tiefster Ton

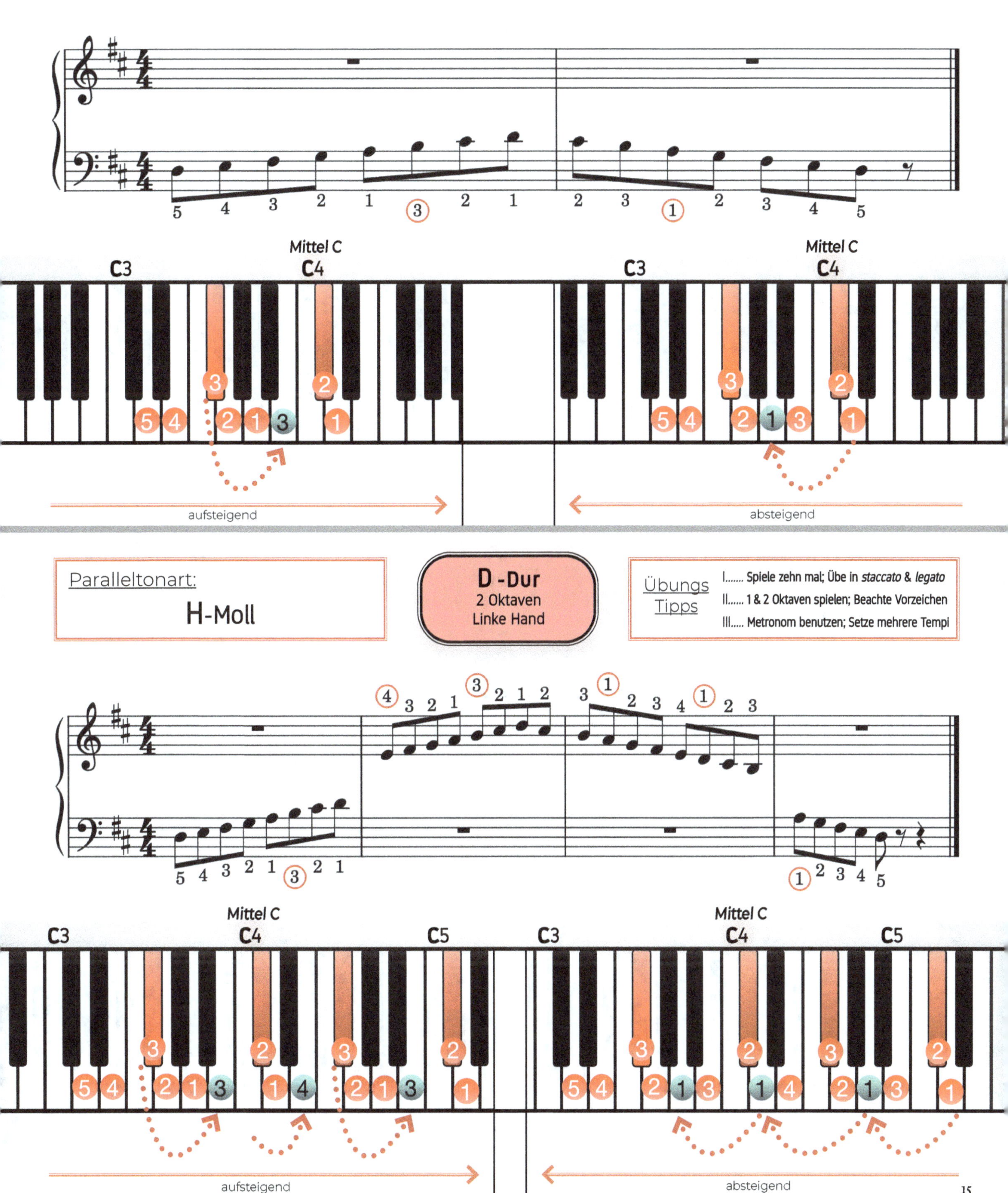

Noten der Tonleiter:
D, E, Fis, G, A, H, Cis
D -Dur
1 Oktave
Linke Hand
Tonart
2 Kreuze ( Fis, Cis )
C3
Mittel C
C4
5 4 3 2 1 3 2 1
2 3 1 2 3 4 5
5 4 3 2 1 3
2 1 3 1
aufsteigend
absteigend
Paralleltonart:
H-Moll
D -Dur
2 Oktaven
Linke Hand
Übungs Tipps
I....... Spiele zehn mal; Übe in staccato & legato
II...... 1 & 2 Oktaven spielen; Beachte Vorzeichen
III..... Metronom benutzen; Setze mehrere Tempi
4 3 2 1 3 2 1 2 3 1 2 3 4 1 2 3
5 4 3 2 1 3 2 1
1 2 3 4 5
C3
Mittel C
C4
C5
C3
Mittel C
C4
C5
5 4 3 2 1 3 2 1 4 3 2 1 3 2 1
5 4 3 2 1 3 1 4 2 1 3 1
aufsteigend
absteigend

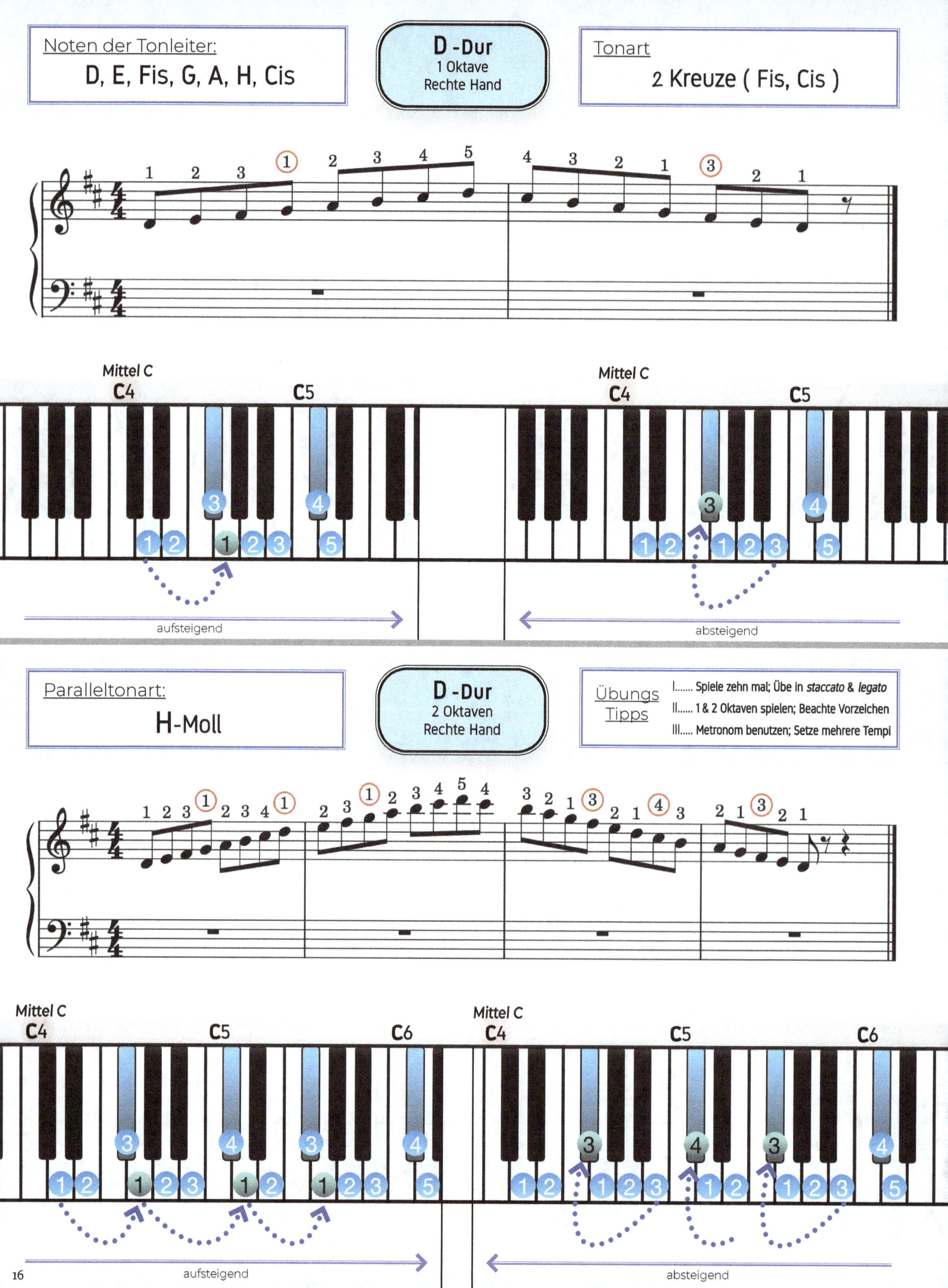

Noten der Tonleiter:
D, E, Fis, G, A, H, Cis
D -Dur
1 Oktave
Rechte Hand
Tonart
2 Kreuze ( Fis, Cis )
Mittel C
C4
C5
Mittel C
C4
C5
aufsteigend
absteigend
Parallelltonart:
H-Moll
D -Dur
2 Oktaven
Rechte Hand
Übungs Tipps
I....... Spiele zehn mal; Übe in staccato & legato
II...... 1 & 2 Oktaven spielen; Beachte Vorzeichen
III..... Metronom benutzen; Setze mehrere Tempi
Mittel C
C4
C5
C6
Mittel C
C4
C5
C6
aufsteigend
absteigend

Noten der Tonleiter:
D, E, Fis, G, A, H, Cis

D -Dur
1 Oktave
Beide Hände

Tonart
2 Kreuze ( Fis, Cis )



Mittel C
C4
C5
Rechte Hand
aufsteigend
absteigend
Mittel C
C4
C5



C3
C4
Linke Hand
C3
C4

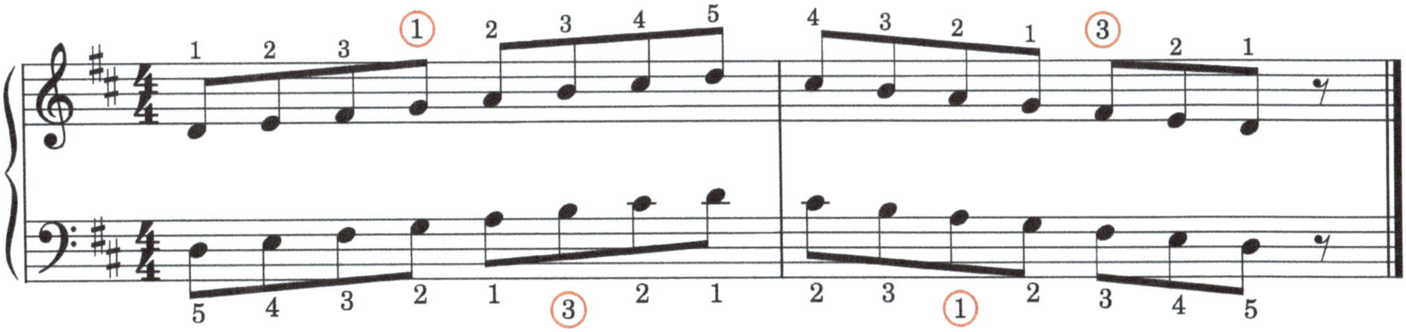

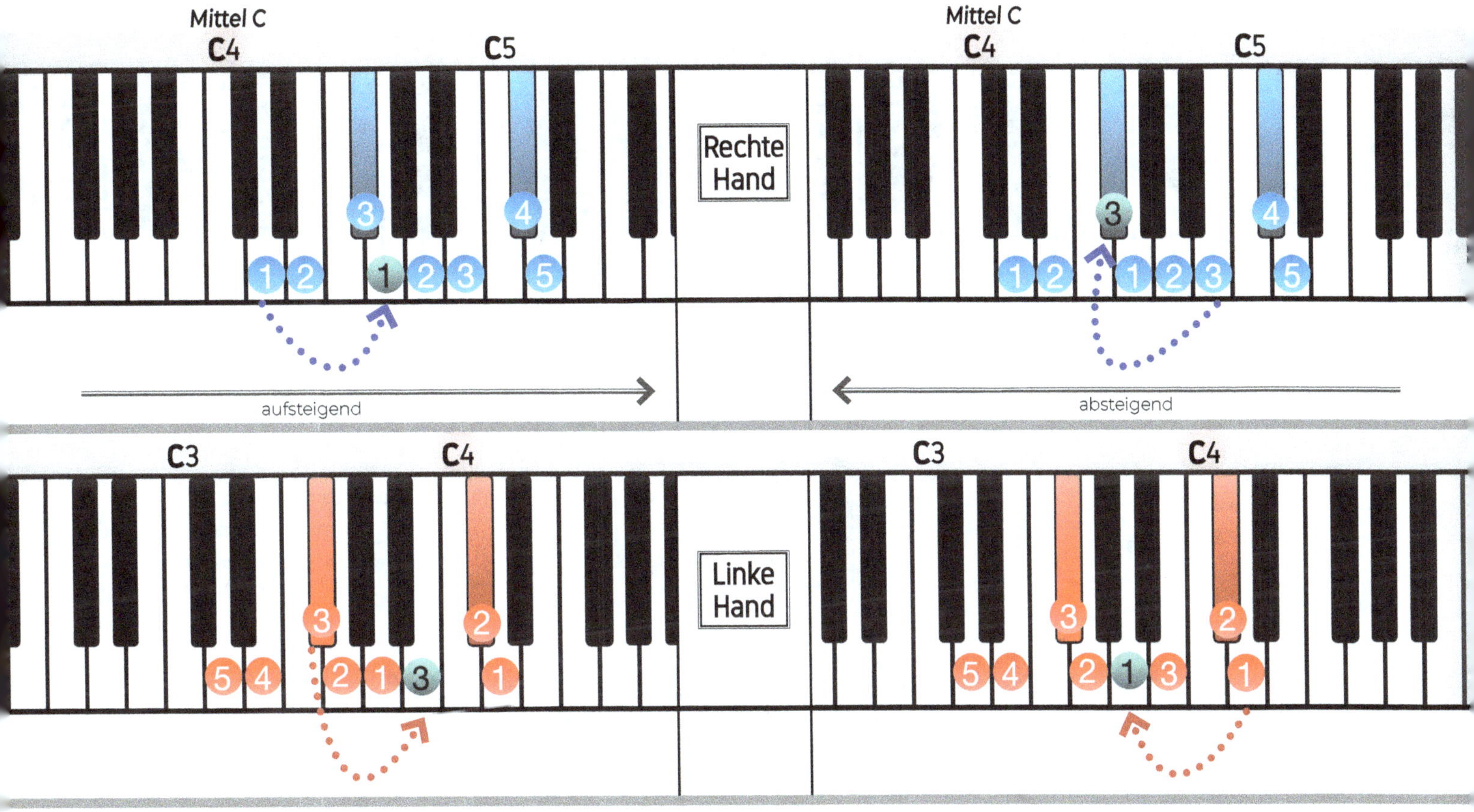

Grundakkord:
D-Dur Akkord (D, Fis, A)
--->D ist der Grundton
Der Grundton
der D-Dur
Skala ist D

D -Dur
Akkorde &
Umkehrungen

Umkehrung: (andere Note im Bass des Akkords)
1. Umkehrung --- > Fis als tiefster Ton
2. Umkehrung --- > A als tiefster Ton

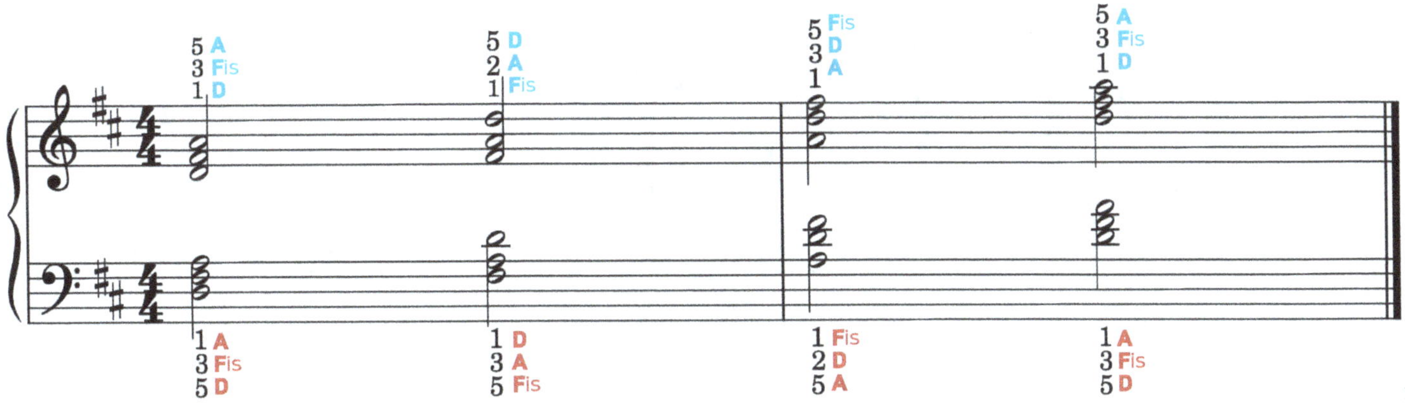

5 A
3 Fis
1 D

5 D
2 A
1 Fis

5 Fis
3 D
1 A

5 A
3 Fis
1 D

1 A
3 Fis
5 D

1 D
3 A
5 Fis

1 Fis
2 D
5 A

1 A
3 Fis
5 D

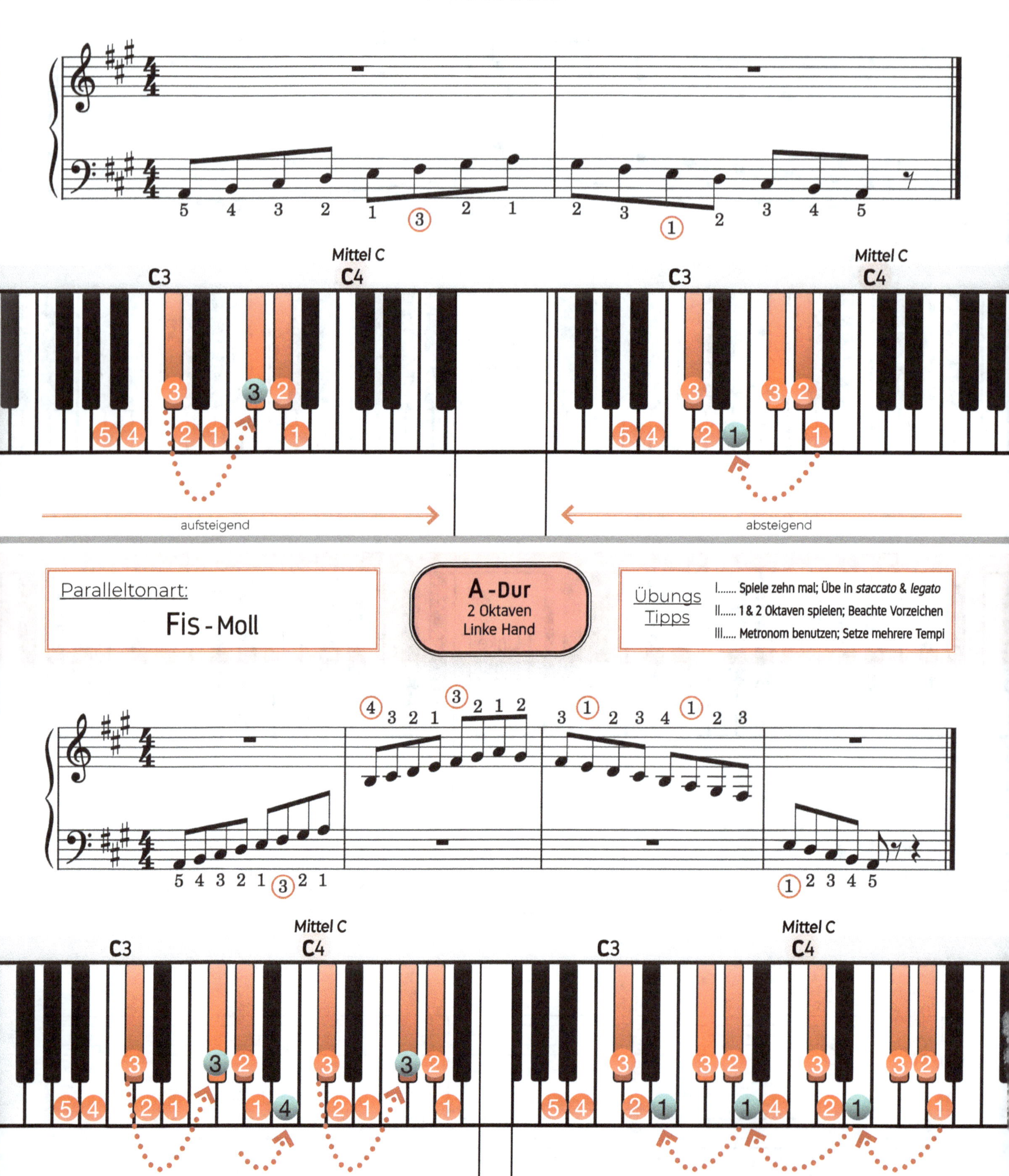

Noten der Tonleiter:
A, H, Cis, D, E, Fis, Gis
A -Dur
1 Oktave
Linke Hand
Tonart:
3 Kreuze ( Fis, Cis, Gis )
5 4 3 2 1 3 2 1
2 3 1 2 3 4 5
Mittel C
C3
C4
C3
Mittel C
C4
3 2
5 4 2 1 1
3
aufsteigend
3 3 2
5 4 2 1 1
absteigend
Paralleltonart:
Fis - Moll
A -Dur
2 Oktaven
Linke Hand
Übungs Tipps
I....... Spiele zehn mal; Übe in staccato & legato
II...... 1 & 2 Oktaven spielen; Beachte Vorzeichen
III..... Metronom benutzen; Setze mehrere Tempi
4 3 2 1 3 2 1 2
3 1 2 3 4 1 2 3
5 4 3 2 1 3 2 1
1 2 3 4 5
Mittel C
C3
C4
C3
Mittel C
C4
3 3 2 3 3 2
5 4 2 1 1 4 2 1 1
3 3 2 3 3 2
5 4 2 1 1 4 2 1 1
aufsteigend
absteigend
18

Noten der Tonleiter:
A, H, Cis, D, E, Fis, Gis

**A - Dur**
1 Oktave
Rechte Hand

Tonart:
3 Kreuze ( Fis, Cis, Gis )

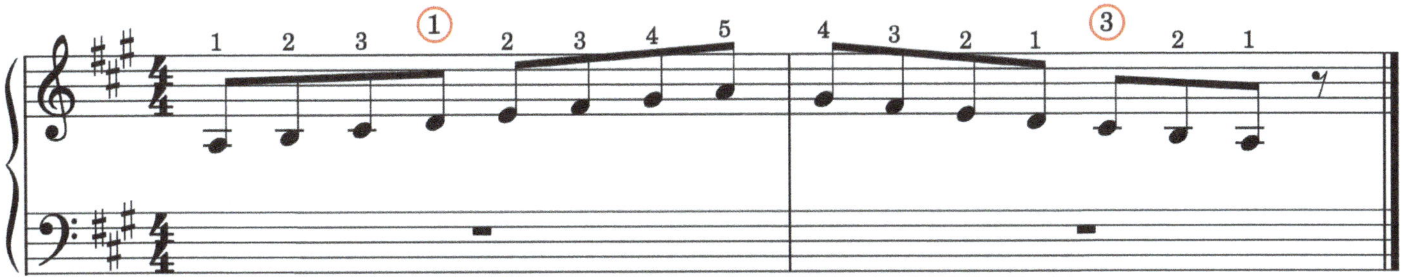

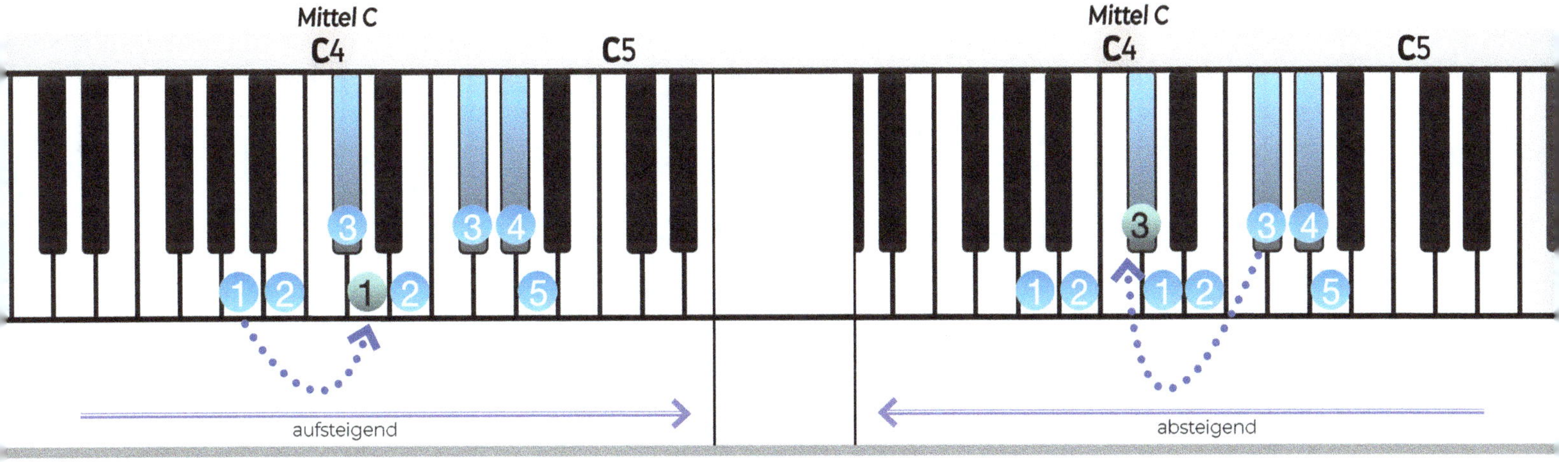

Mittel C
C4
C5

aufsteigend

Mittel C
C4
C5

absteigend

Paralleltonart:
Fis - Moll

**A - Dur**
2 Oktaven
Rechte Hand

Übungs Tipps

I....... Spiele zehn mal; Übe in *staccato* & *legato*

II...... 1 & 2 Oktaven spielen; Beachte Vorzeichen

III..... Metronom benutzen; Setze mehrere Tempi

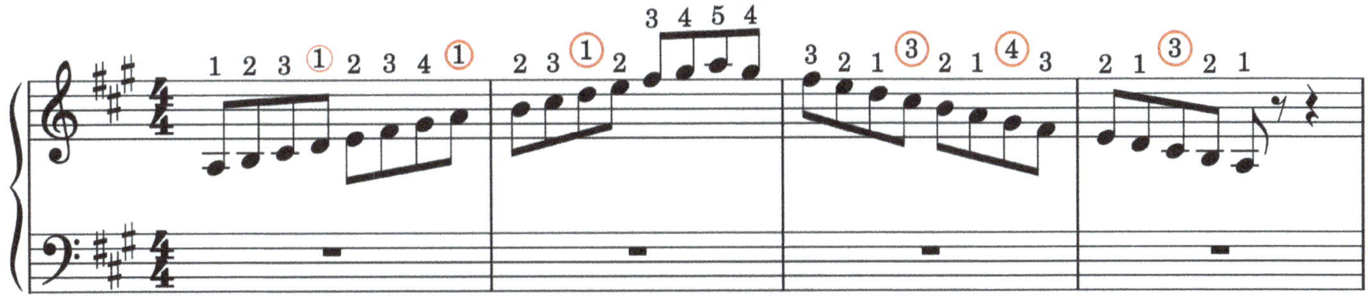

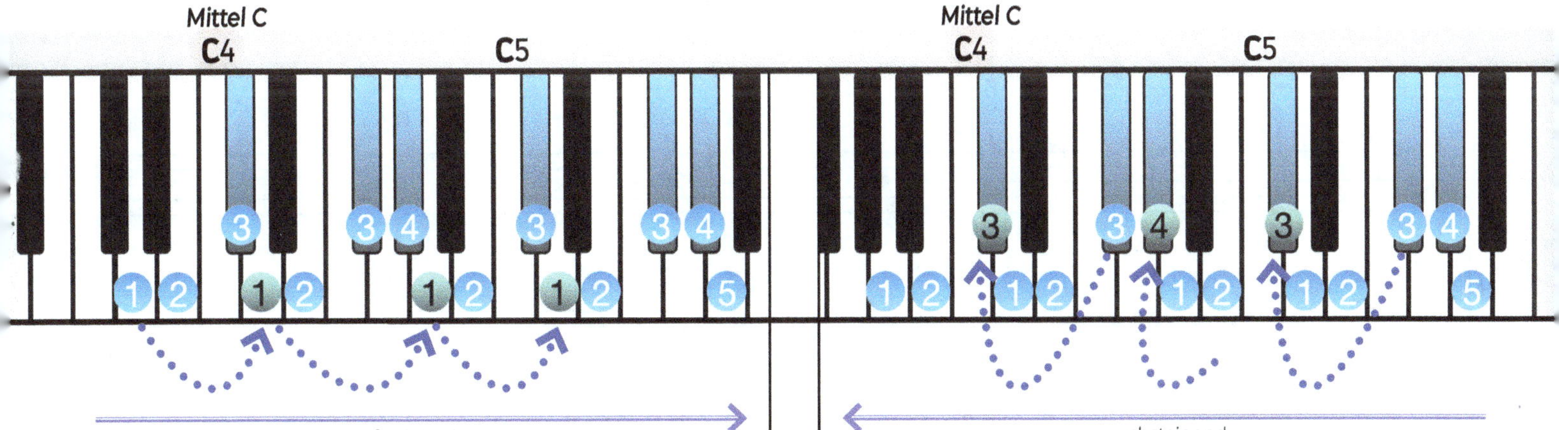

Mittel C
C4
C5

aufsteigend

Mittel C
C4
C5

absteigend

19

Noten der Tonleiter:
A, H, Cis, D, E, Fis, Gis

A -Dur
1 Oktave
Beide Hände

Tonart:
3 Kreuze ( Fis, Cis, Gis )

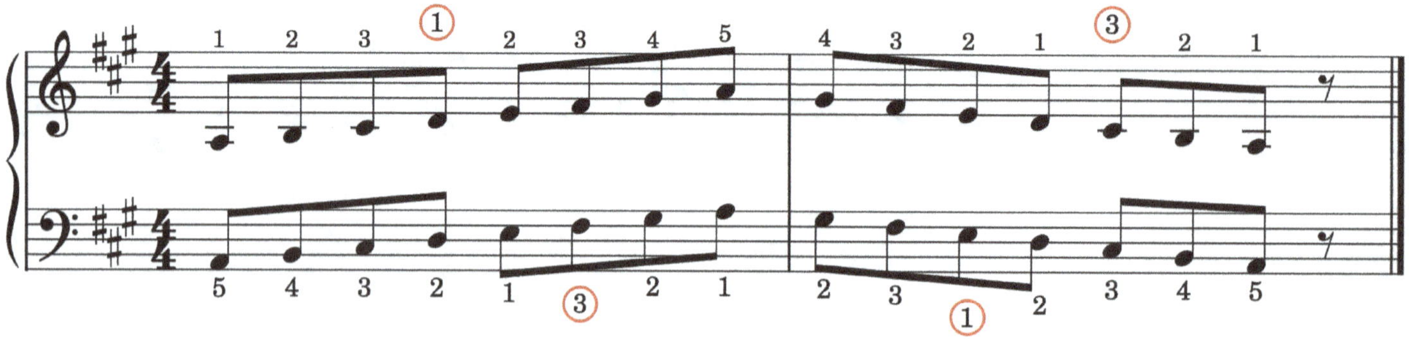

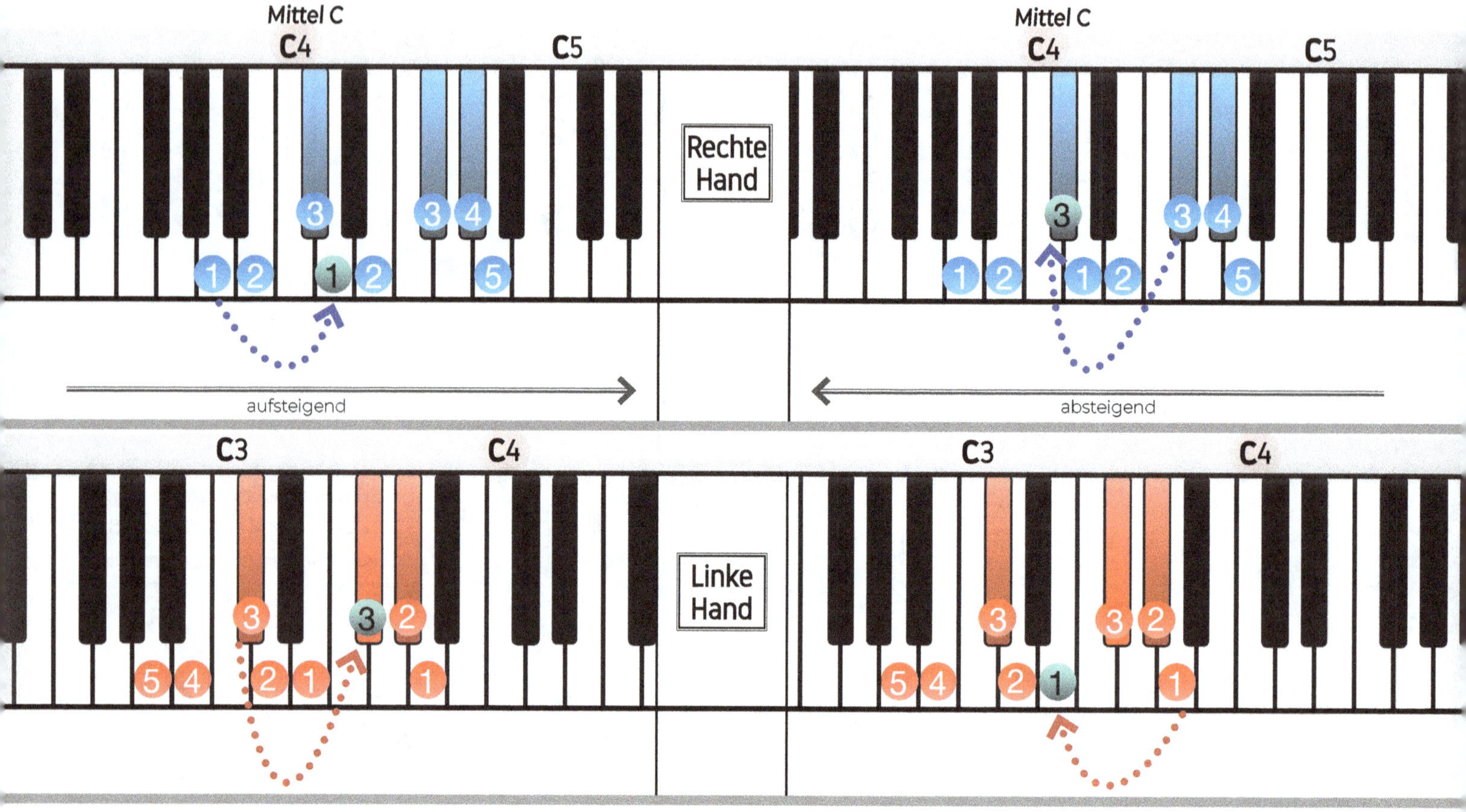

Mittel C
C4
C5
Rechte
Hand
Mittel C
C4
C5
aufsteigend
absteigend

C3
C4
Linke
Hand
C3
C4

Grundakkord:
A -Dur Akkord(A, Cis, E)
--->A ist der Grundton
Der Grundton
der A-Dur
Skala ist A

A -Dur
Akkorde &
Umkehrungen

Umkehrung: (andere Note im Bass des Akkords)
1. Umkehrung ---> Cis als tiefster Ton
2. Umkehrung ---> E als tiefster Ton

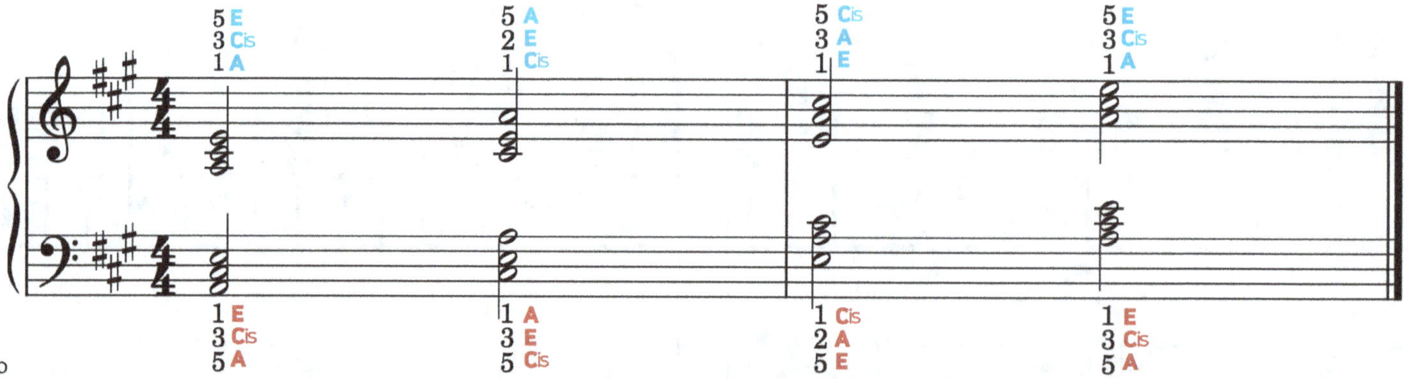

5 E
3 Cis
1 A
5 A
2 E
1 Cis
5 Cis
3 A
1 E
5 E
3 Cis
1 A
1 E
3 Cis
5 A
1 A
3 E
5 Cis
1 Cis
2 A
5 E
1 E
3 Cis
5 A

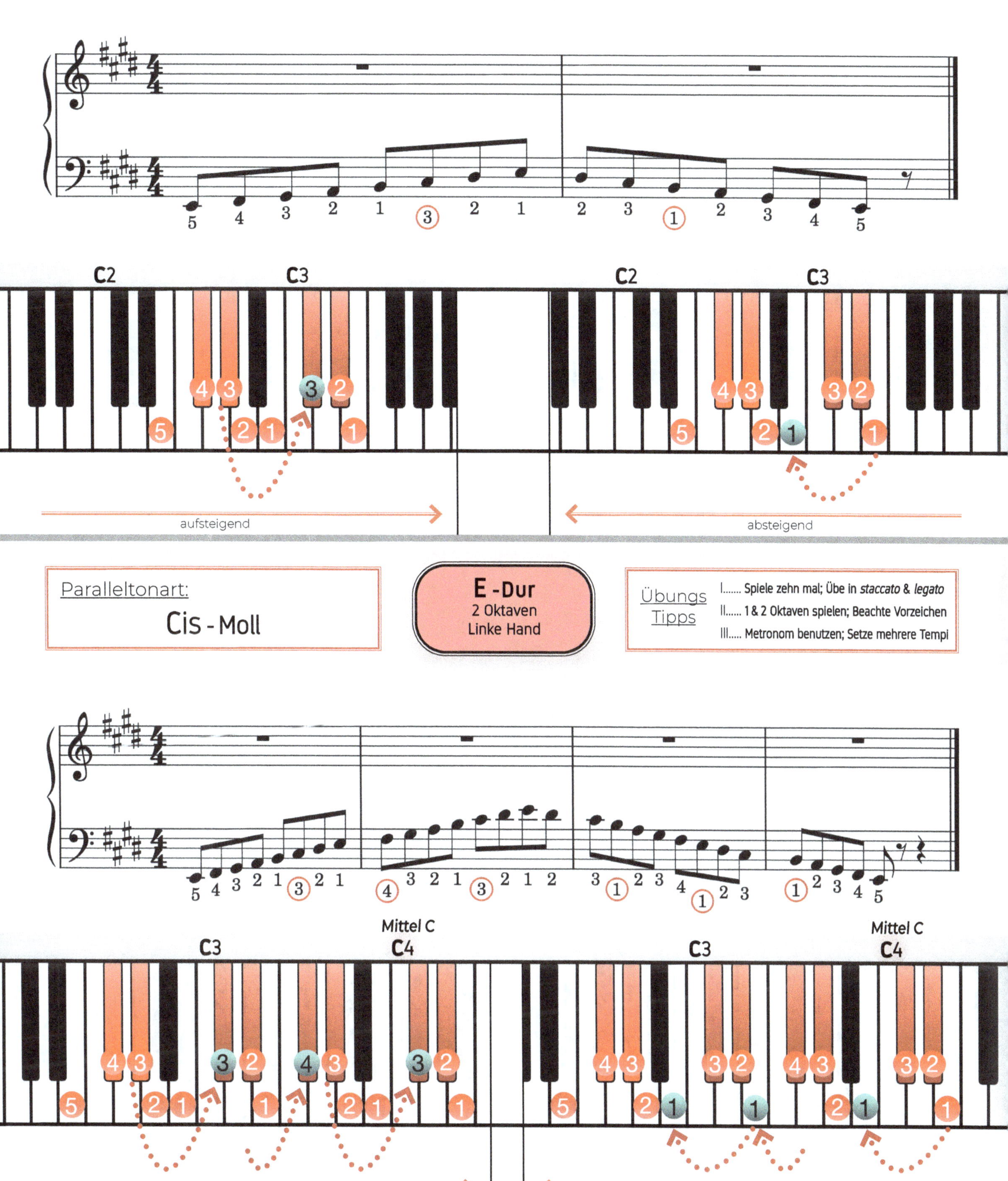

Noten der Tonleiter:
E, Fis, Gis, A, H, Cis, Dis
E -Dur
1 Oktave
Linke Hand
Tonart:
4 Kreuze (Fis, Cis, Gis, Dis)
C2
C3
C2
C3
aufsteigend
absteigend
Paralleltonart:
Cis - Moll
E -Dur
2 Oktaven
Linke Hand
Übungs Tipps
I....... Spiele zehn mal; Übe in staccato & legato
II...... 1 & 2 Oktaven spielen; Beachte Vorzeichen
III..... Metronom benutzen; Setze mehrere Tempi
C3
Mittel C
C4
C3
Mittel C
C4
aufsteigend
absteigend

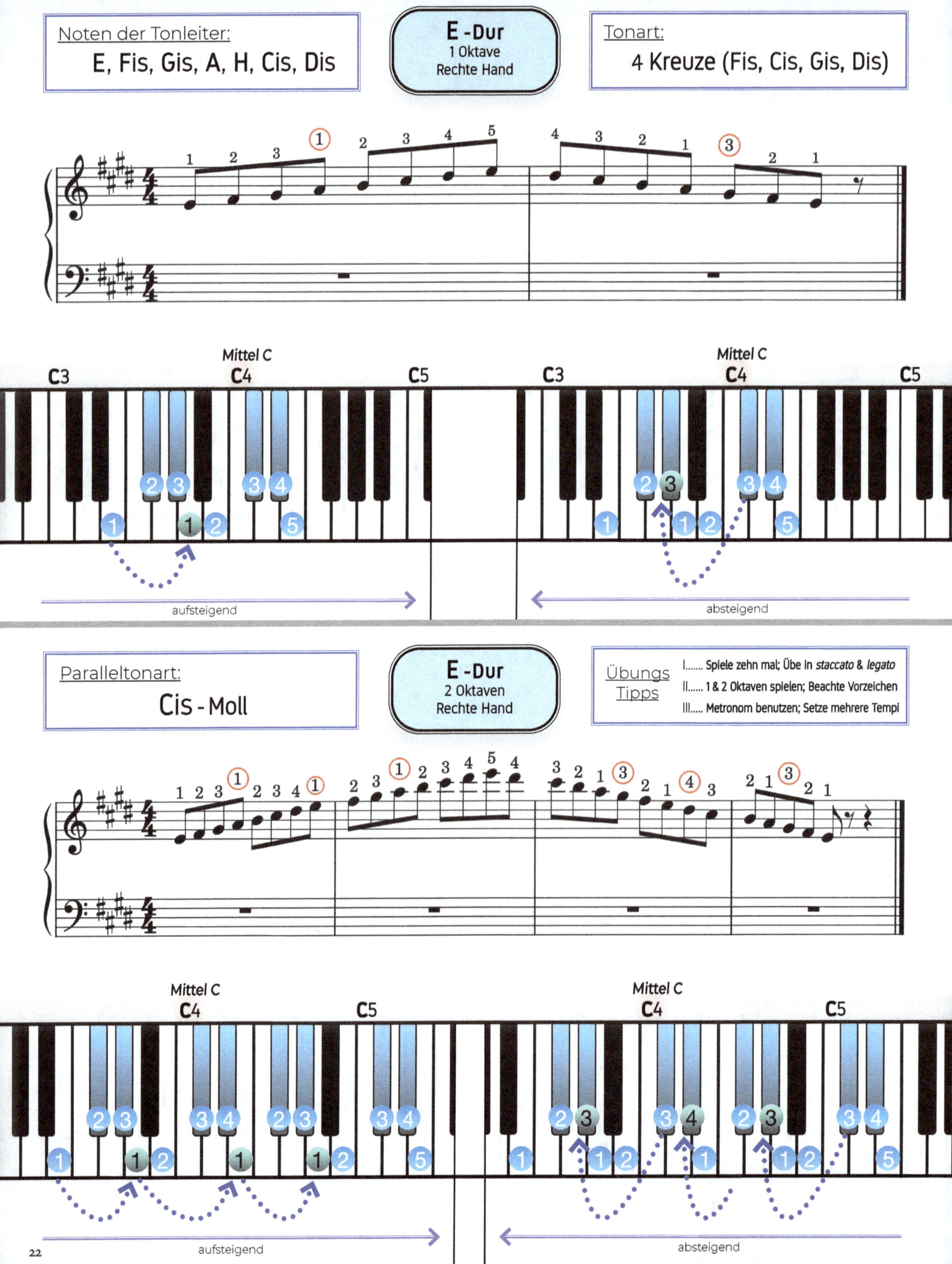

Noten der Tonleiter:
E, Fis, Gis, A, H, Cis, Dis
E -Dur
1 Oktave
Rechte Hand
Tonart:
4 Kreuze (Fis, Cis, Gis, Dis)
Mittel C
C3
C4
C5
C3
C4
C5
aufsteigend
absteigend
Paralleltonart:
Cis - Moll
E -Dur
2 Oktaven
Rechte Hand
Übungs Tipps
I....... Spiele zehn mal; Übe in staccato & legato
II...... 1 & 2 Oktaven spielen; Beachte Vorzeichen
III..... Metronom benutzen; Setze mehrere Tempi
Mittel C
C4
C5
Mittel C
C4
C5
aufsteigend
absteigend
22

Noten der Tonleiter:
E, Fis, Gis, A, H, Cis, Dis

E -Dur
1 Oktave
Beide Hände

Tonart:
4 Kreuze (Fis, Cis, Gis, Dis)

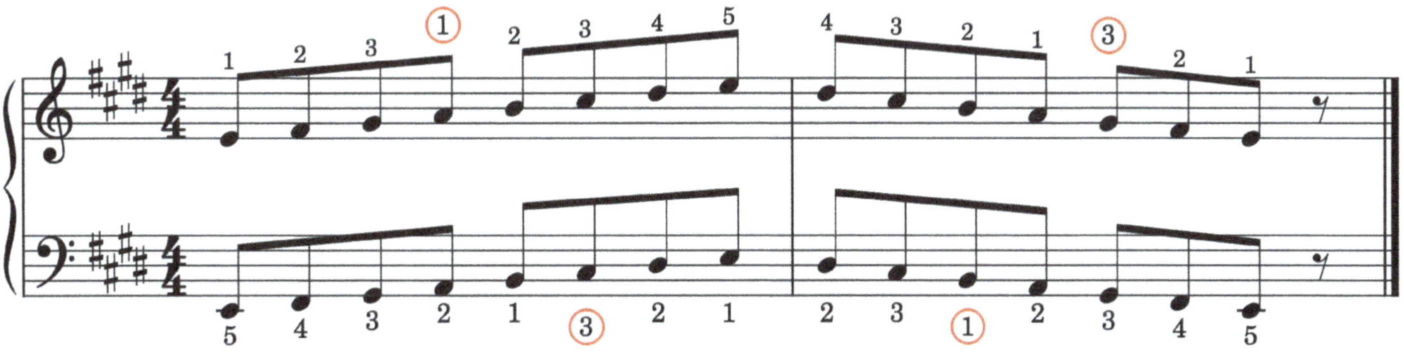

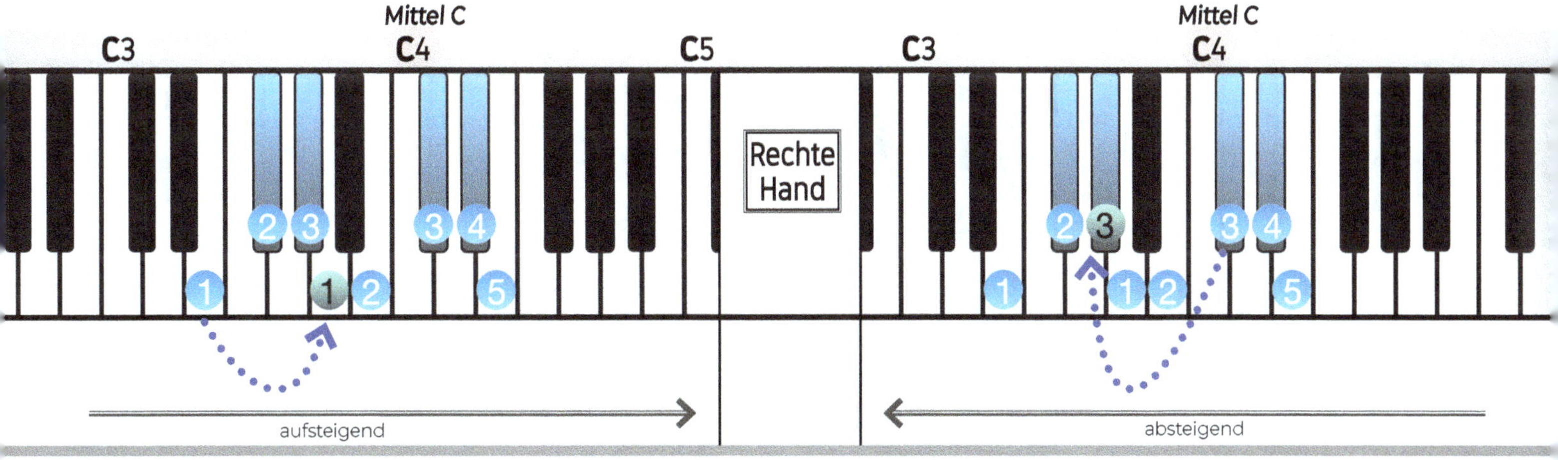

Mittel C
C3    C4    C5

Rechte Hand

Mittel C
C3    C4

aufsteigend

absteigend

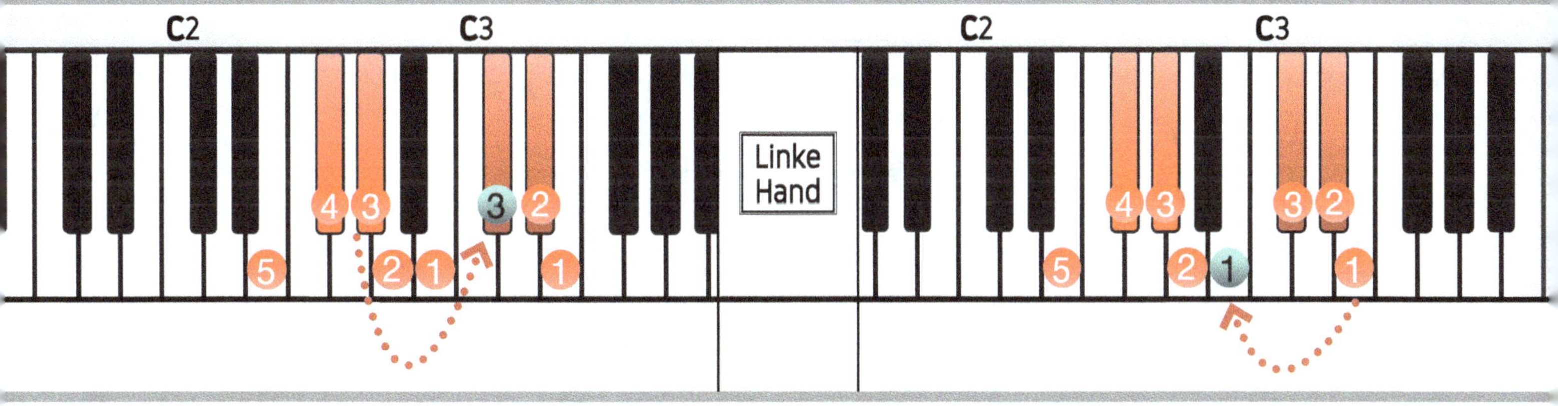

C2    C3

Linke Hand

C2    C3

Grundakkord:
E -Dur Akkord (E, Gis, H)
---> E ist der Grundton

Der Grundton
der E -Dur
Skala ist E

E -Dur
Akkorde &
Umkehrungen

Umkehrung: (andere Note im Bass des Akkords)
1. Umkehrung ---> Gis als tiefster Ton
2. Umkehrung ---> H als tiefster Ton

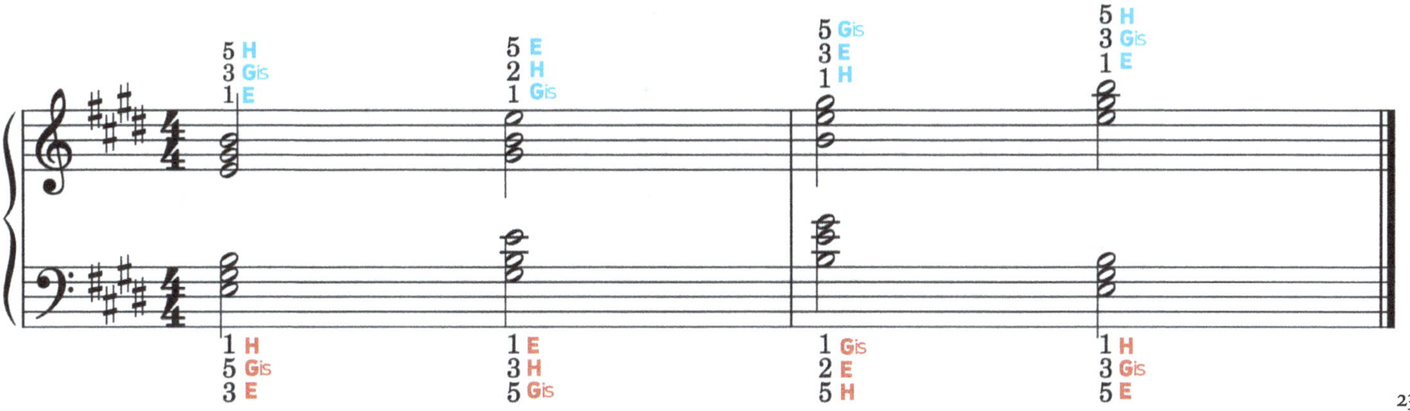

5 H
3 Gis
1 E

5 E
2 H
1 Gis

5 Gis
3 E
1 H

5 H
3 Gis
1 E

1 H
5 Gis
3 E

1 E
3 H
5 Gis

1 Gis
2 E
5 H

1 H
3 Gis
5 E

Noten der Tonleiter:
H, Cis, Dis, E, Fis, Gis, Ais

H -Dur
1 Oktave
Linke Hand

Tonart:
5 Kreuze (Fis, Cis, Gis, Dis, Ais)

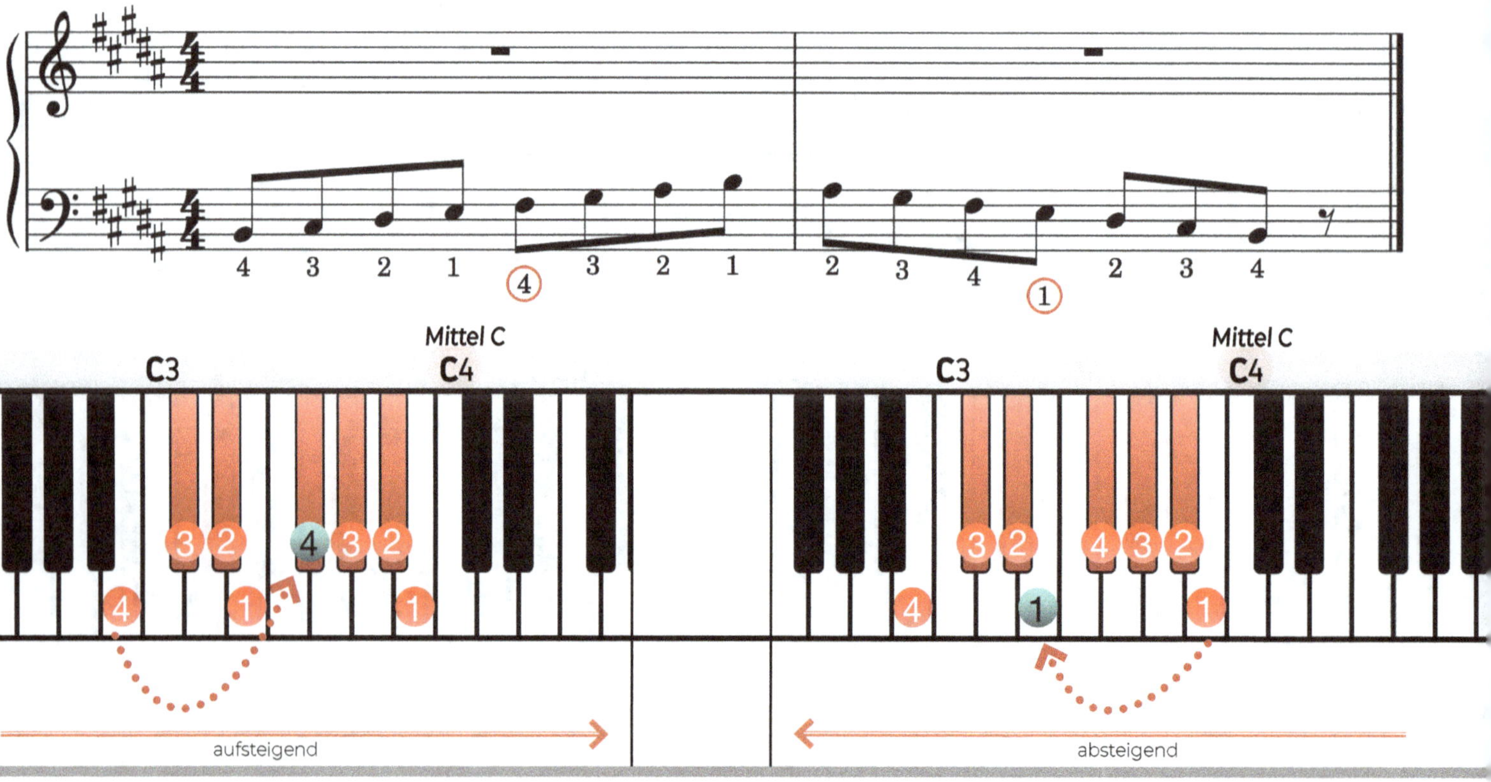

Mittel C
C3
C4
3 2 4 3 2
4 1 1 1
C3
Mittel C
C4
3 2 4 3 2
4 1 1
aufsteigend
absteigend

Paralleltonart:
Gis - Moll

H -Dur
2 Oktaven
Linke Hand

Übungs Tipps
I....... Spiele zehn mal; Übe in staccato & legato
II...... 1 & 2 Oktaven spielen; Beachte Vorzeichen
III..... Metronom benutzen; Setze mehrere Tempi

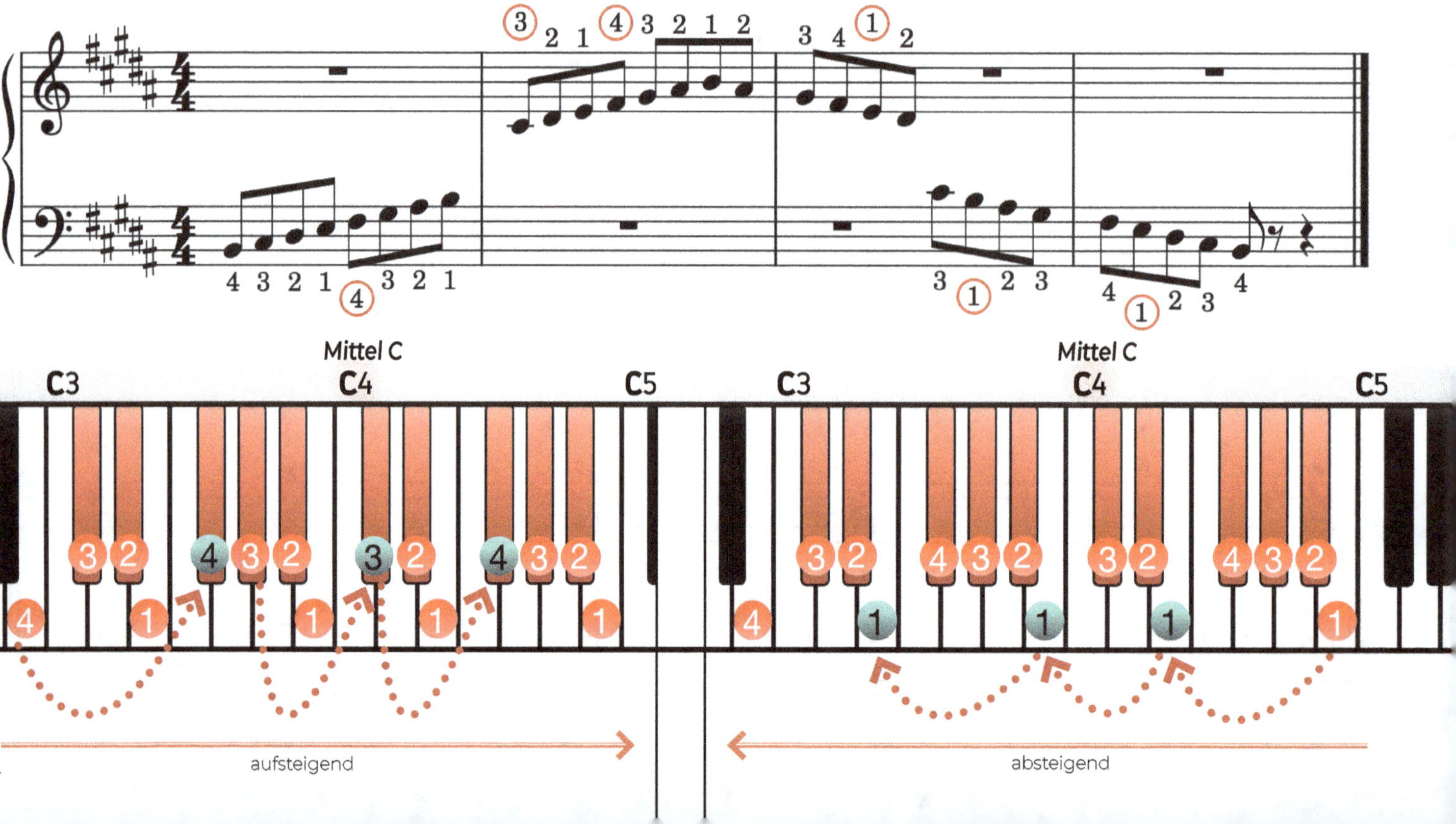

C3
Mittel C
C4
C5
C3
Mittel C
C4
C5
3 2 4 3 2 3 2 4 3 2
4 1 1 1 1
3 2 4 3 2 3 2 4 3 2
4 1 1 1 1
aufsteigend
absteigend

Noten der Tonleiter:
H, Cis, Dis, E, Fis, Gis, Ais

H -Dur
1 Oktave
Rechte Hand

Tonart:
5 Kreuze (Fis, Cis, Gis, Dis, Ais)

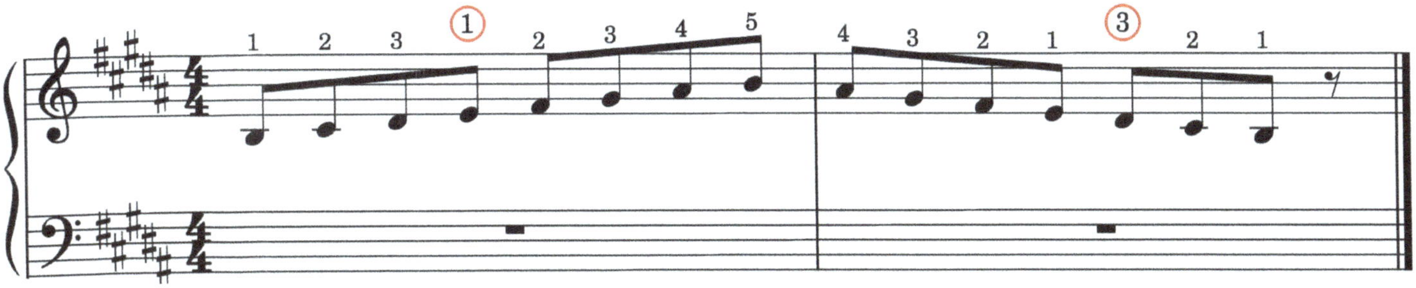

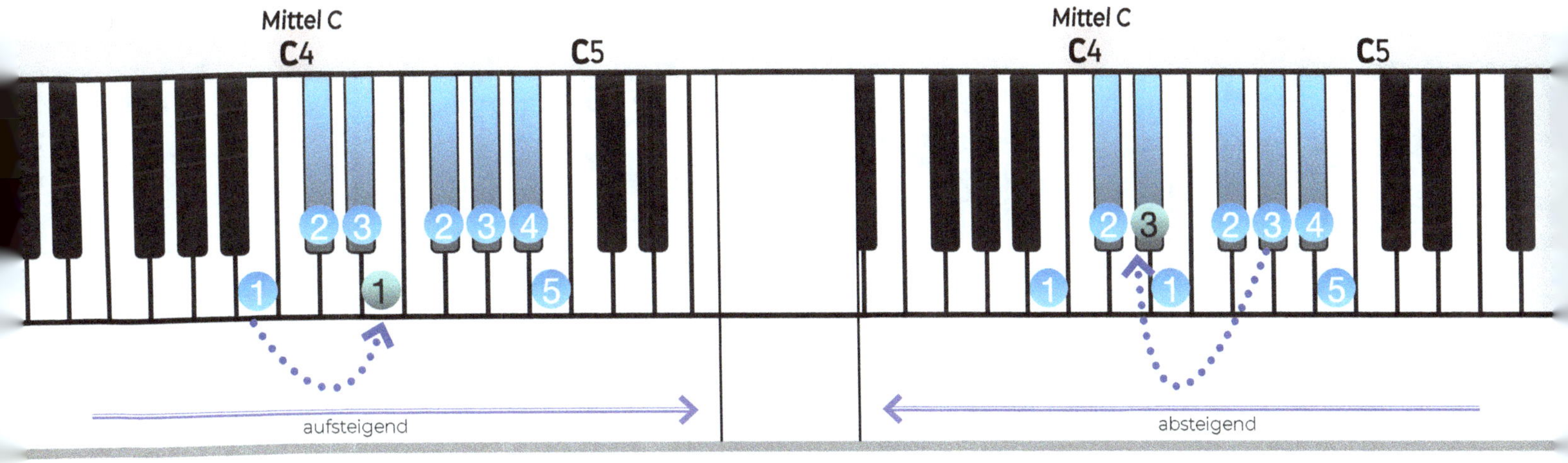

Mittel C
C4
C5
Mittel C
C4
C5

aufsteigend
absteigend

Paralleltonart:
Gis - Moll

H -Dur
2 Oktaven
Rechte Hand

Übungs Tipps
I....... Spiele zehn mal; Übe in staccato & legato
II...... 1 & 2 Oktaven spielen; Beachte Vorzeichen
III..... Metronom benutzen; Setze mehrere Tempi

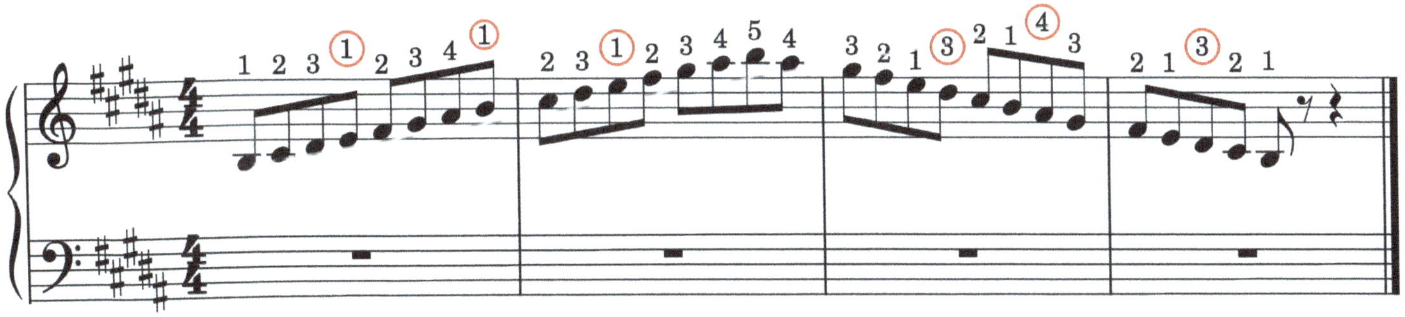

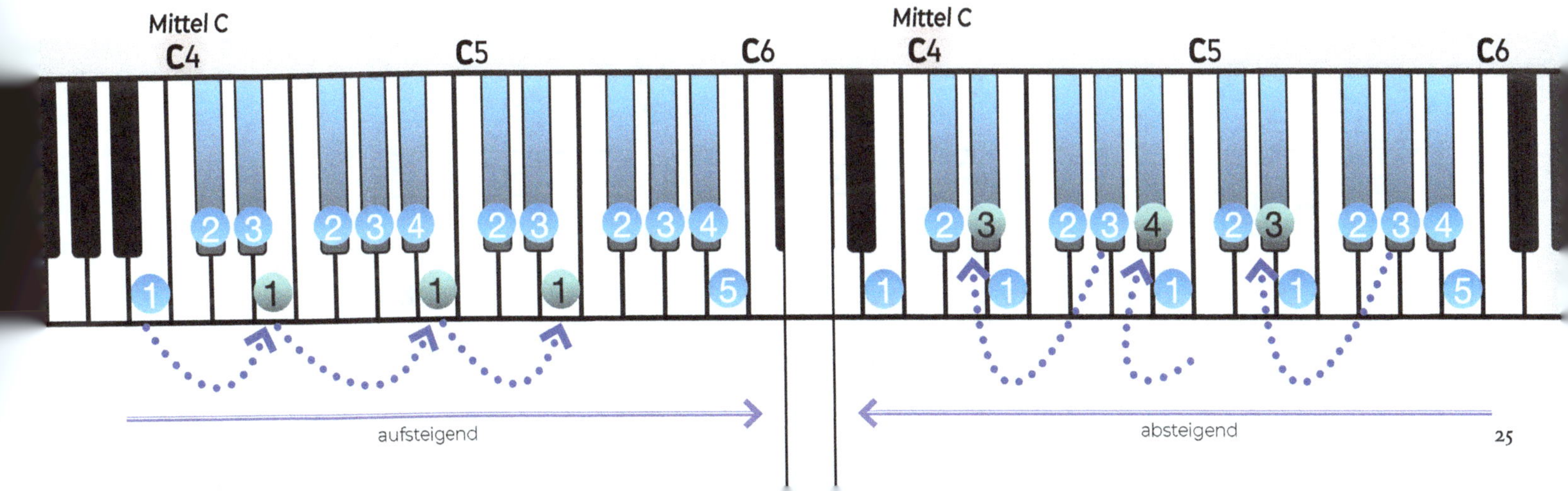

Mittel C
C4
C5
C6
Mittel C
C4
C5
C6

aufsteigend
absteigend

Noten der Tonleiter:
H, Cis, Dis, E, Fis, Gis, Ais

H -Dur
1 Oktave
Beide Hände

Tonart:
5 Kreuze (Fis, Cis, Gis, Dis, Ais)

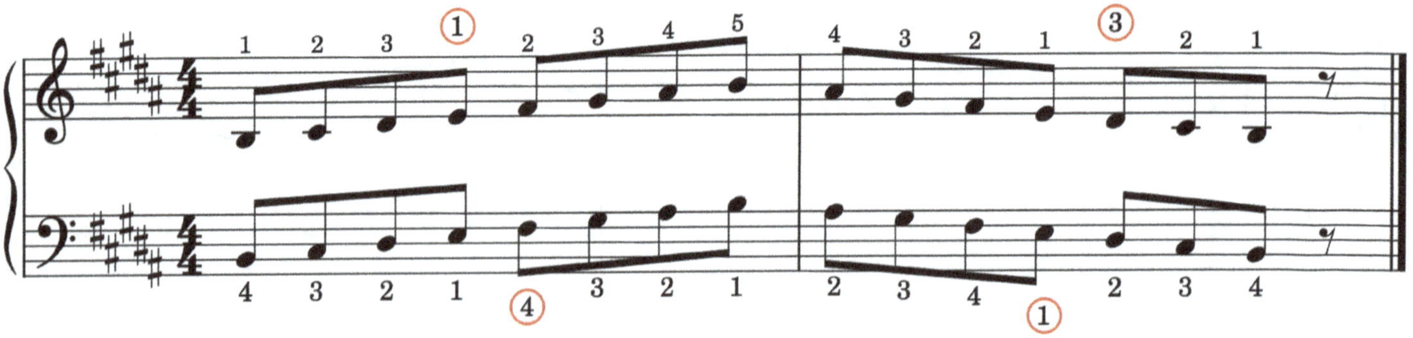

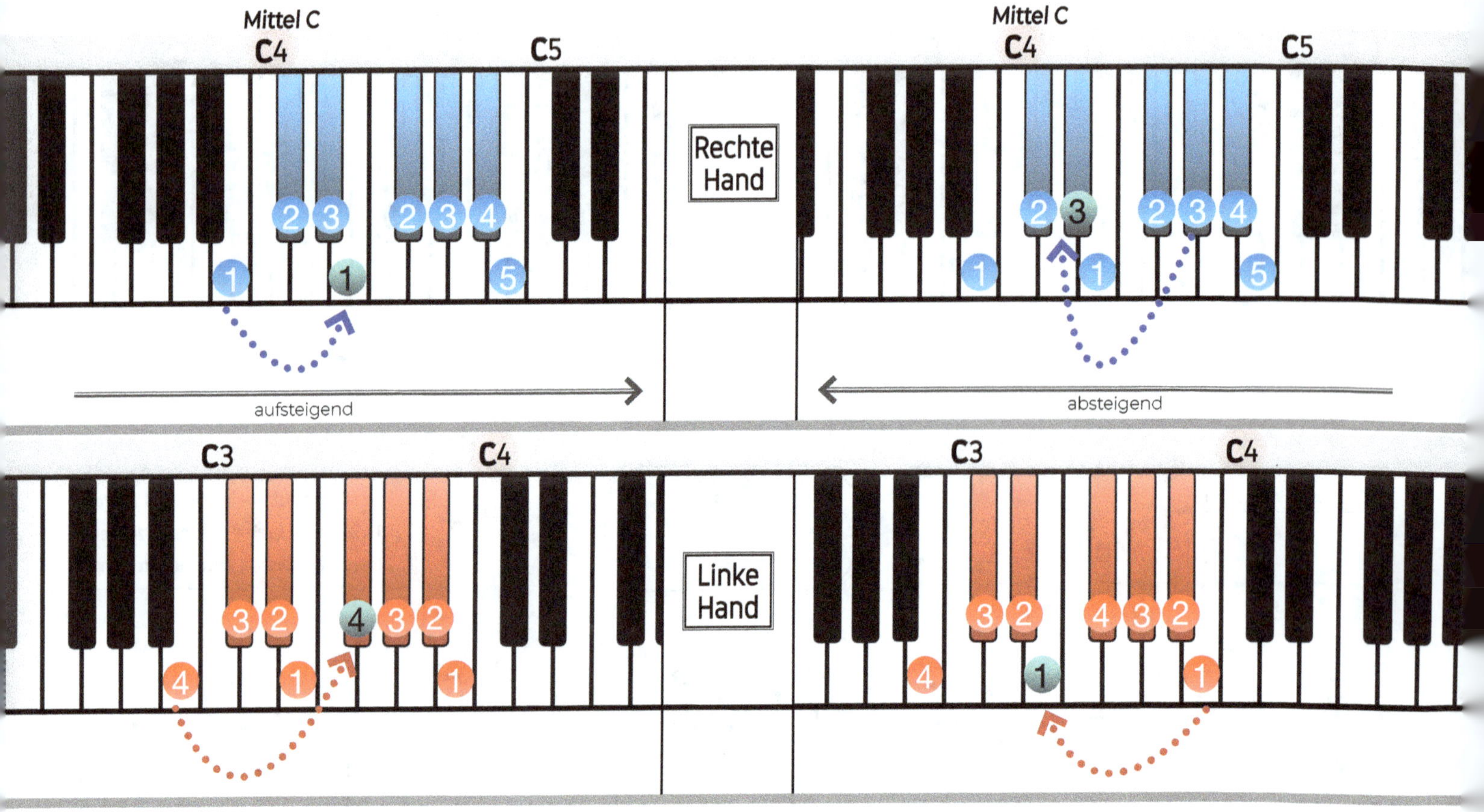

1  2  3  1  2  3  4  5
4  3  2  1  4  3  2  1
4  3  2  1  3  2  1
2  3  4  1  2  3  4

Mittel C
C4        C5
Mittel C
C4        C5

Rechte Hand

2 3   2 3 4
1     1     5
2 3   2 3 4
1   1     5

aufsteigend
absteigend

C3        C4
C3        C4

Linke Hand

3 2   4 3 2
4   1     1
3 2   4 3 2
4   1     1

Grundakkord:
H -Dur Akkord (H, Dis, Fis)
--->H ist der Grundton

Der Grundton
der H -Dur
Skala ist H

H -Dur
Akkorde &
Umkehrungen

Umkehrung: (andere Note im Bass des Akkords)
1. Umkehrung ---> Dis als tiefster Ton
2. Umkehrung ---> Fis als tiefster Ton

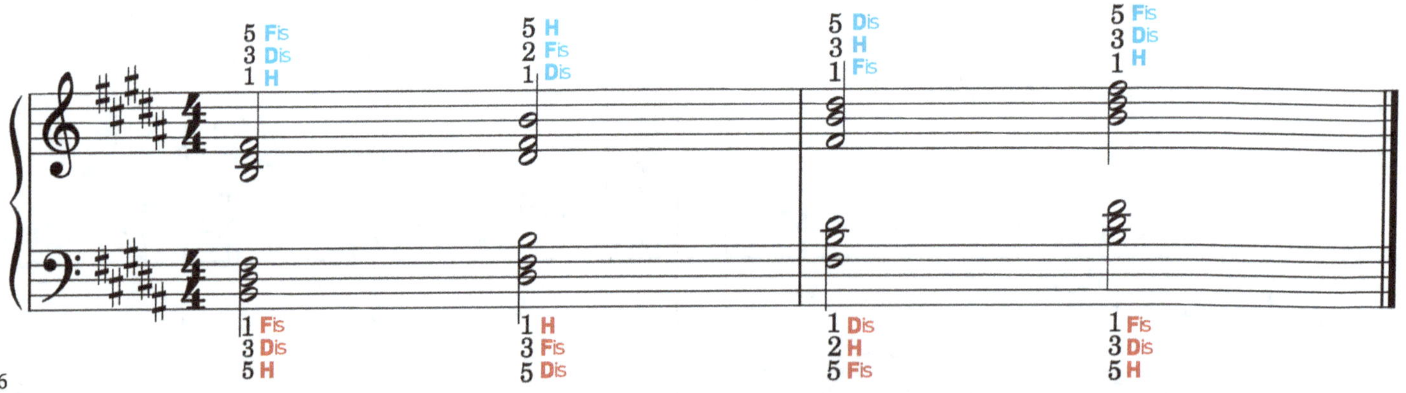

5 Fis    5 H      5 Dis    5 Fis
3 Dis    2 Fis    3 H      3 Dis
1 H      1 Dis    1 Fis    1 H

1 Fis    1 H      1 Dis    1 Fis
3 Dis    3 Fis    2 H      3 Dis
5 H      5 Dis    5 Fis    5 H

Noten der Tonleiter:
Fis, Gis, Ais, H, Cis, Dis, Eis

Fis -Dur
1 Oktave
Linke Hand

Tonart:
6 Kreuze (Fis, Cis, Gis, Dis, Ais, Eis)

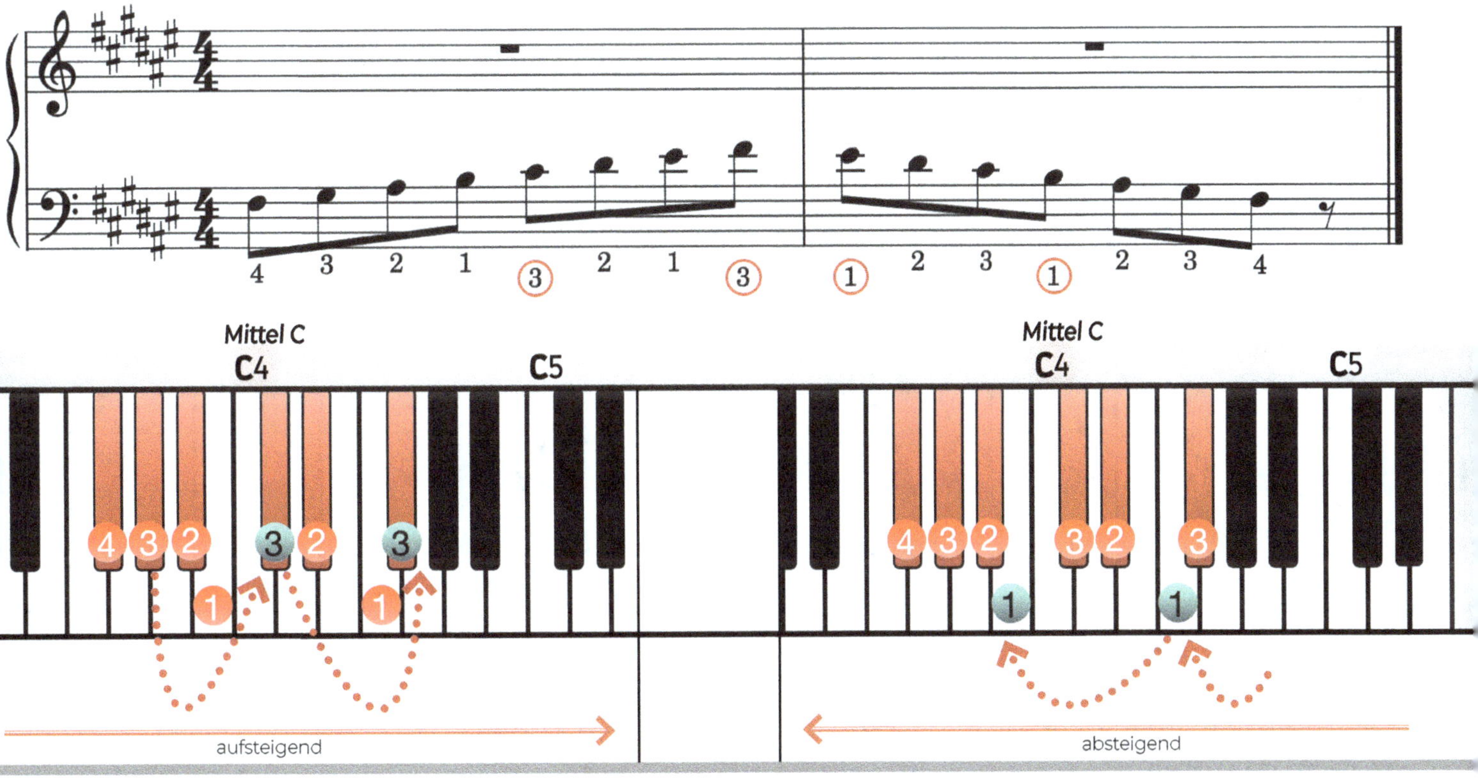

4 3 2 1 3 2 1 3
1 2 3 1 2 3 4

Mittel C
C4
C5

4 3 2 3 2 3
1 1

4 3 2 3 2 3
1 1

aufsteigend
absteigend

Paralleltonart:
Dis - Moll

Fis -Dur
2 Oktaven
Linke Hand

Übungs Tipps
I....... Spiele zehn mal; Übe in staccato & legato
II...... 1 & 2 Oktaven spielen; Beachte Vorzeichen
III..... Metronom benutzen; Setze mehrere Tempi

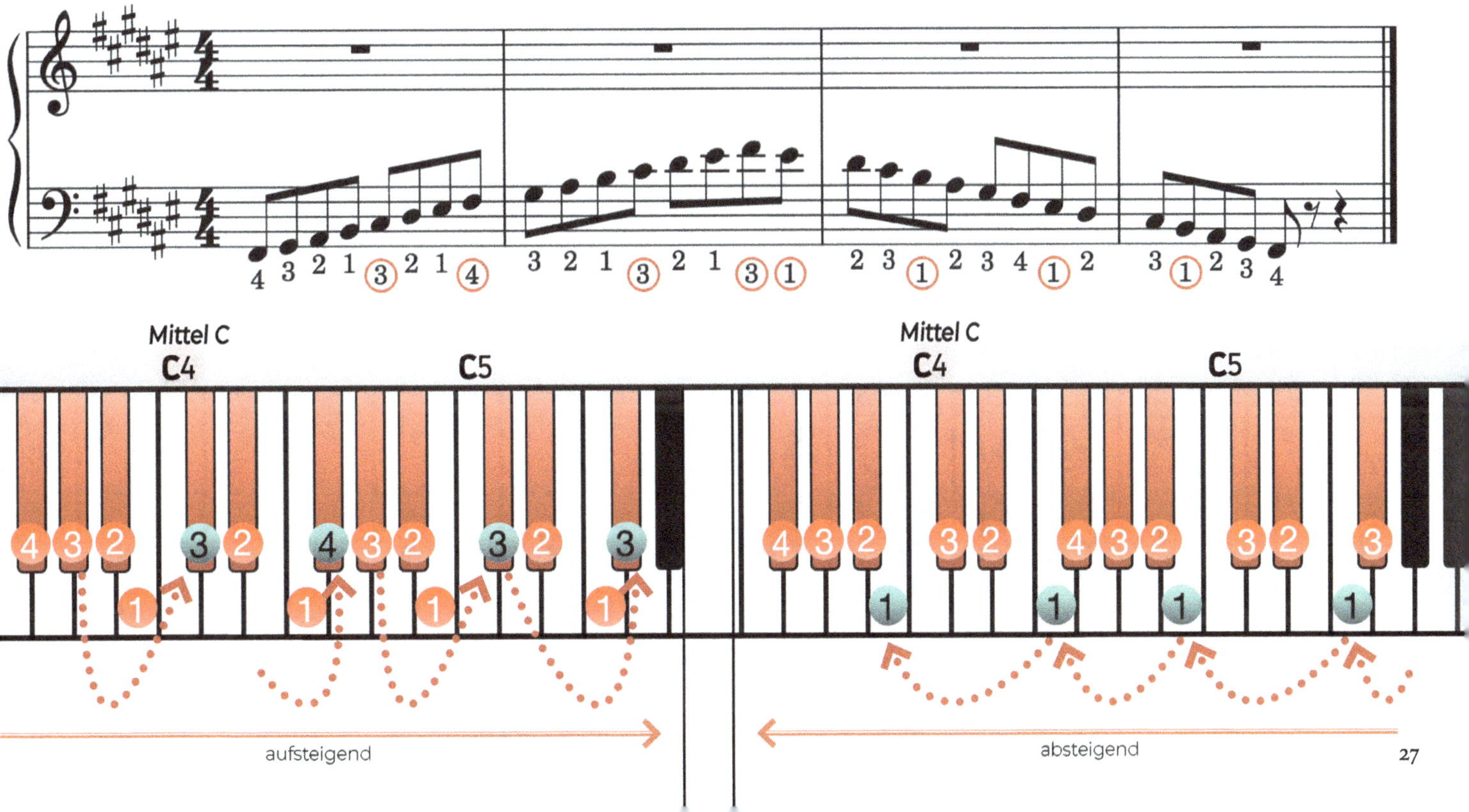

4 3 2 1 3 2 1 4 3 2 1 3 2 1 3 1 2 3 1 2 3 4 1 2 3 1 2 3 4

Mittel C
C4
C5

4 3 2 3 2 4 3 2 3 2 3
1 1 1 1

4 3 2 3 2 4 3 2 3 2 3
1 1 1 1

aufsteigend
absteigend

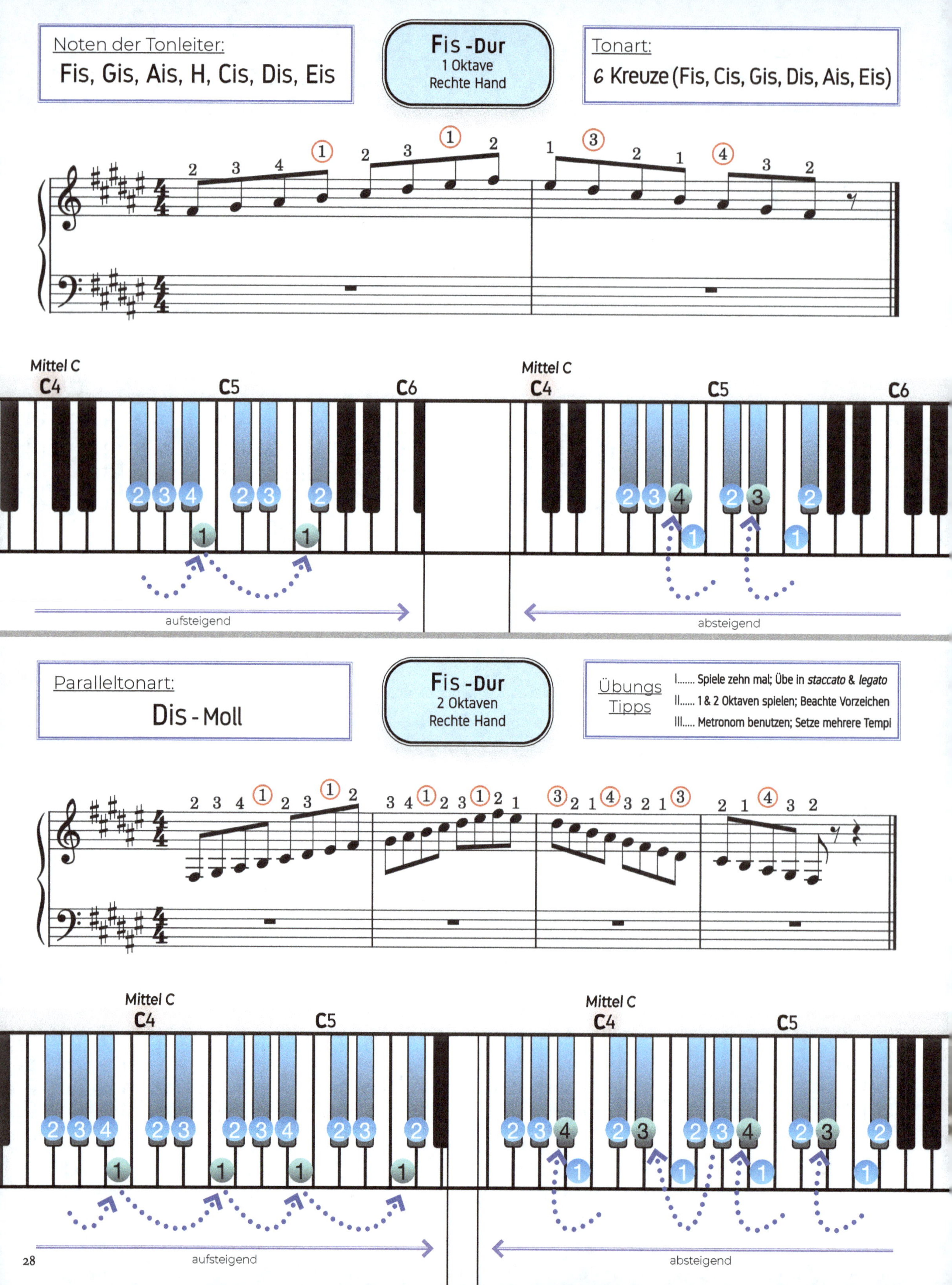

Noten der Tonleiter:
Fis, Gis, Ais, H, Cis, Dis, Eis
Fis -Dur
1 Oktave
Rechte Hand
Tonart:
6 Kreuze (Fis, Cis, Gis, Dis, Ais, Eis)
Mittel C
C4
C5
C6
Mittel C
C4
C5
C6
aufsteigend
absteigend
Paralleltonart:
Dis - Moll
Fis -Dur
2 Oktaven
Rechte Hand
Übungs Tipps
I....... Spiele zehn mal; Übe in staccato & legato
II...... 1 & 2 Oktaven spielen; Beachte Vorzeichen
III..... Metronom benutzen; Setze mehrere Tempi
Mittel C
C4
C5
Mittel C
C4
C5
aufsteigend
absteigend
28

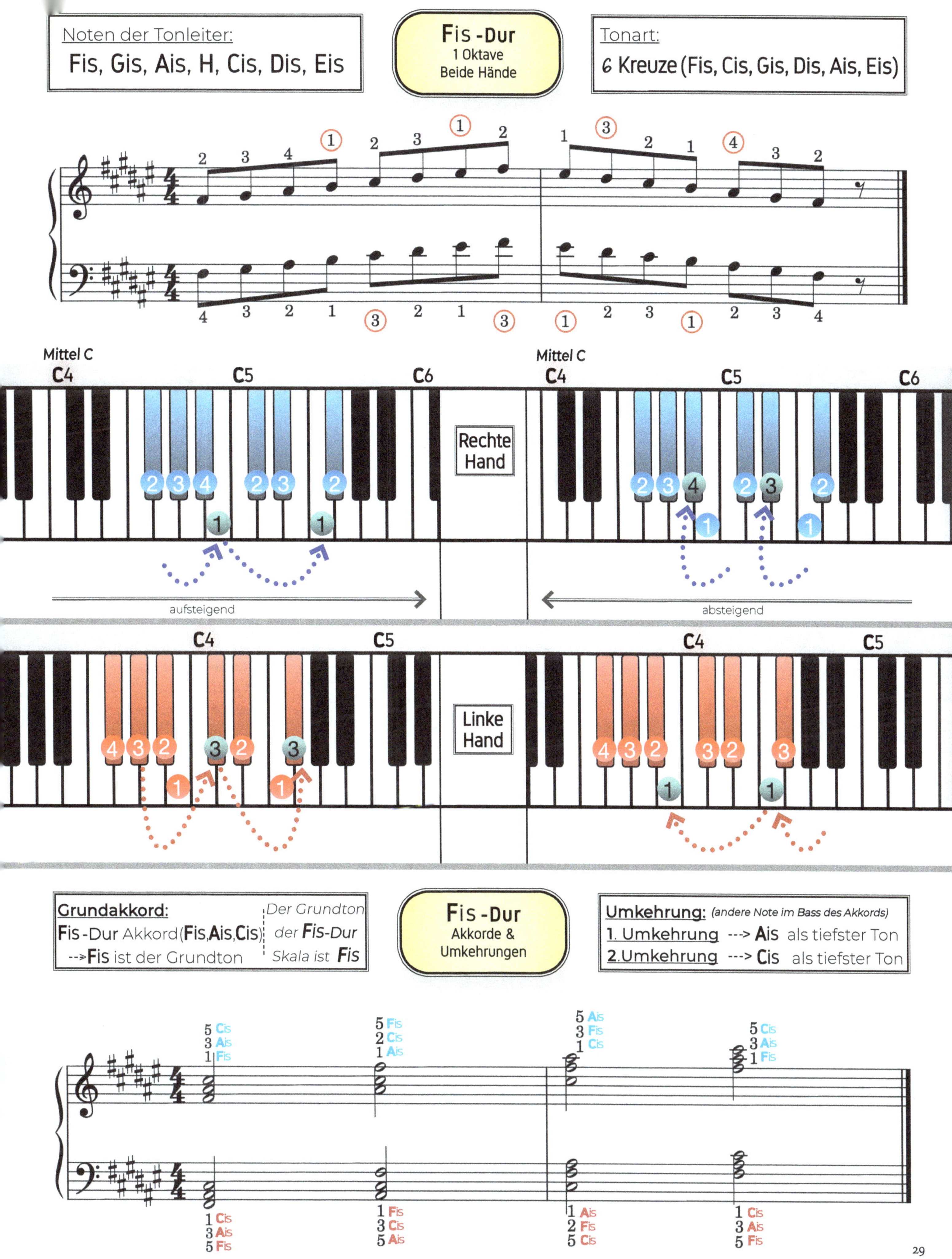

Noten der Tonleiter:
Fis, Gis, Ais, H, Cis, Dis, Eis
Fis -Dur
1 Oktave
Beide Hände
Tonart:
6 Kreuze (Fis, Cis, Gis, Dis, Ais, Eis)
Mittel C
C4
C5
C6
Rechte Hand
aufsteigend
absteigend
Linke Hand
Grundakkord:
Fis -Dur Akkord (Fis, Ais, Cis)
--> Fis ist der Grundton
Der Grundton der Fis-Dur Skala ist Fis
Fis -Dur
Akkorde & Umkehrungen
Umkehrung: (andere Note im Bass des Akkords)
1. Umkehrung ---> Ais als tiefster Ton
2. Umkehrung ---> Cis als tiefster Ton
5 Cis
3 Ais
1 Fis
5 Fis
2 Cis
1 Ais
5 Ais
3 Fis
1 Cis
5 Cis
3 Ais
1 Fis
1 Cis
3 Ais
5 Fis
1 Fis
3 Cis
5 Ais
1 Ais
2 Fis
5 Cis
1 Cis
3 Ais
5 Fis

Noten der Tonleiter:
Cis, Dis, Eis, Fis, Gis, Ais, His

Cis -Dur
1 Oktave
Linke Hand

Tonart:
7 Kreuze (Fis, Cis, Gis, Dis, Ais, Eis, His)

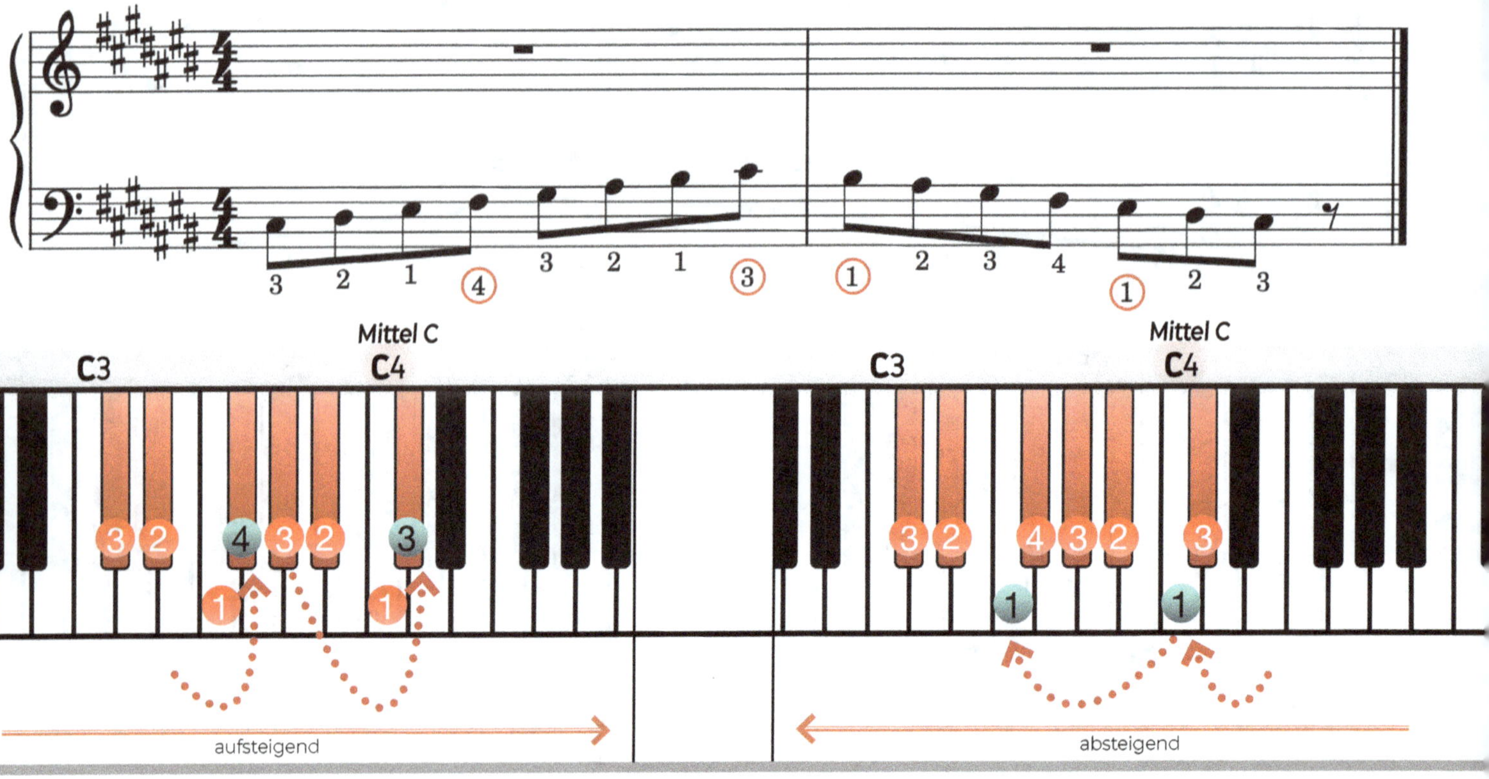

Mittel C
C3
C4
aufsteigend
absteigend

Paralleltonart:
Ais - Moll

Cis -Dur
2 Oktaven
Linke Hand

Übungs Tipps
I....... Spiele zehn mal; Übe in staccato & legato
II...... 1 & 2 Oktaven spielen; Beachte Vorzeichen
III..... Metronom benutzen; Setze mehrere Tempi

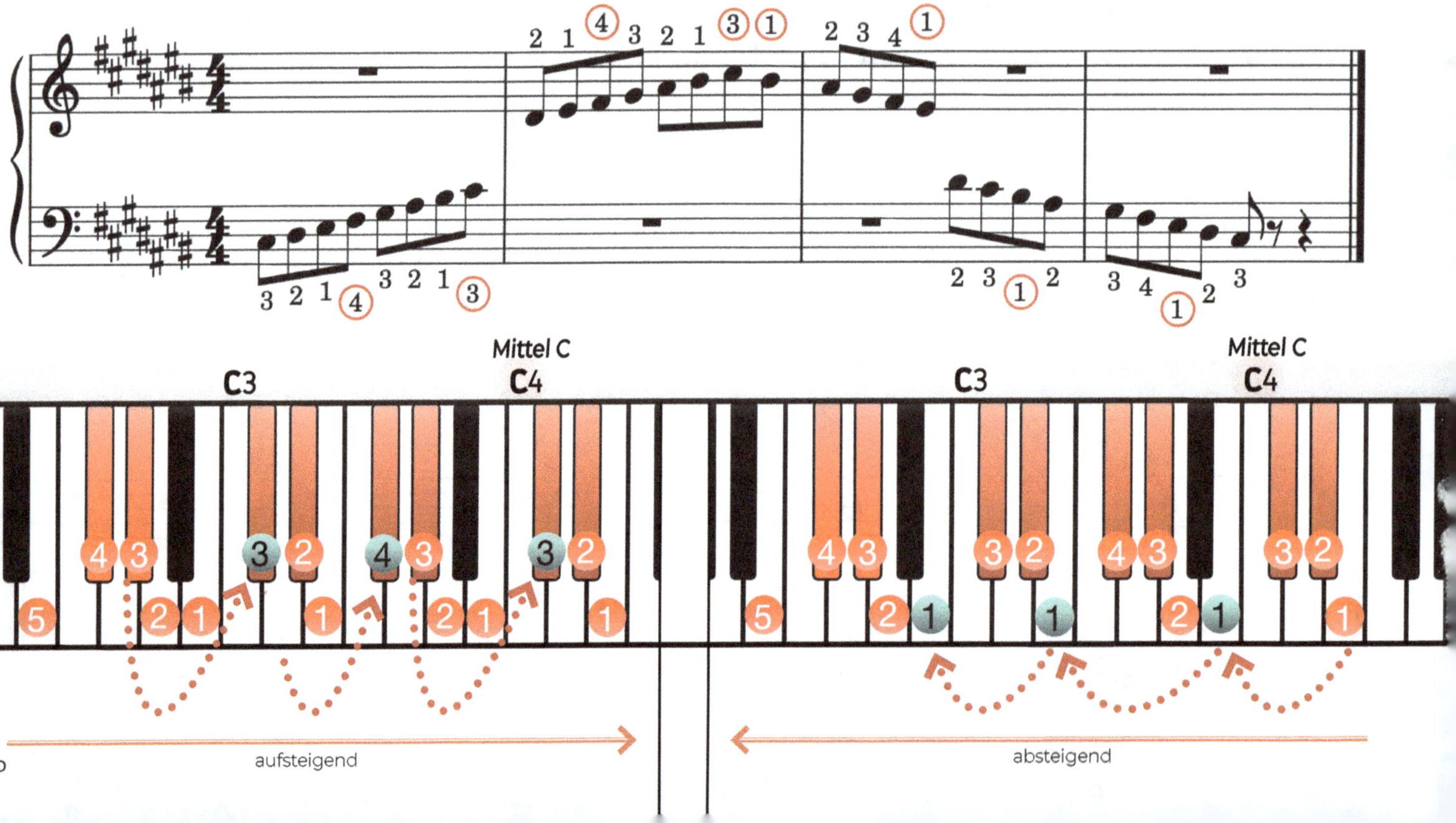

Mittel C
C3
C4
aufsteigend
absteigend

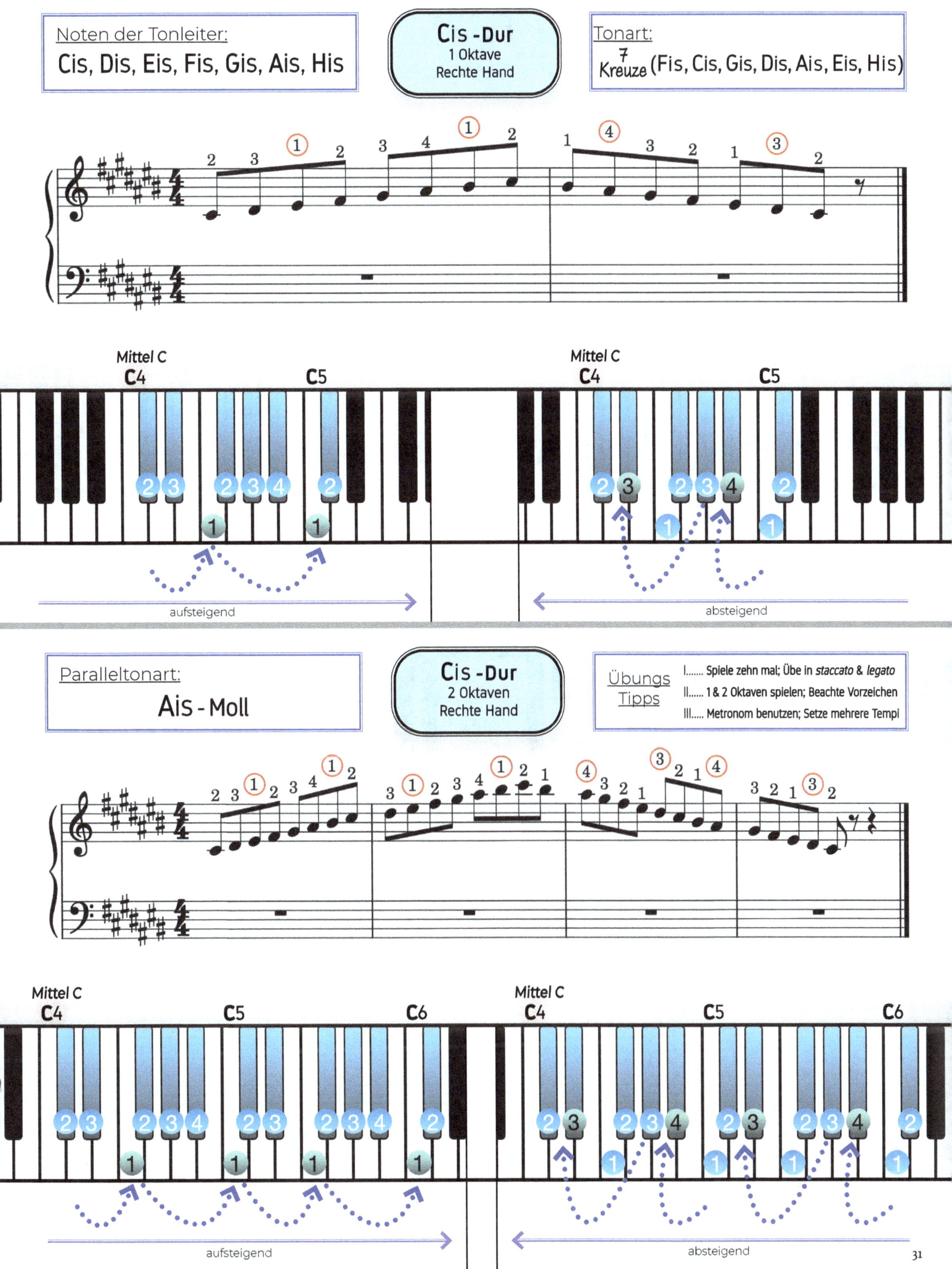

Noten der Tonleiter:
Cis, Dis, Eis, Fis, Gis, Ais, His
Cis -Dur
1 Oktave
Rechte Hand
Tonart:
7 Kreuze (Fis, Cis, Gis, Dis, Ais, Eis, His)
Mittel C
C4
C5
aufsteigend
absteigend
Parallel tonart:
Ais - Moll
Cis -Dur
2 Oktaven
Rechte Hand
Übungs Tipps
I....... Spiele zehn mal; Übe in staccato & legato
II...... 1 & 2 Oktaven spielen; Beachte Vorzeichen
III..... Metronom benutzen; Setze mehrere Tempi
Mittel C
C4
C5
C6
aufsteigend
absteigend

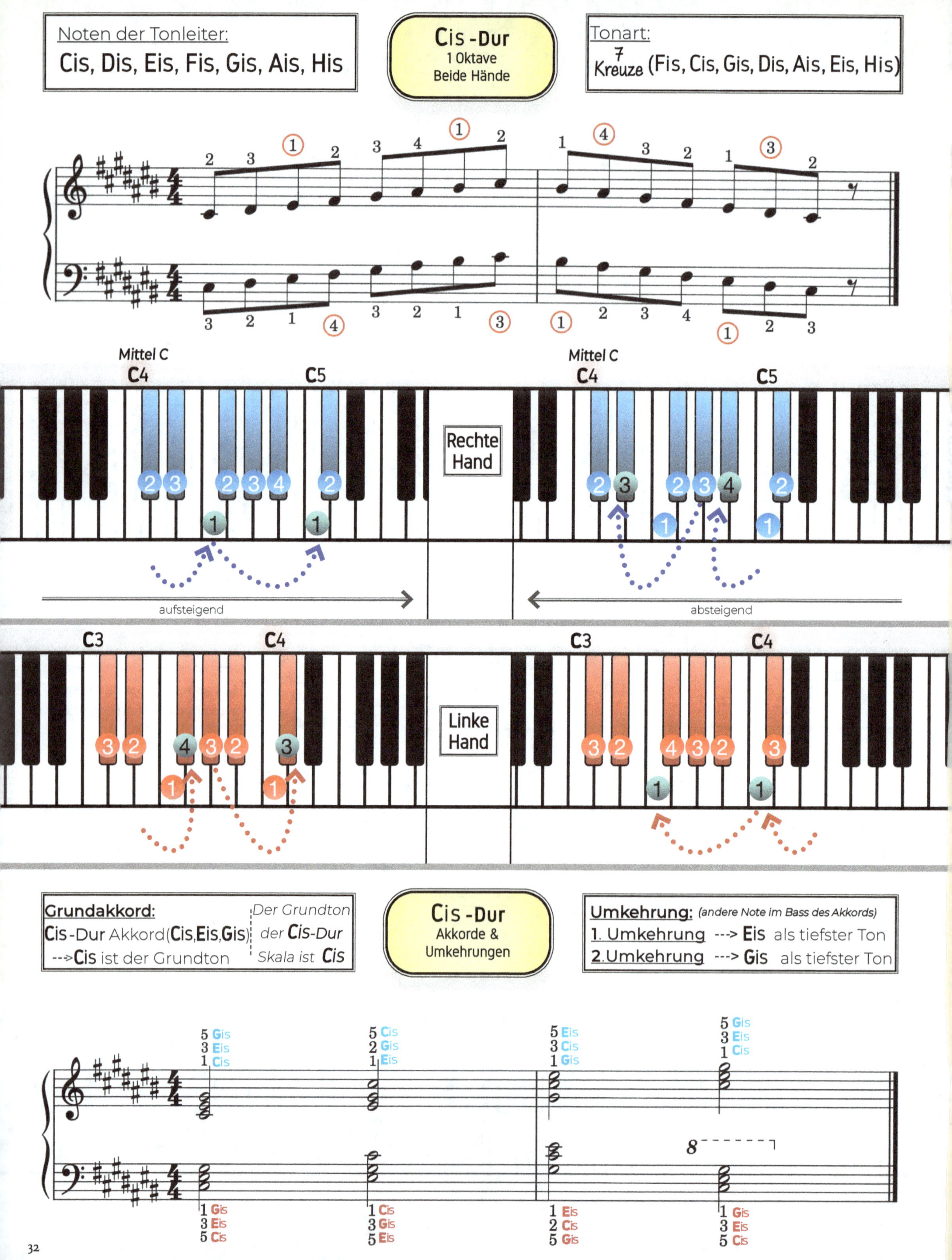

Noten der Tonleiter:
Cis, Dis, Eis, Fis, Gis, Ais, His
Cis -Dur
1 Oktave
Beide Hände
Tonart:
7
Kreuze (Fis, Cis, Gis, Dis, Ais, Eis, His)
Mittel C
C4
C5
Rechte Hand
aufsteigend
absteigend
C3
C4
Linke Hand
Grundakkord:
Cis-Dur Akkord (Cis, Eis, Gis)
--> Cis ist der Grundton
Der Grundton der Cis-Dur Skala ist Cis
Cis -Dur
Akkorde &
Umkehrungen
Umkehrung: (andere Note im Bass des Akkords)
1. Umkehrung ---> Eis als tiefster Ton
2. Umkehrung ---> Gis als tiefster Ton
5 Gis
3 Eis
1 Cis
5 Cis
2 Gis
1 Eis
5 Eis
3 Cis
1 Gis
5 Gis
3 Eis
1 Cis
8
1 Gis
3 Eis
5 Cis
1 Cis
3 Gis
5 Eis
1 Eis
2 Cis
5 Gis
1 Gis
3 Eis
5 Cis

# DUR - TONLEITERN



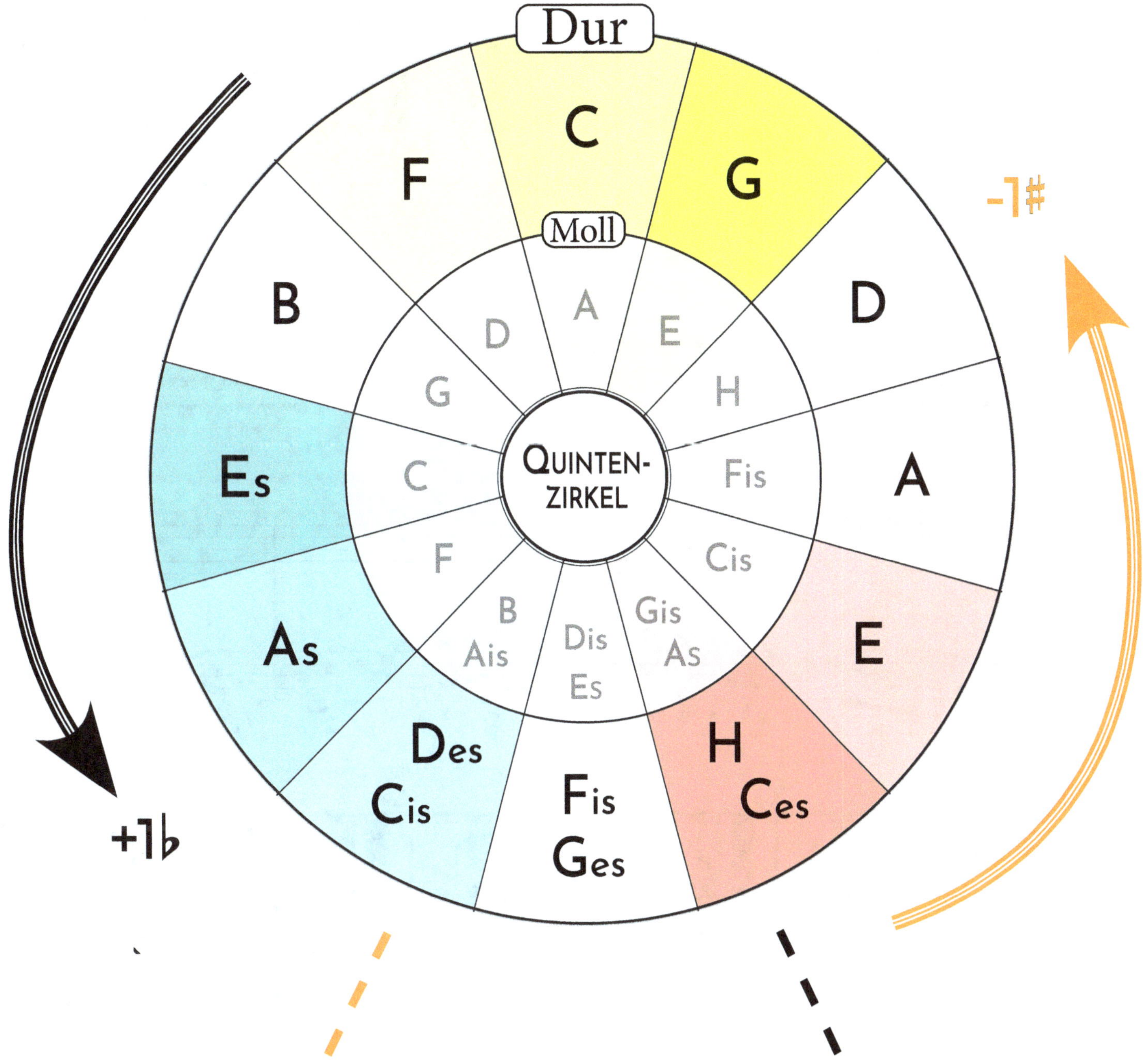

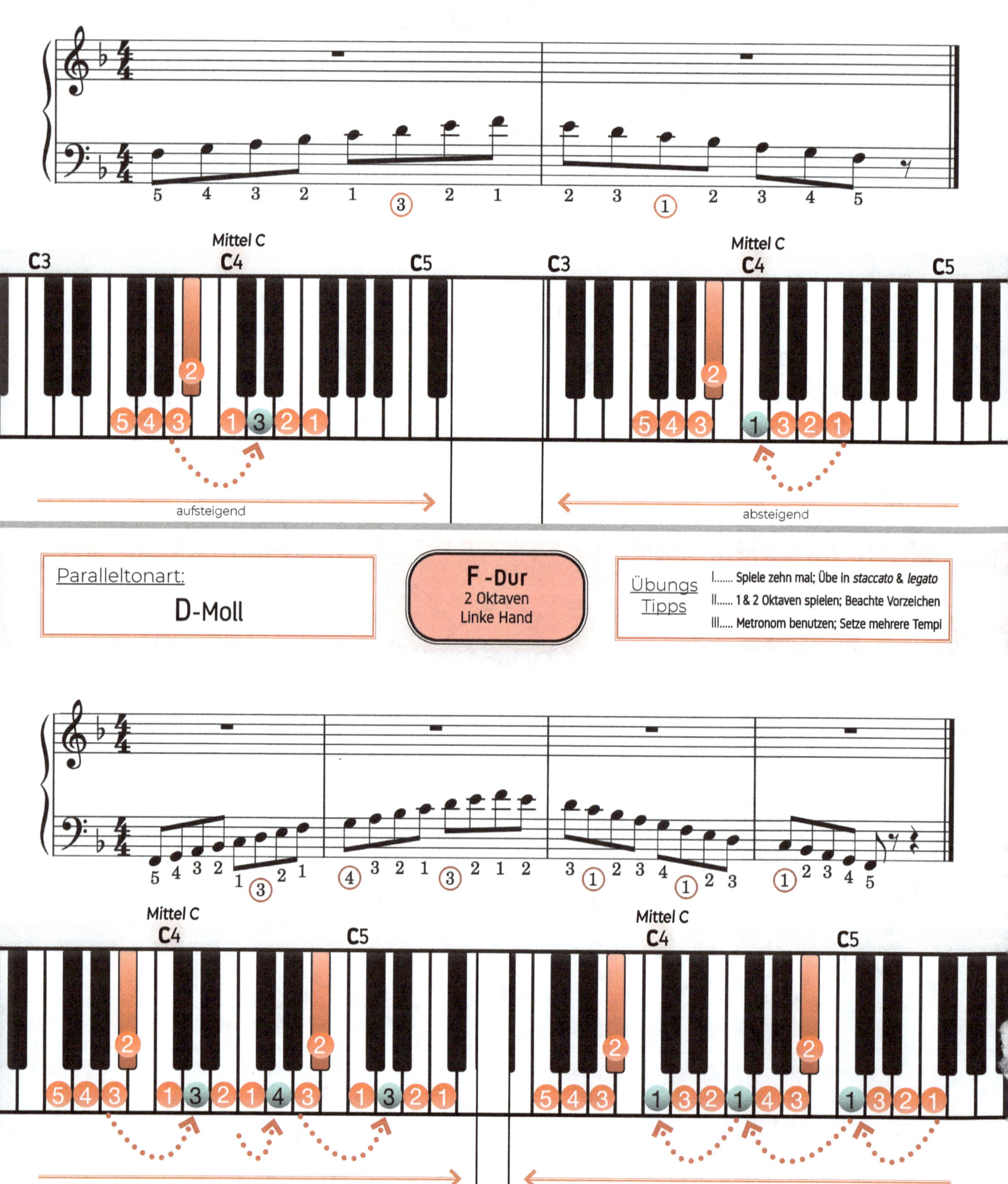

Noten der Tonleiter:
F, G, A, B, C, D, E

F -Dur
1 Oktave
Linke Hand

Tonart:
1 B ( B )

5 4 3 2 1 3 2 1 2 3 1 2 3 4 5

C3
Mittel C
C4
C5
C3
Mittel C
C4
C5

5 4 3 2 1 3 2 1
5 4 3 1 3 2 1

aufsteigend
absteigend

Paralleltonart:
D-Moll

F -Dur
2 Oktaven
Linke Hand

Übungs Tipps
I....... Spiele zehn mal; Übe in staccato & legato
II....... 1 & 2 Oktaven spielen; Beachte Vorzeichen
III..... Metronom benutzen; Setze mehrere Tempi

5 4 3 2 1 3 2 1 4 3 2 1 3 2 1 2 3 1 2 3 4 1 2 3 1 2 3 4 5

Mittel C
C4
C5
Mittel C
C4
C5

5 4 3 1 3 2 1 4 3 1 3 2 1
5 4 3 1 3 2 1 4 3 1 3 2 1

aufsteigend
absteigend

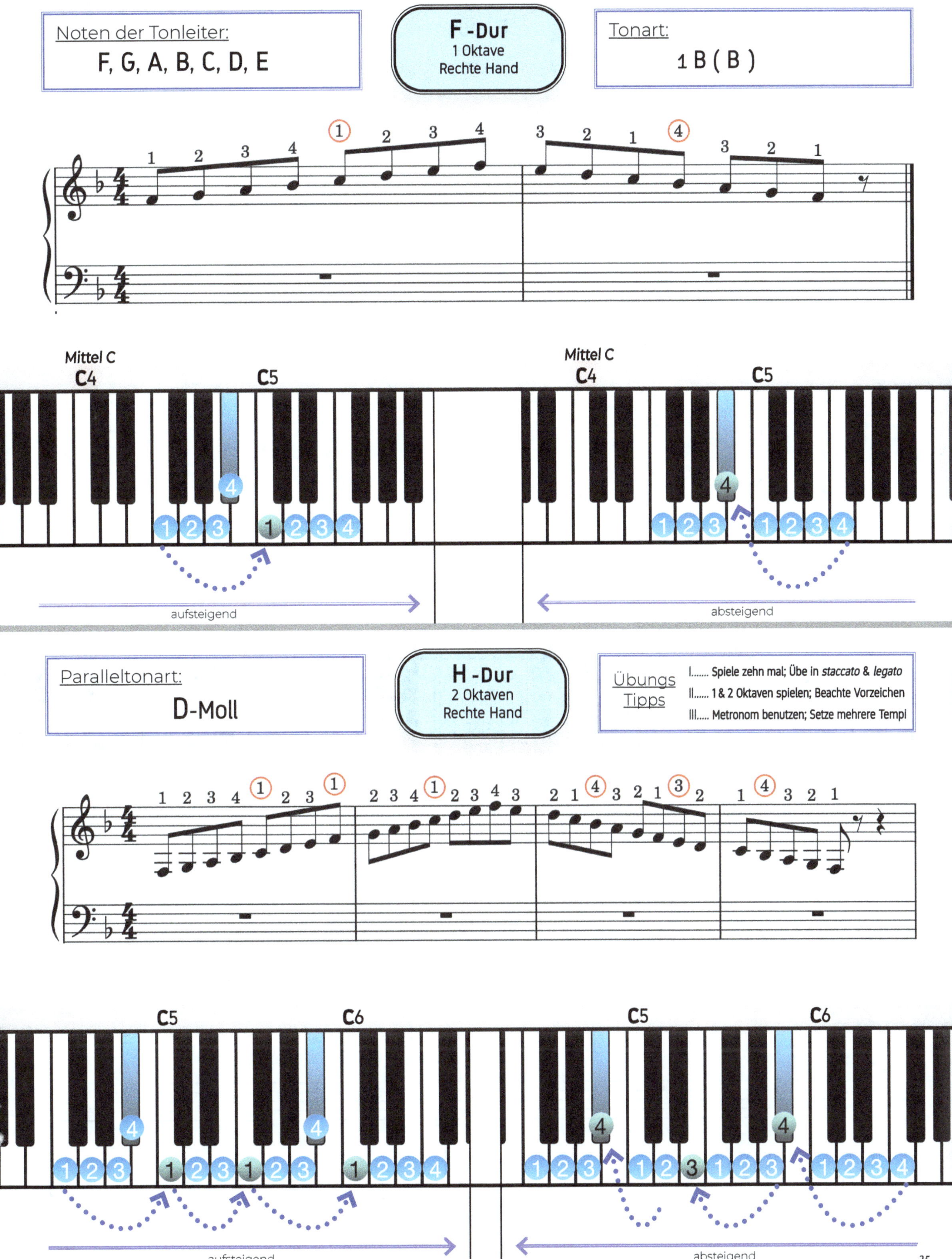

Noten der Tonleiter:
F, G, A, B, C, D, E
F -Dur
1 Oktave
Rechte Hand
Tonart:
1 B ( B )
Mittel C
C4
C5
aufsteigend
absteigend
Paralleltonart:
D-Moll
H -Dur
2 Oktaven
Rechte Hand
Übungs Tipps
I....... Spiele zehn mal; Übe in staccato & legato
II...... 1 & 2 Oktaven spielen; Beachte Vorzeichen
III..... Metronom benutzen; Setze mehrere Tempi
C5
C6
aufsteigend
absteigend

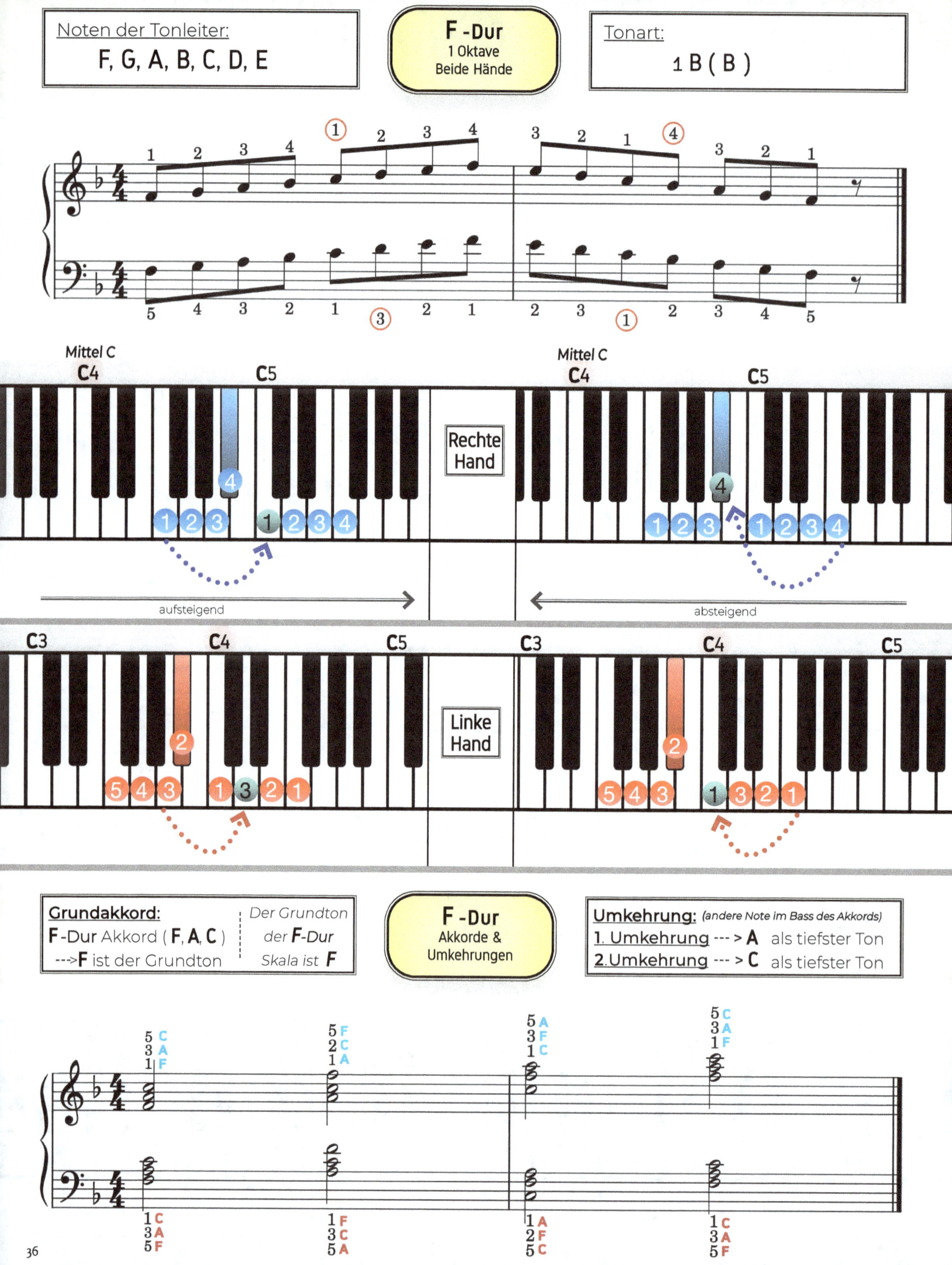
Noten der Tonleiter:
F, G, A, B, C, D, E
F -Dur
1 Oktave
Beide Hände
Tonart:
1 B ( B )
Mittel C
C4
C5
Rechte Hand
aufsteigend
absteigend
C3
C4
C5
Linke Hand
Grundakkord:
F-Dur Akkord ( F, A, C )
--->F ist der Grundton
Der Grundton
der F-Dur
Skala ist F
F -Dur
Akkorde &
Umkehrungen
Umkehrung: (andere Note im Bass des Akkords)
1. Umkehrung --- > A als tiefster Ton
2. Umkehrung --- > C als tiefster Ton

Noten der Tonleiter:
B, C, D, Es, F, G, A
B -Dur
1 Oktave
Linke Hand
Tonart:
2 Bs ( B ,Es ) 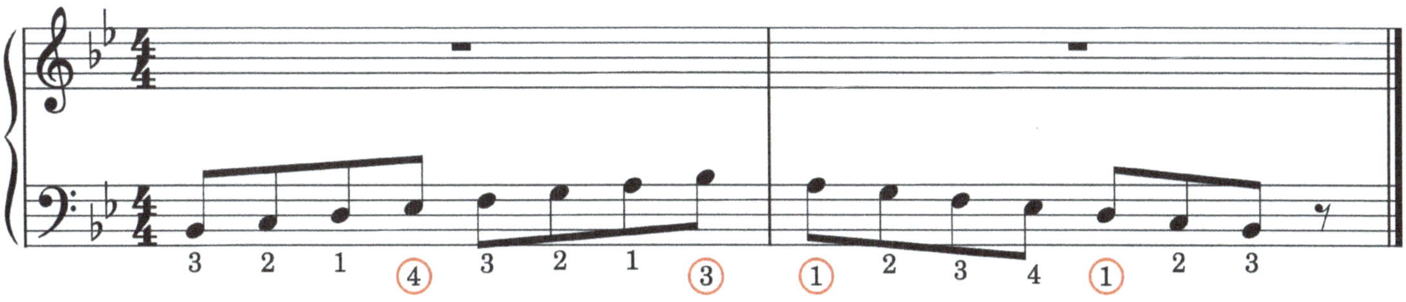 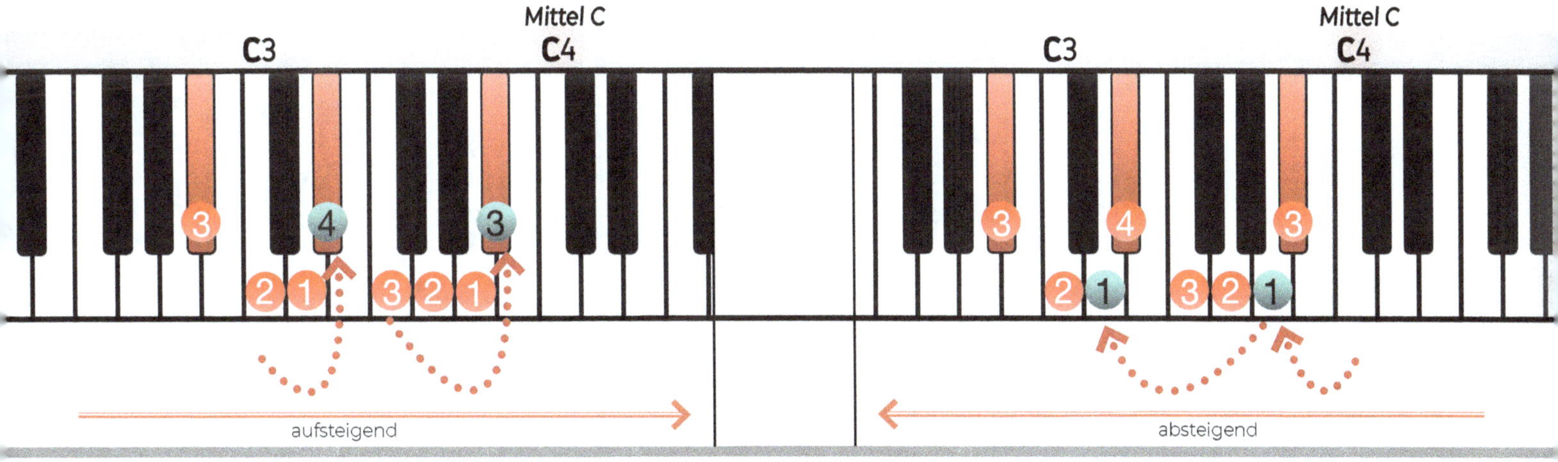
Mittel C
C3
C4
3 2 1 4 3 2 1 3
1 2 3 4 1 2 3
3 4 2 1 3 2 1 3
2 1 3 2 1
aufsteigend
absteigend
Paralleltonart:
G-Moll
B -Dur
2 Oktaven
Linke Hand
Übungs Tipps
I....... Spiele zehn mal; Übe in staccato & legato
II...... 1 & 2 Oktaven spielen; Beachte Vorzeichen
III..... Metronom benutzen; Setze mehrere Tempi
2 1 4 3 2 1 3 1
2 3 4 1
3 2 1 4 3 2 1 3
2 3 1 2
3 4 1 2 3
Mittel C
C3
C4
C5
C3
C4
C5
3 4 3 4 3 3 4 3 4 3
2 1 3 2 1 2 1 3 2 1
2 1 3 2 1 2 1 3 2 1
aufsteigend
absteigend

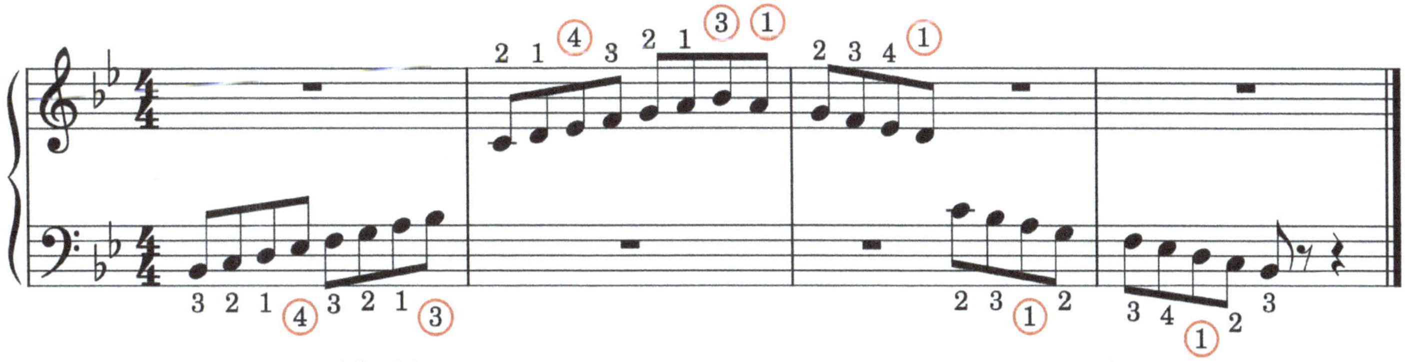

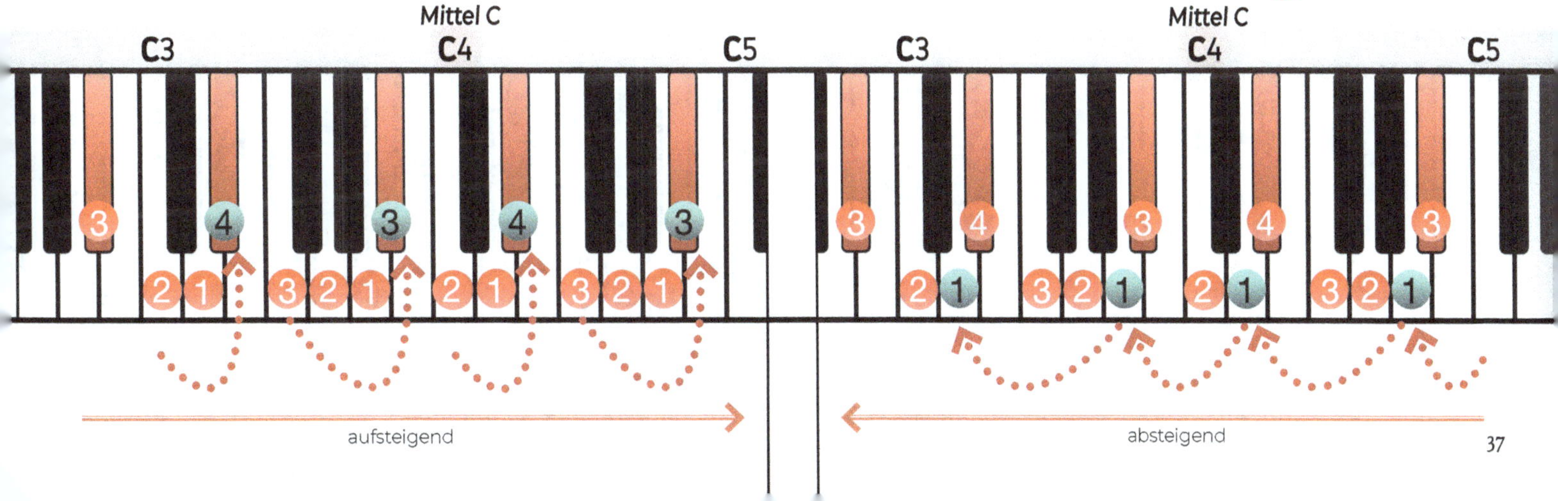

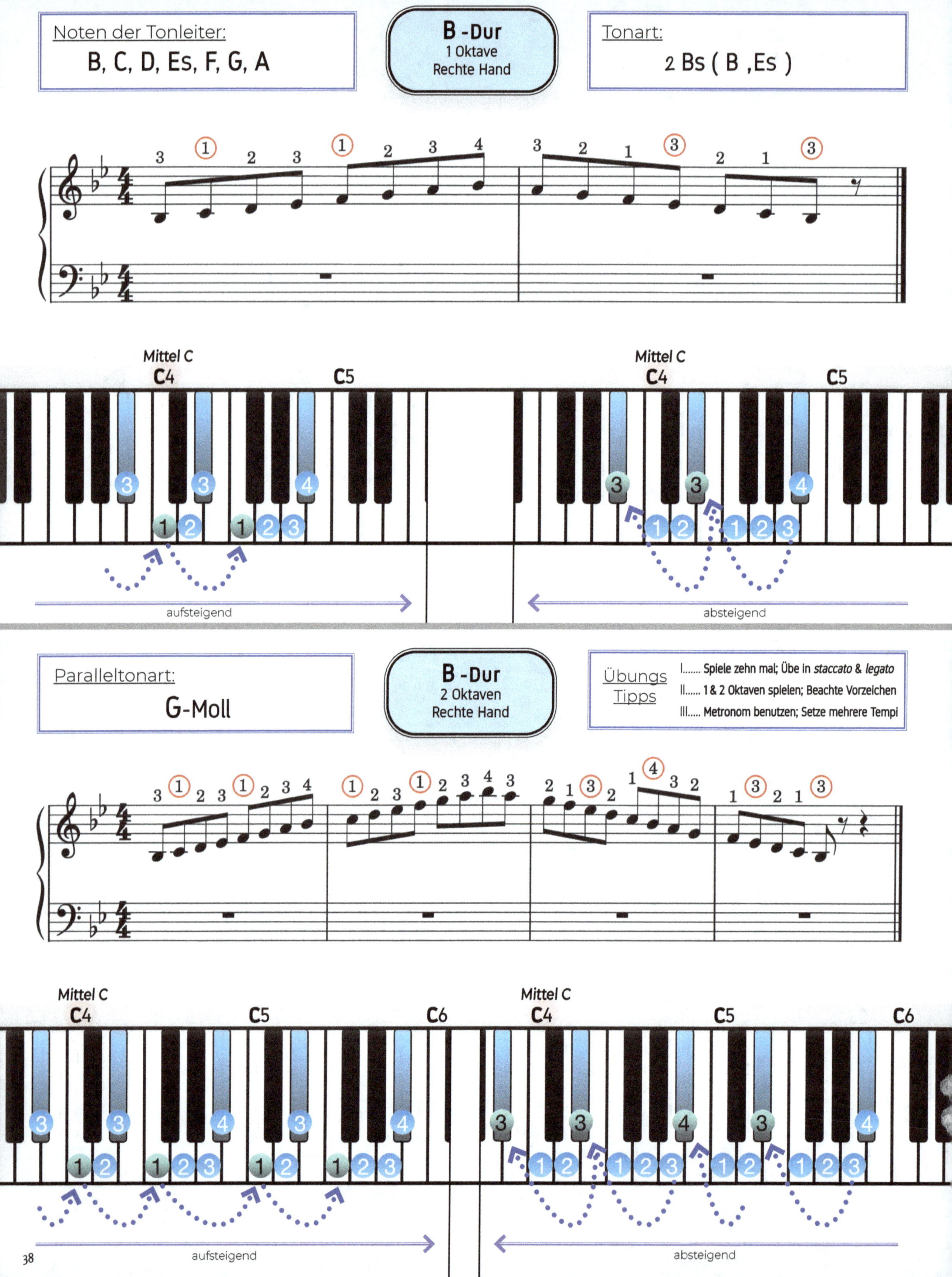

Noten der Tonleiter:
B, C, D, Es, F, G, A
B -Dur
1 Oktave
Rechte Hand
Tonart:
2 Bs ( B , Es )
Mittel C
C4
C5
aufsteigend
absteigend
Paralleltonart:
G-Moll
B -Dur
2 Oktaven
Rechte Hand
Übungs Tipps
I....... Spiele zehn mal; Übe in staccato & legato
II...... 1 & 2 Oktaven spielen; Beachte Vorzeichen
III..... Metronom benutzen; Setze mehrere Tempi
Mittel C
C4
C5
C6
aufsteigend
absteigend
38

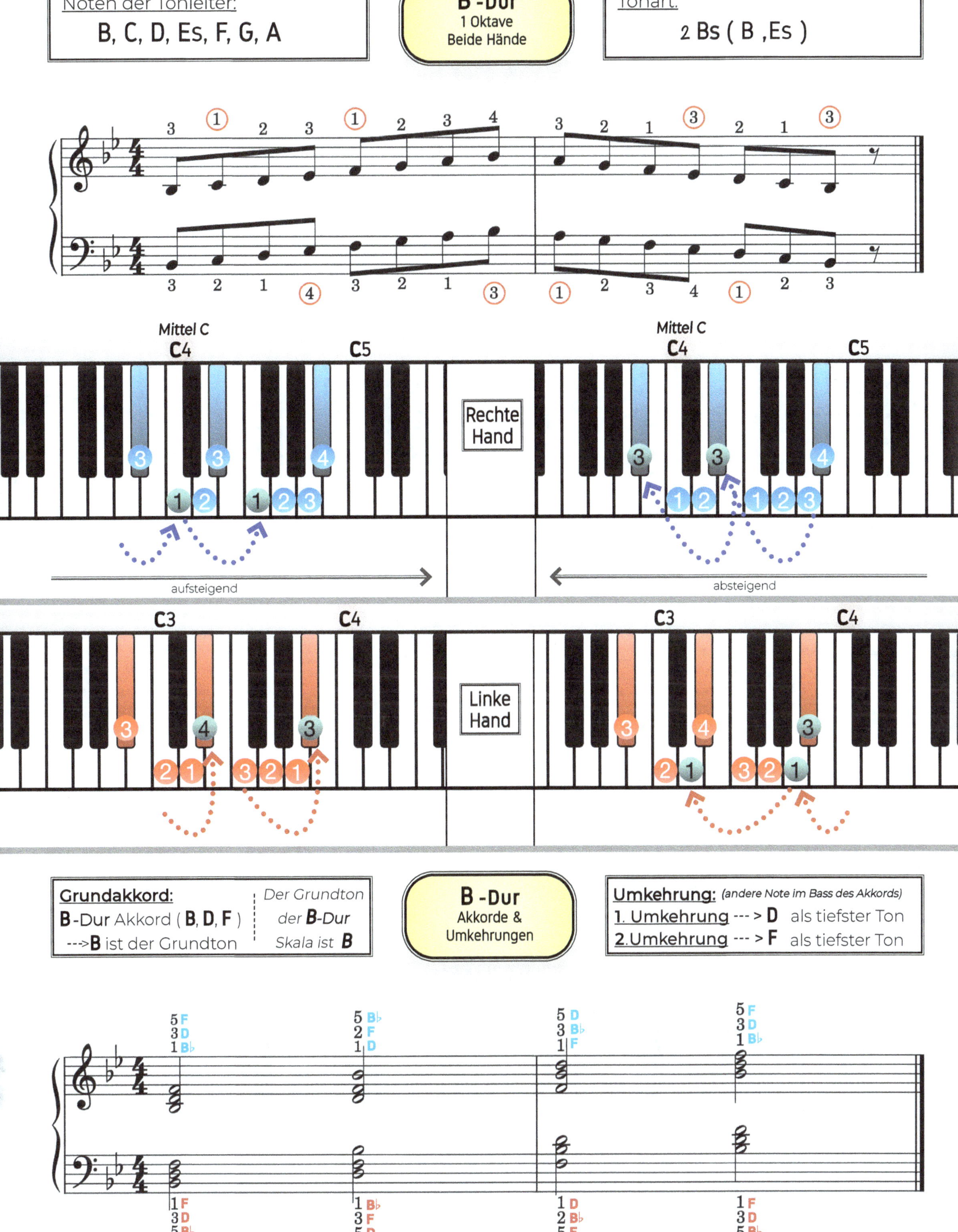

Noten der Tonleiter:
B, C, D, Es, F, G, A

B -Dur
1 Oktave
Beide Hände

Tonart:
2 Bs ( B ,Es )

Mittel C
C4
C5
Rechte Hand
aufsteigend
absteigend

Mittel C
C4
C5

C3
C4
Linke Hand

C3
C4

Grundakkord:
B-Dur Akkord ( B, D, F )
--->B ist der Grundton

Der Grundton
der B-Dur
Skala ist B

B -Dur
Akkorde &
Umkehrungen

Umkehrung: (andere Note im Bass des Akkords)
1. Umkehrung --- > D  als tiefster Ton
2. Umkehrung --- > F  als tiefster Ton

5 F
3 D
1 B♭

5 B♭
2 F
1 D

5 D
3 B♭
1 F

5 F
3 D
1 B♭

1 F
3 D
5 B♭

1 B♭
3 F
5 D

1 D
2 B♭
5 F

1 F
3 D
5 B♭

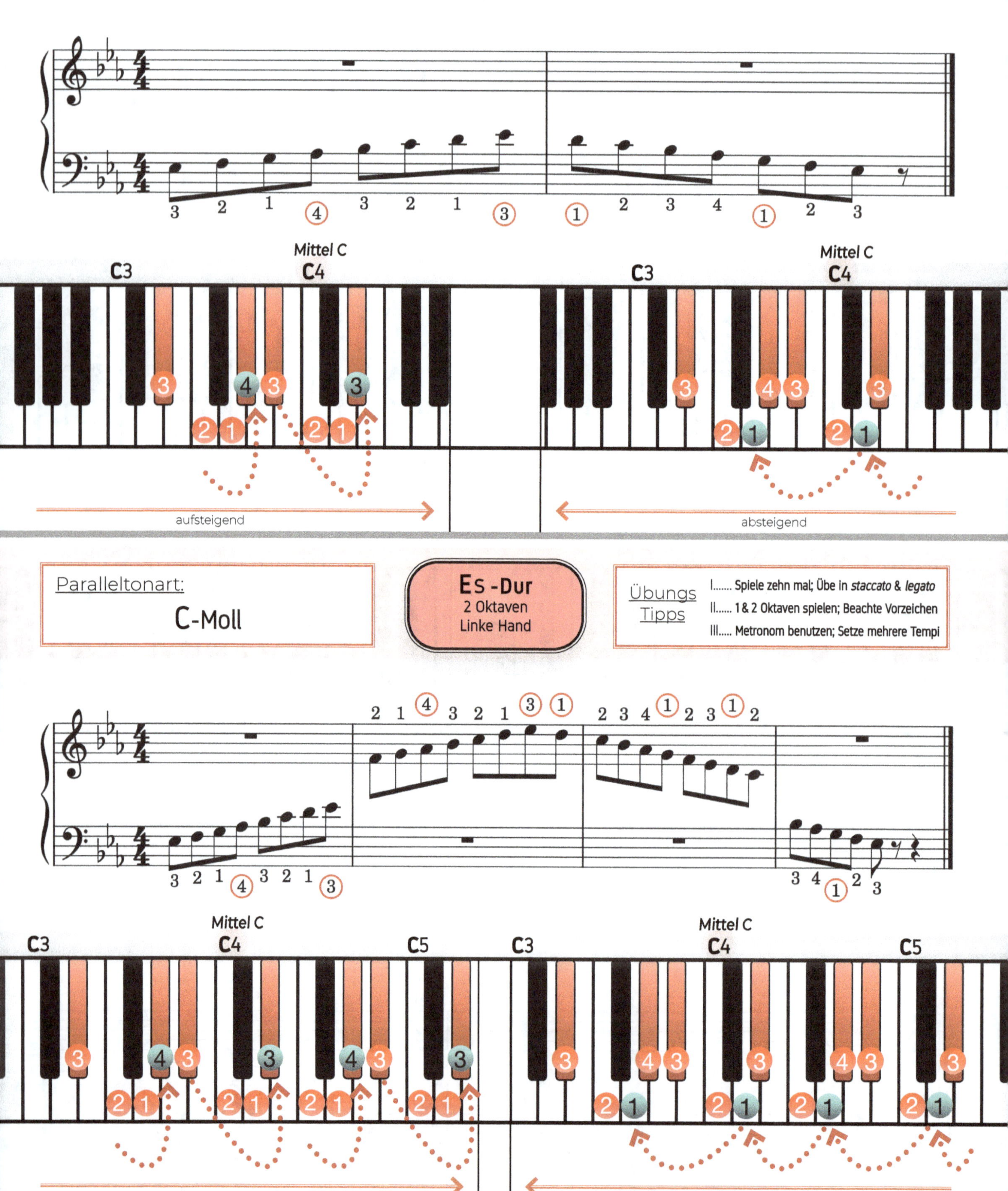

Noten der Tonleiter:
Es, F, G, As, B, C, D
Es -Dur
1 Oktave
Linke Hand
Tonart:
3 Bs ( B, Es, As )
Mittel C
C4
C3
Mittel C
C4
C3
aufsteigend
absteigend
Paralleltonart:
C-Moll
Es -Dur
2 Oktaven
Linke Hand
Übungs Tipps
I....... Spiele zehn mal; Übe in staccato & legato
II...... 1 & 2 Oktaven spielen; Beachte Vorzeichen
III..... Metronom benutzen; Setze mehrere Tempi
Mittel C
C4
C3
C5
Mittel C
C4
C3
C5
aufsteigend
absteigend

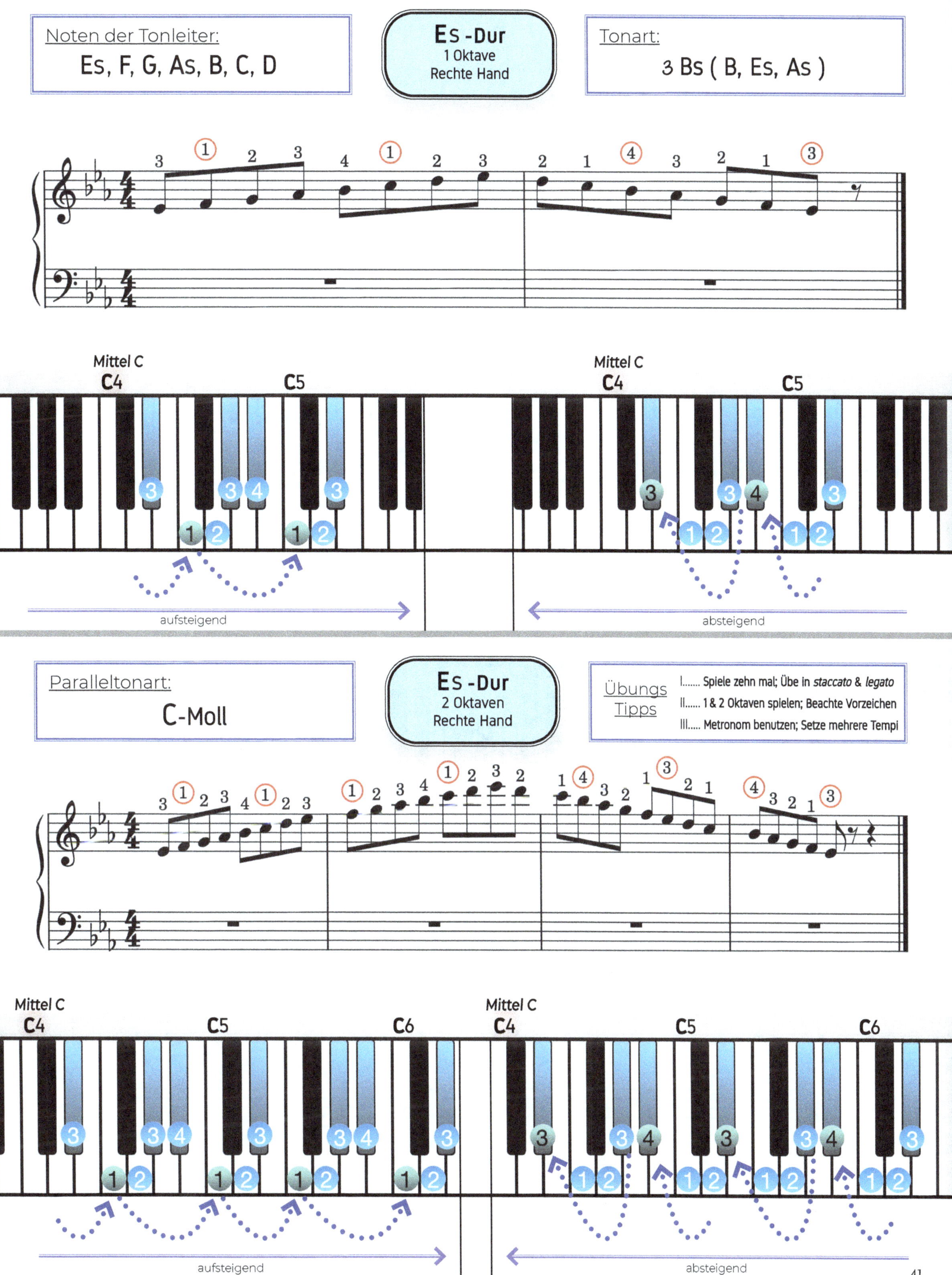

Noten der Tonleiter:
Es, F, G, As, B, C, D

Es -Dur
1 Oktave
Rechte Hand

Tonart:
3 Bs ( B, Es, As )

Mittel C
C4
C5
Mittel C
C4
C5
aufsteigend
absteigend

Paralleltonart:
C-Moll

Es -Dur
2 Oktaven
Rechte Hand

Übungs Tipps
I....... Spiele zehn mal; Übe in staccato & legato
II...... 1 & 2 Oktaven spielen; Beachte Vorzeichen
III..... Metronom benutzen; Setze mehrere Tempi

Mittel C
C4
C5
C6
Mittel C
C4
C5
C6
aufsteigend
absteigend

Noten der Tonleiter:
Es, F, G, As, B, C, D

Es -Dur
1 Oktave
Beide Hände

Tonart:
3 Bs ( B, Es, As )

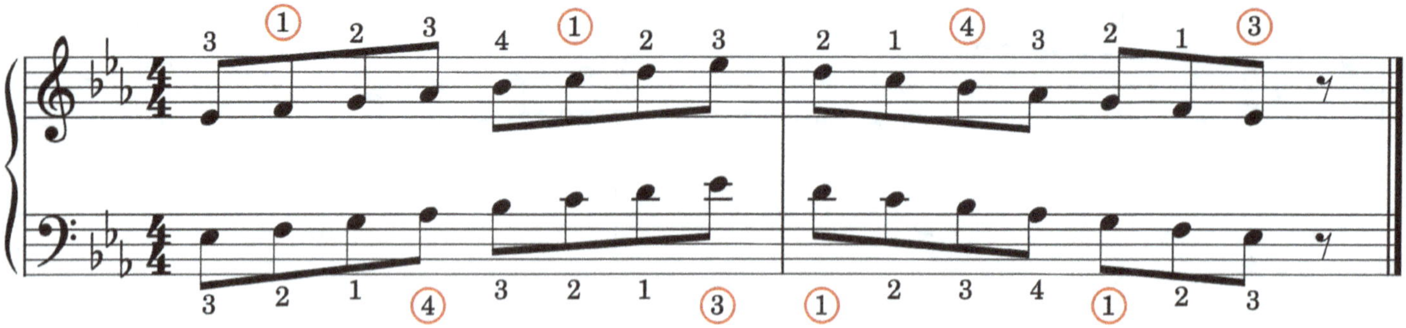

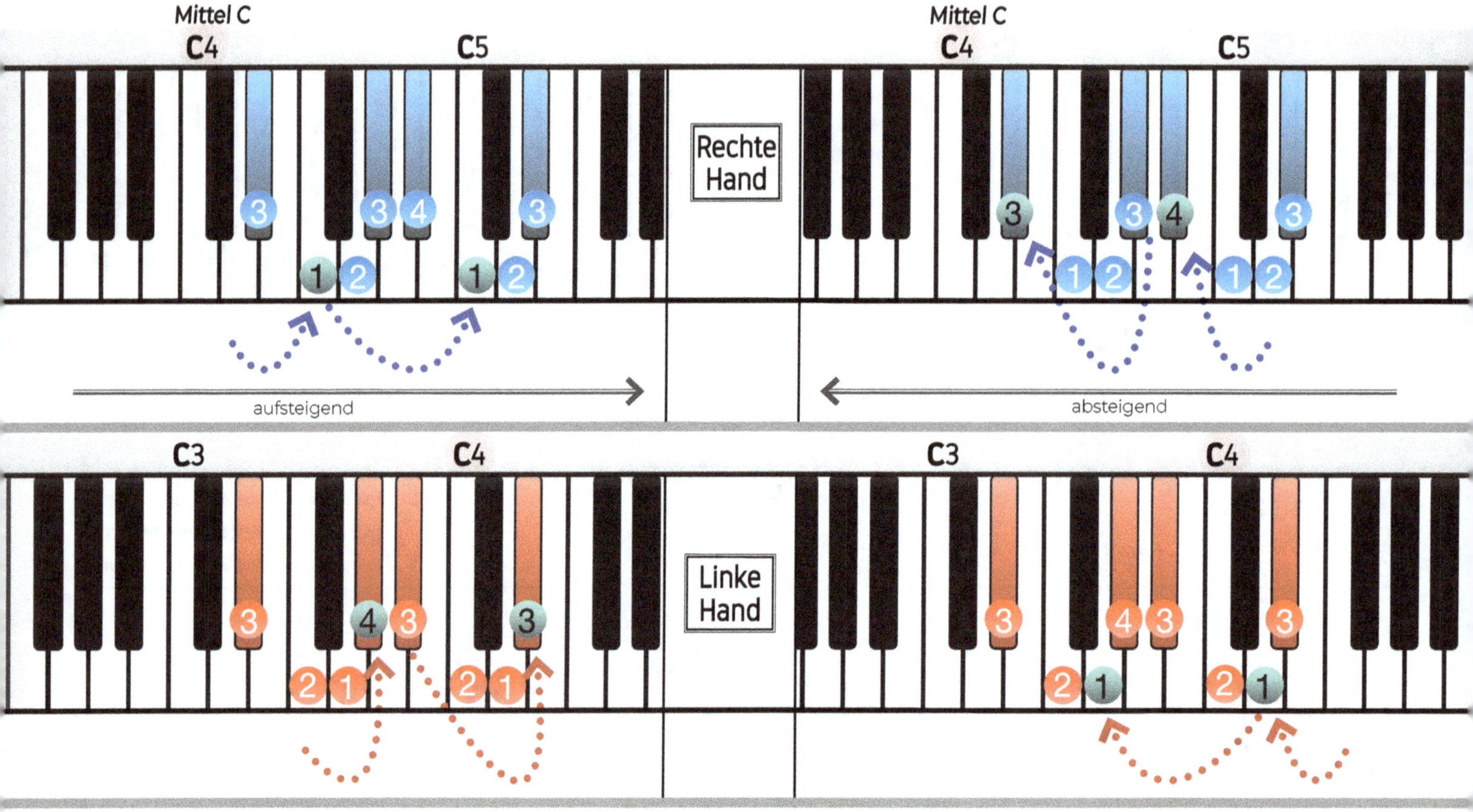

Mittel C
C4
C5
Rechte
Hand
aufsteigend
absteigend

C3
C4
Linke
Hand

Grundakkord:
Es -Dur Akkord ( Es, G, B )
--> Es ist der Grundton
Der Grundton
der Es-Dur
Skala ist Es

Es -Dur
Akkorde &
Umkehrungen

Umkehrung: (andere Note im Bass des Akkords)
1. Umkehrung --- > G  als tiefster Ton
2. Umkehrung --- > B  als tiefster Ton

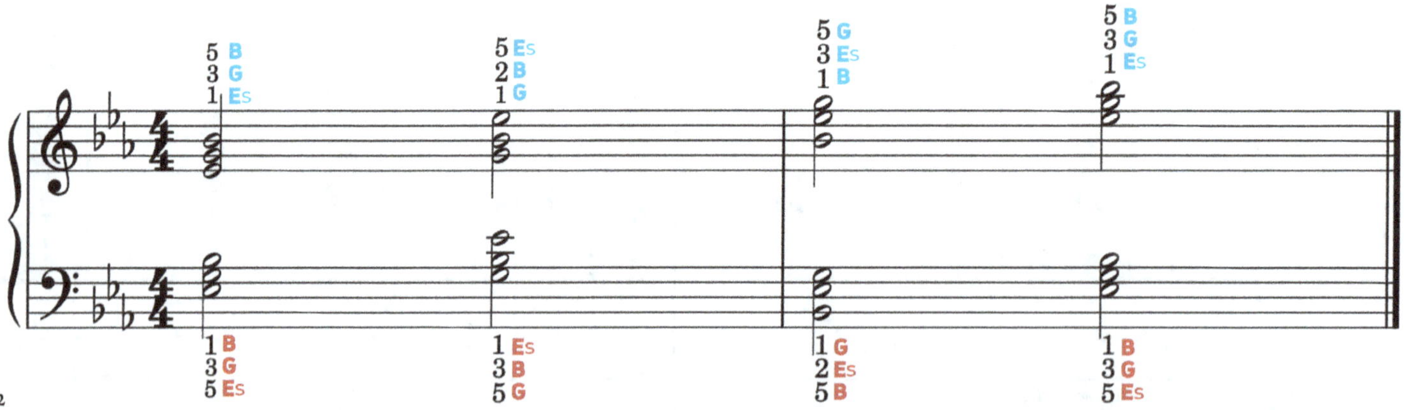

5 B
3 G
1 Es

5 Es
2 B
1 G

5 G
3 Es
1 B

5 B
3 G
1 Es

1 B
3 G
5 Es

1 Es
3 B
5 G

1 G
2 Es
5 B

1 B
3 G
5 Es

Noten der Tonleiter:
As, B, C, Des, Es, F, G

As -Dur
1 Oktave
Linke Hand

Tonart:
4 Bs ( B, Es ,As ,Des )


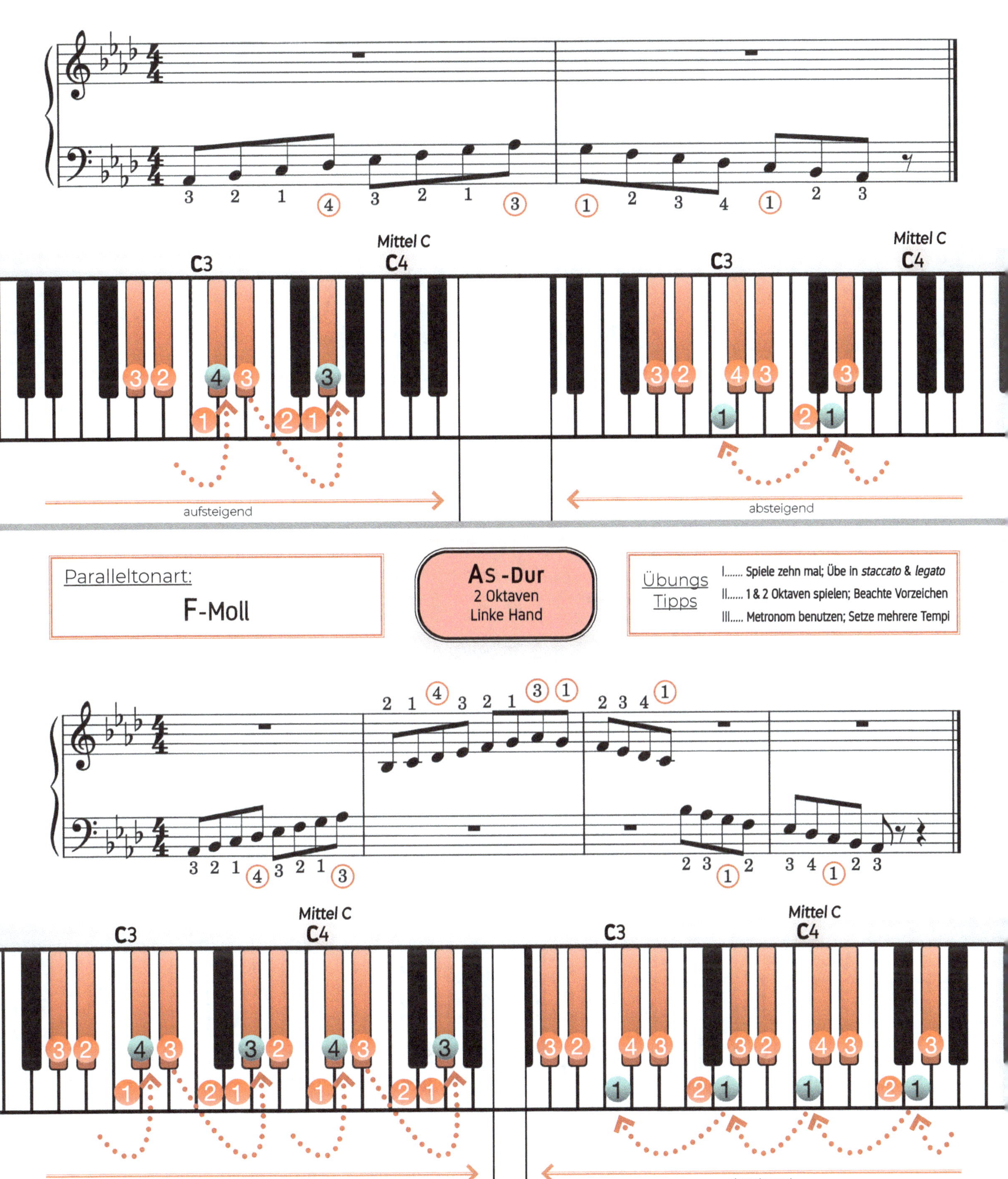

Mittel C
C3
C4
3 2 1 4 3 2 1 3
1 2 3 4 1 2 3
aufsteigend
C3
Mittel C
C4
3 2 4 3 3
1 2 1
absteigend

Paralleltonart:
F-Moll

As -Dur
2 Oktaven
Linke Hand

Übungs Tipps
I....... Spiele zehn mal; Übe in staccato & legato
II...... 1 & 2 Oktaven spielen; Beachte Vorzeichen
III..... Metronom benutzen; Setze mehrere Tempi

2 1 4 3 2 1 3 1 2 3 4 1
3 2 1 4 3 2 1 3
2 3 1 2 3 4 1 2 3

Mittel C
C3
C4
3 2 4 3 3 2 4 3 3
1 1 2 1 1 2 1
aufsteigend
C3
Mittel C
C4
3 2 4 3 3 2 4 3 3
1 2 1 1 2 1
absteigend

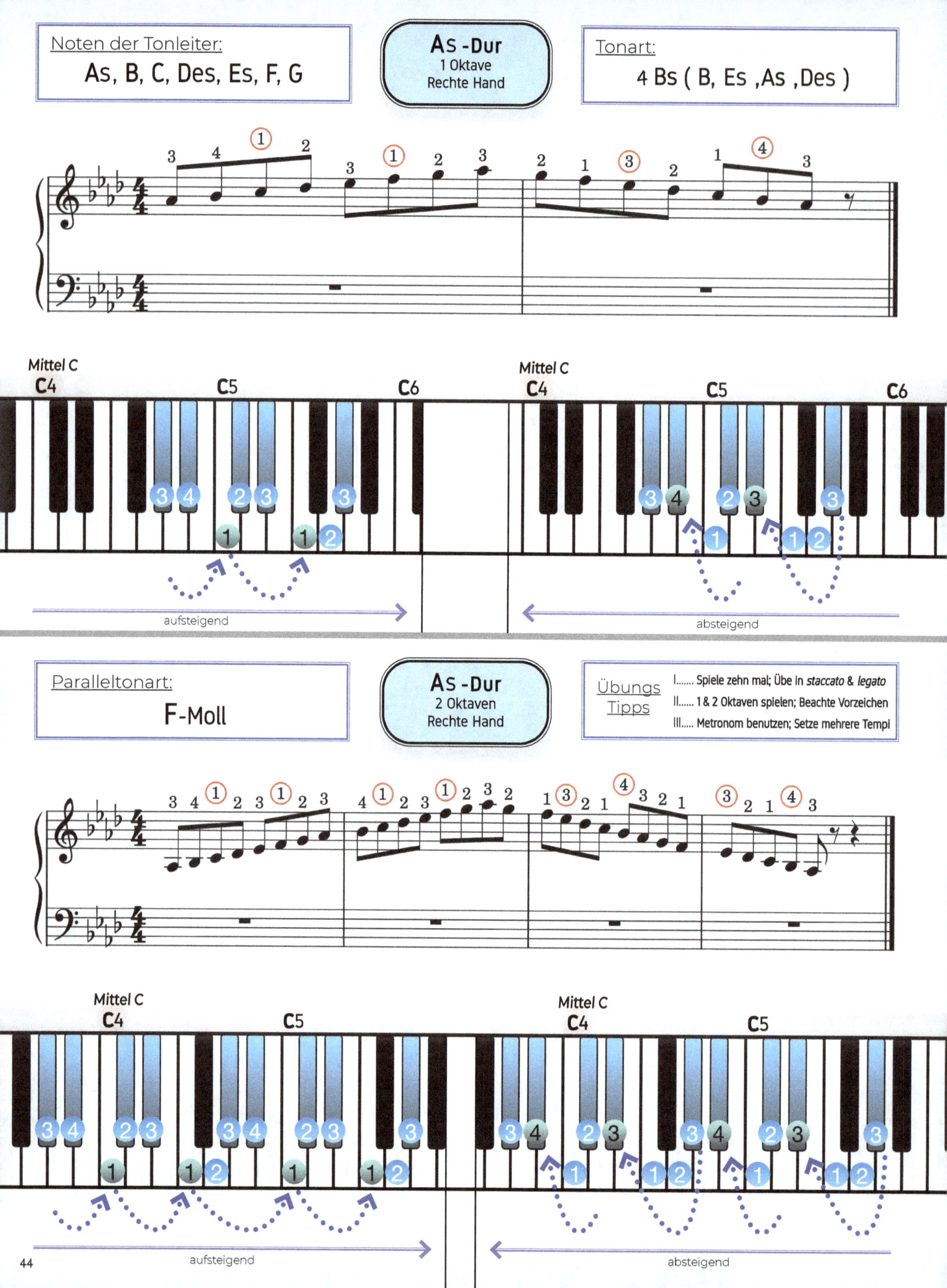

Noten der Tonleiter:
As, B, C, Des, Es, F, G
As -Dur
1 Oktave
Rechte Hand
Tonart:
4 Bs ( B, Es ,As ,Des )
Mittel C
C4
C5
C6
Mittel C
C4
C5
C6
aufsteigend
absteigend
Paralleltonart:
F-Moll
As -Dur
2 Oktaven
Rechte Hand
Übungs Tipps
I....... Spiele zehn mal; Übe in staccato & legato
II...... 1 & 2 Oktaven spielen; Beachte Vorzeichen
III..... Metronom benutzen; Setze mehrere Tempi
Mittel C
C4
C5
Mittel C
C4
C5
aufsteigend
absteigend
44

Noten der Tonleiter:
As, B, C, Des, Es, F, G

As -Dur
1 Oktave
Beide Hände

Tonart:
4 Bs ( B, Es ,As ,Des )

Mittel C
C4    C5    C6
Rechte Hand
aufsteigend

Mittel C
C4    C5    C6
absteigend

C3    C4
Linke Hand

C3    C4

Grundakkord:
As -Dur Akkord (As, C, Es)
-->As ist der Grundton

Der Grundton
der As-Dur
Skala ist As

As -Dur
Akkorde &
Umkehrungen

Umkehrung: (andere Note im Bass des Akkords)
1. Umkehrung --- > C  als tiefster Ton
2. Umkehrung --- > Es  als tiefster Ton

5 Es
3 C
1 As

5 As
2 Es
1 C

5 C
3 As
1 Es

5 Es
3 C
1 As

1 Es
3 C
5 As

1 As
3 Es
5 C

1 C
2 As
5 Es

1 Es
3 C
5 As


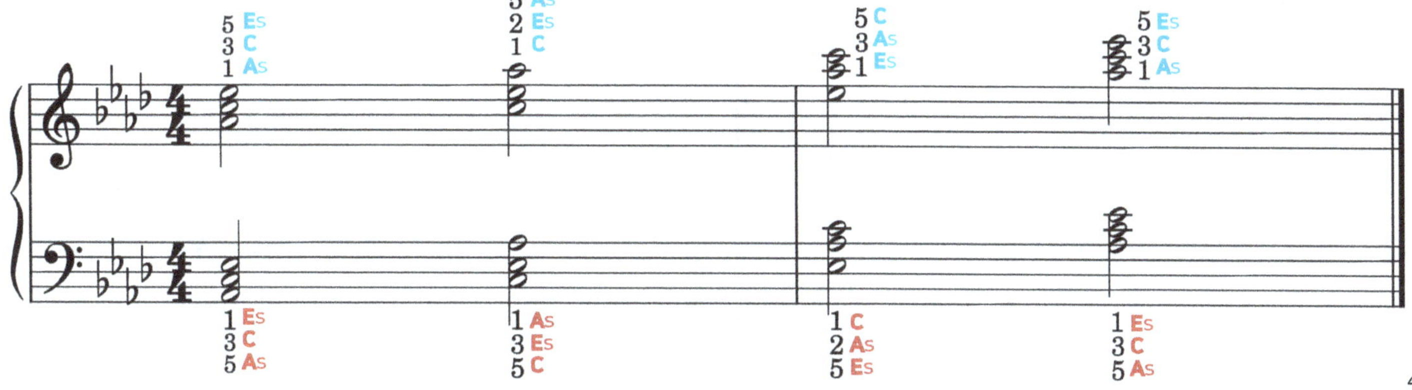

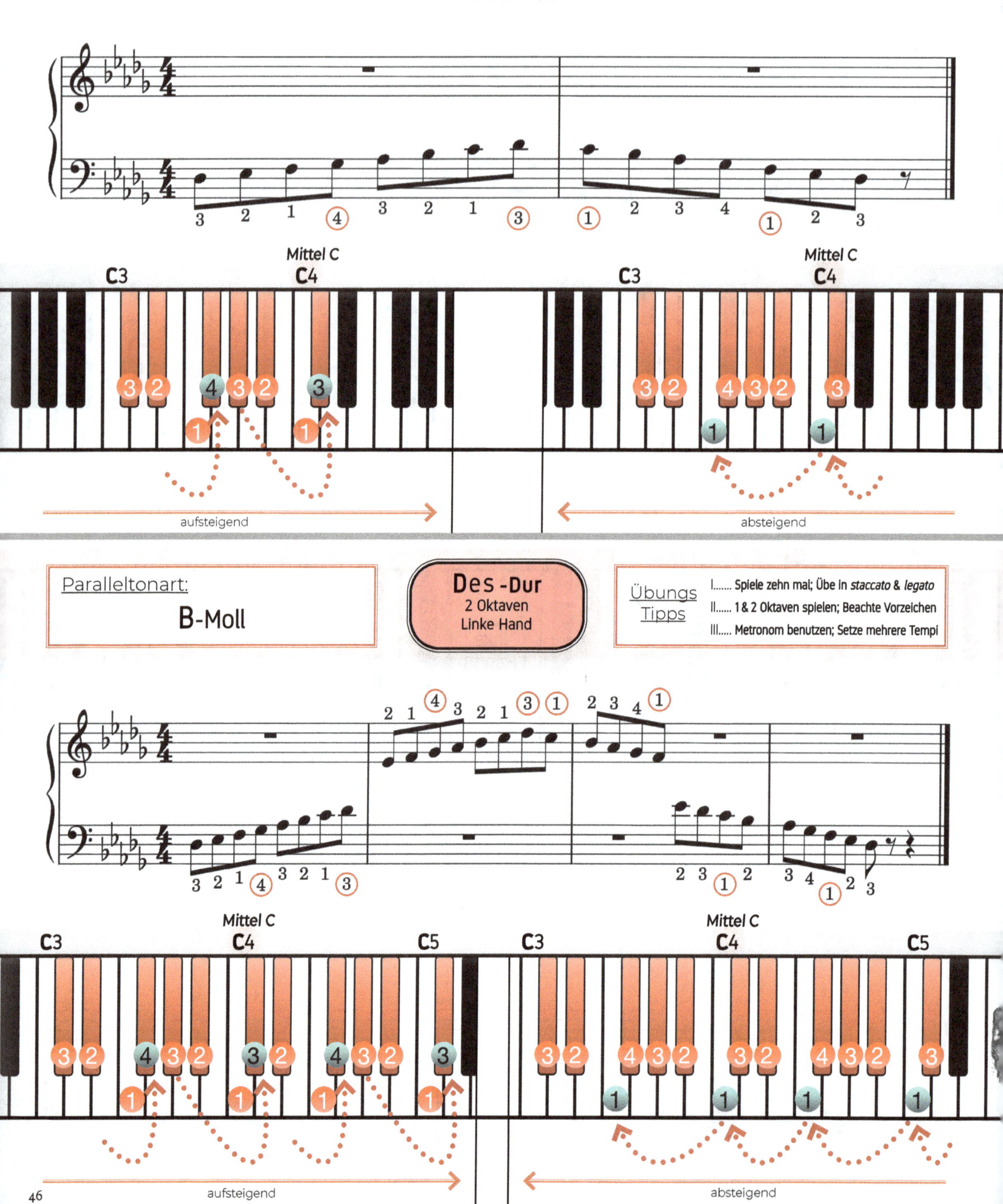

Noten der Tonleiter:
Des, Es, F, Ges, As, B, C

Des -Dur
1 Oktave
Linke Hand

Tonart:
5 Bs ( B, Es, As, Des, Ges )

C3
Mittel C
C4
C3
Mittel C
C4
3 2 1 4 3 2 1 3
1 2 3 4 1 2 3
3 2 4 3 2 3
1 1
3 2 4 3 2 3
1 1
aufsteigend
absteigend

Paralleltonart:
B-Moll

Des -Dur
2 Oktaven
Linke Hand

Übungs Tipps
I....... Spiele zehn mal; Übe in staccato & legato
II....... 1 & 2 Oktaven spielen; Beachte Vorzeichen
III..... Metronom benutzen; Setze mehrere Tempi

2 1 4 3 2 1 3 1 2 3 4 1
3 2 1 4 3 2 1 3
2 3 1 2 3 4 1 2 3

C3
Mittel C
C4
C5
C3
Mittel C
C4
C5
3 2 4 3 2 3 2 4 3 2 3
1 1 1 1
3 2 4 3 2 3 2 4 3 2 3
1 1 1 1
aufsteigend
absteigend

Noten der Tonleiter:
Des, Es, F, Ges, As, B, C

Des -Dur
1 Oktave
Rechte Hand

Tonart:
5 Bs ( B, Es, As, Des, Ges )

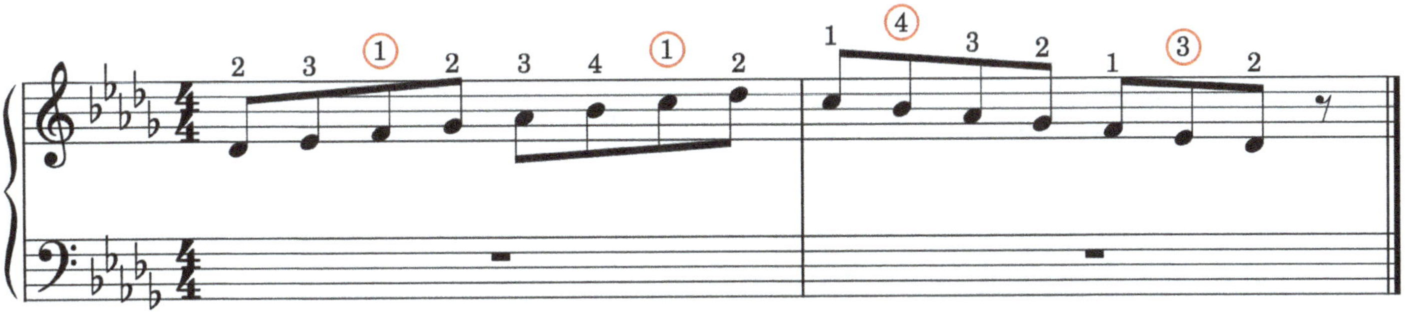

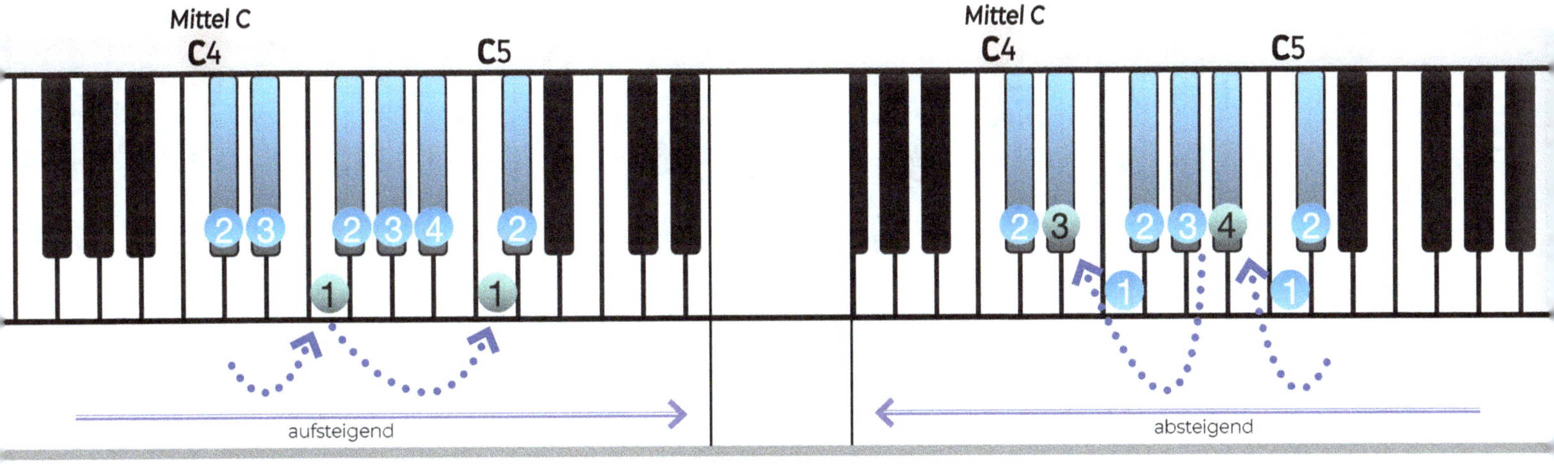

Mittel C
C4
C5

2 3 1 2 3 4 1 2
1 4 3 2 1 3 2

2 3 2 3 4 2
1 1

aufsteigend

Mittel C
C4
C5

2 3 2 3 4 2
1 1

absteigend

Paralleltonart:
B-Moll

Des -Dur
2 Oktaven
Rechte Hand

Übungs Tipps
I....... Spiele zehn mal; Übe in staccato & legato
II...... 1 & 2 Oktaven spielen; Beachte Vorzeichen
III..... Metronom benutzen; Setze mehrere Tempi

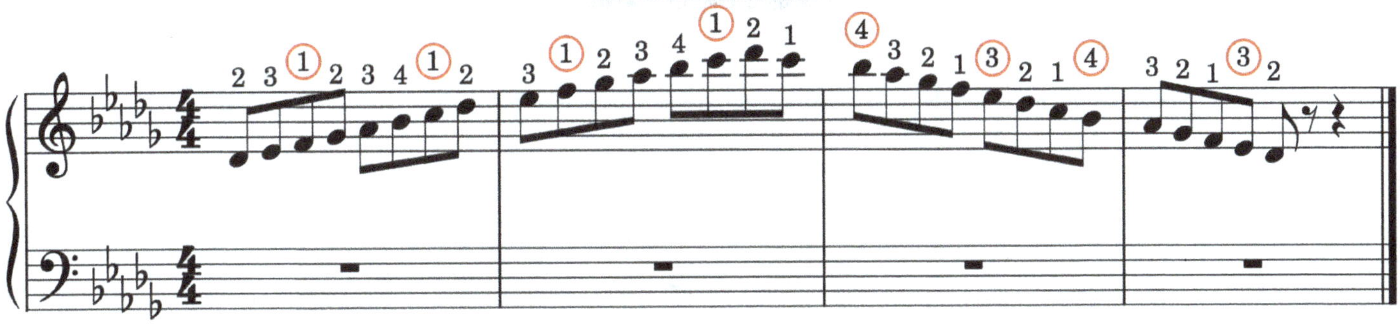

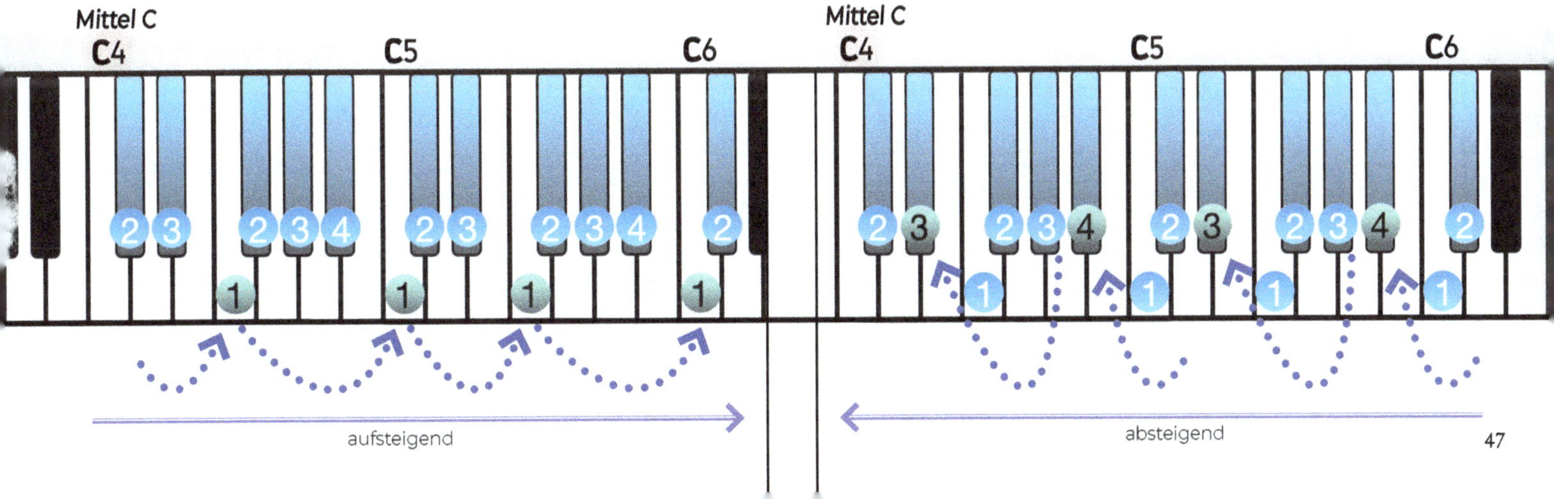

2 3 1 2 3 4 1 2 3 1 2 3 4 1 2 1 4 3 2 1 3 2 1 4 3 2 1 3 2

Mittel C
C4
C5
C6

2 3 2 3 4 2 3 2 3 4 2
1 1 1 1

aufsteigend

Mittel C
C4
C5
C6

2 3 2 3 4 2 3 2 3 4 2
1 1 1 1

absteigend

Noten der Tonleiter:
Des, Es, F, Ges, As, B, C

Des -Dur
1 Oktave
Beide Hände

Tonart:
5 Bs ( B, Es, As, Des, Ges )

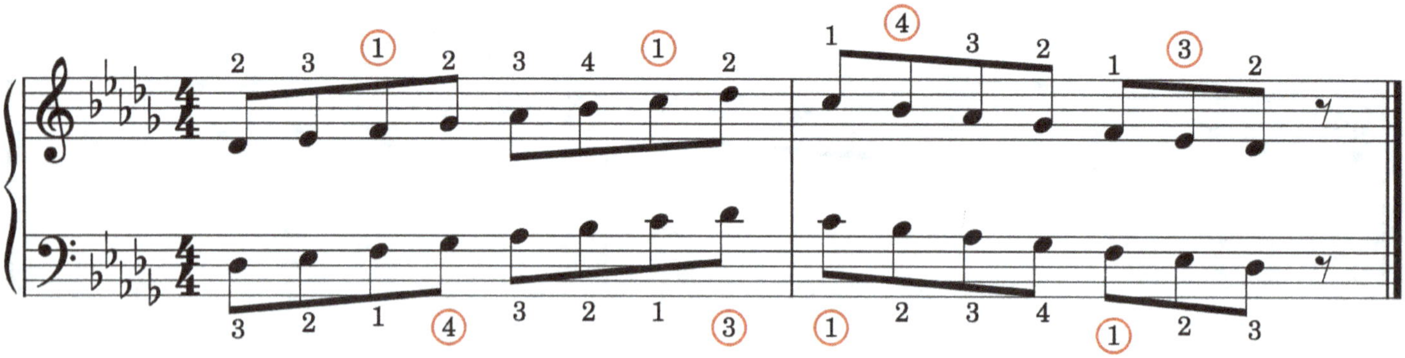

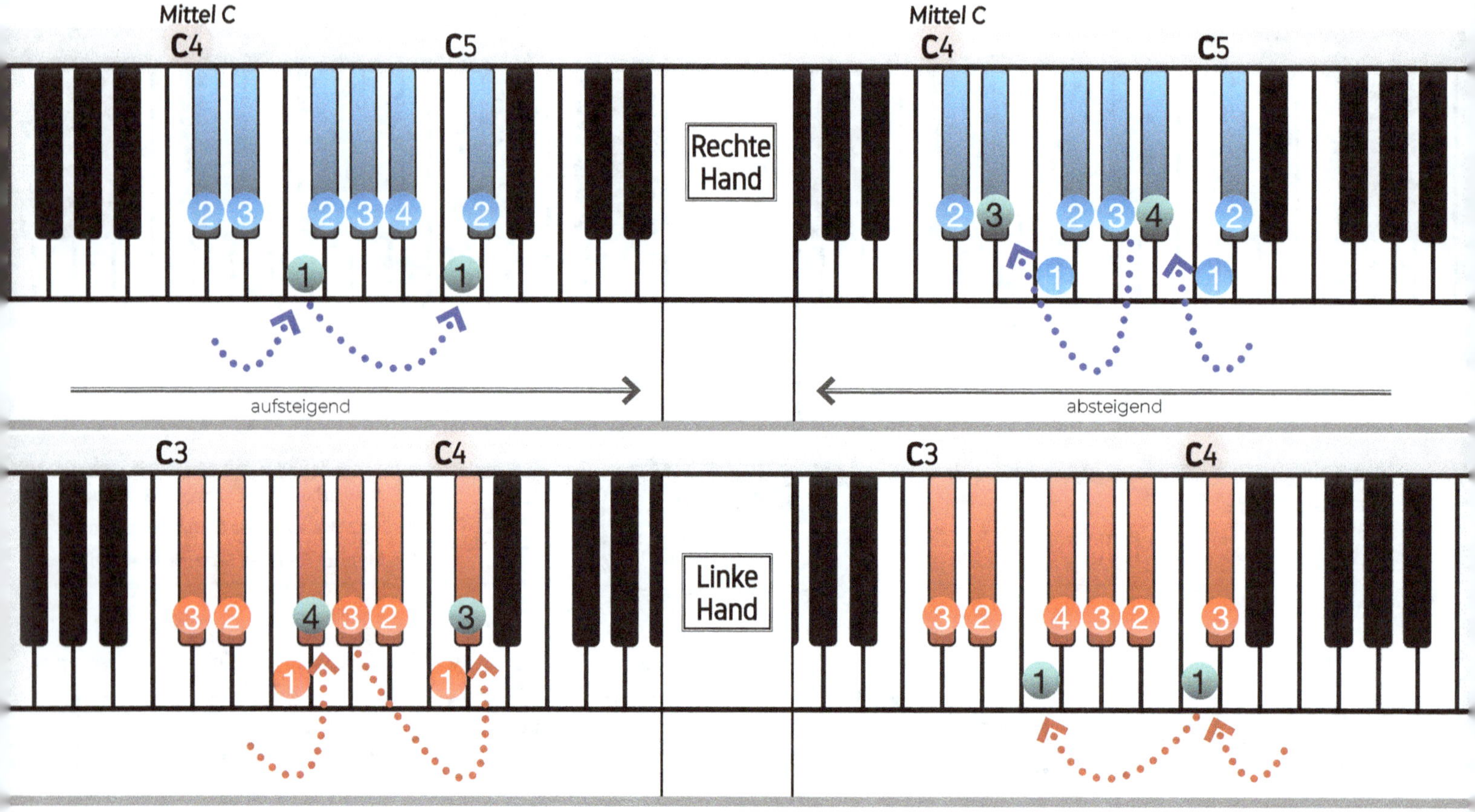

Mittel C
C4
C5
Rechte Hand
aufsteigend
absteigend

C3
C4
Linke Hand

Grundakkord:
Des -Dur Akkord (Des, F, As)
---> Des ist der Grundton
Der Grundton der Des -Dur Skala ist Des

Des -Dur
Akkorde & Umkehrungen

Umkehrung: (andere Note im Bass des Akkords)
1. Umkehrung ---> F als tiefster Ton
2. Umkehrung ---> As als tiefster Ton

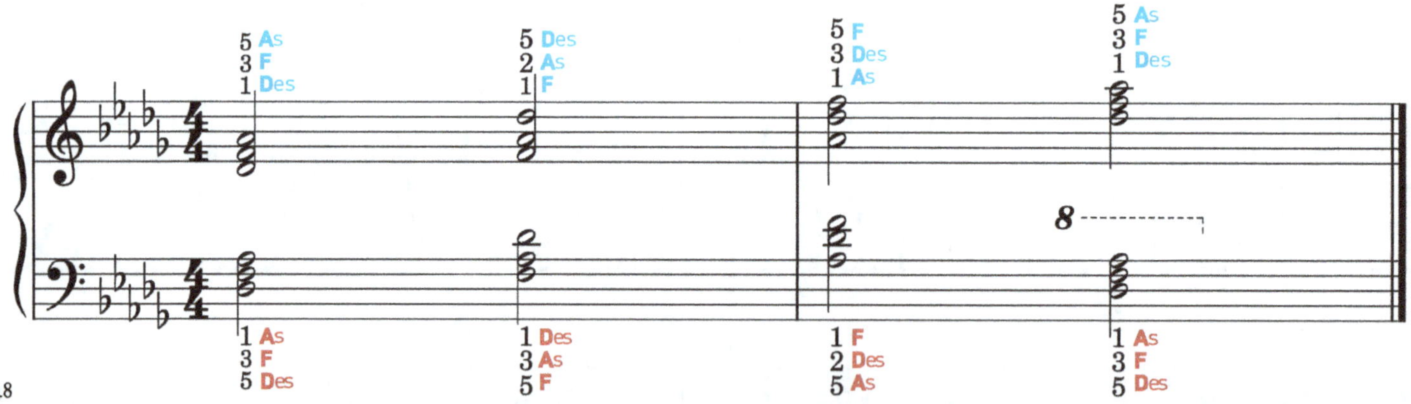

5 As
3 F
1 Des

5 Des
2 As
1 F

5 F
3 Des
1 As

5 As
3 F
1 Des

1 As
3 F
5 Des

1 Des
3 As
5 F

1 F
2 Des
5 As

1 As
3 F
5 Des

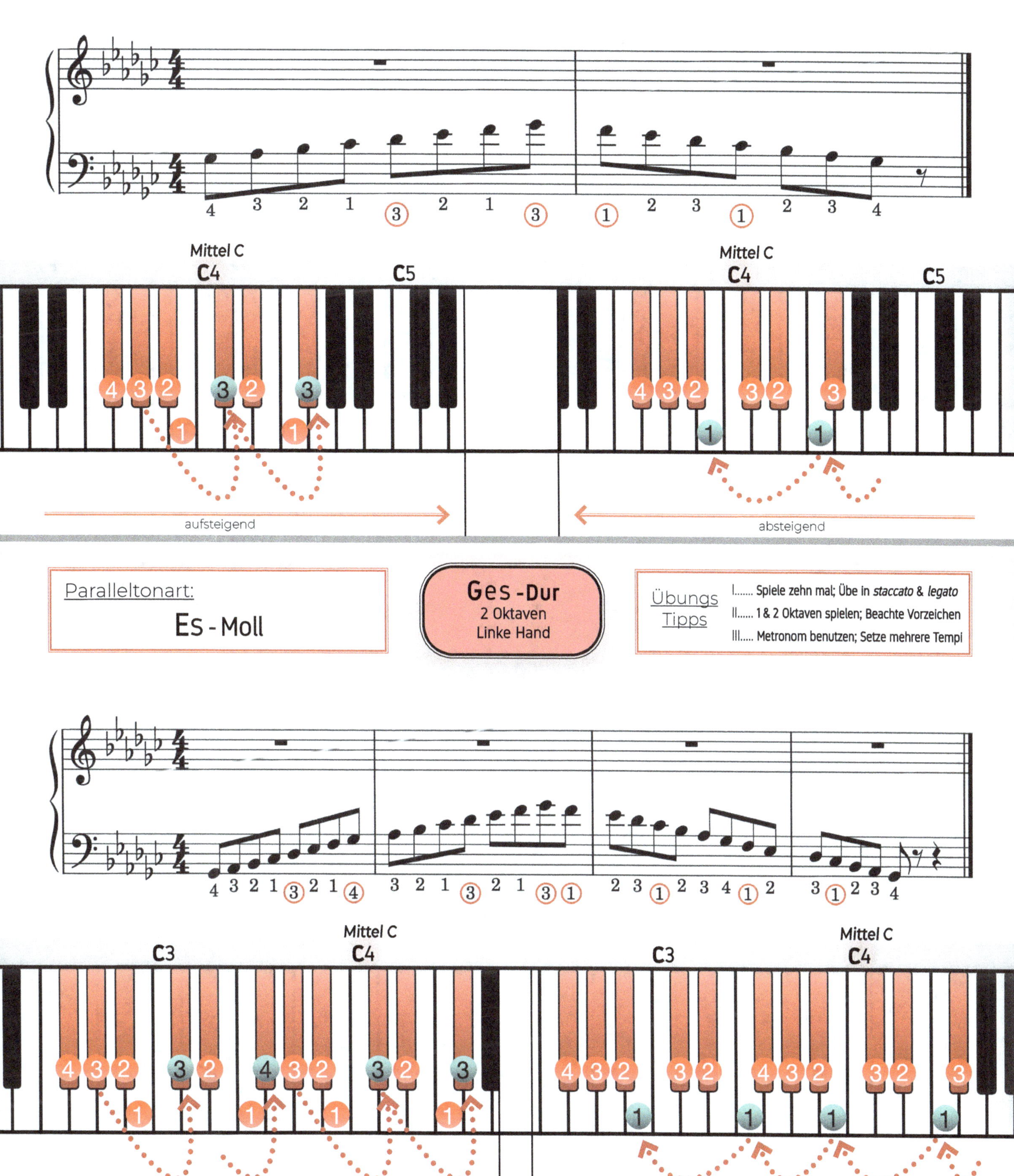

Noten der Tonleiter:
Ges, As, B, Ces, Des, Es, F
Ges -Dur
1 Oktave
Linke Hand
Tonart:
6 Bs ( B, Es, As, Des, Ges, Ces )
Mittel C
C4
C5
Mittel C
C4
C5
aufsteigend
absteigend
Paralleltonart:
Es - Moll
Ges -Dur
2 Oktaven
Linke Hand
Übungs Tipps
I....... Spiele zehn mal; Übe in staccato & legato
II...... 1 & 2 Oktaven spielen; Beachte Vorzeichen
III..... Metronom benutzen; Setze mehrere Tempi
Mittel C
C3
C4
Mittel C
C3
C4
aufsteigend
absteigend

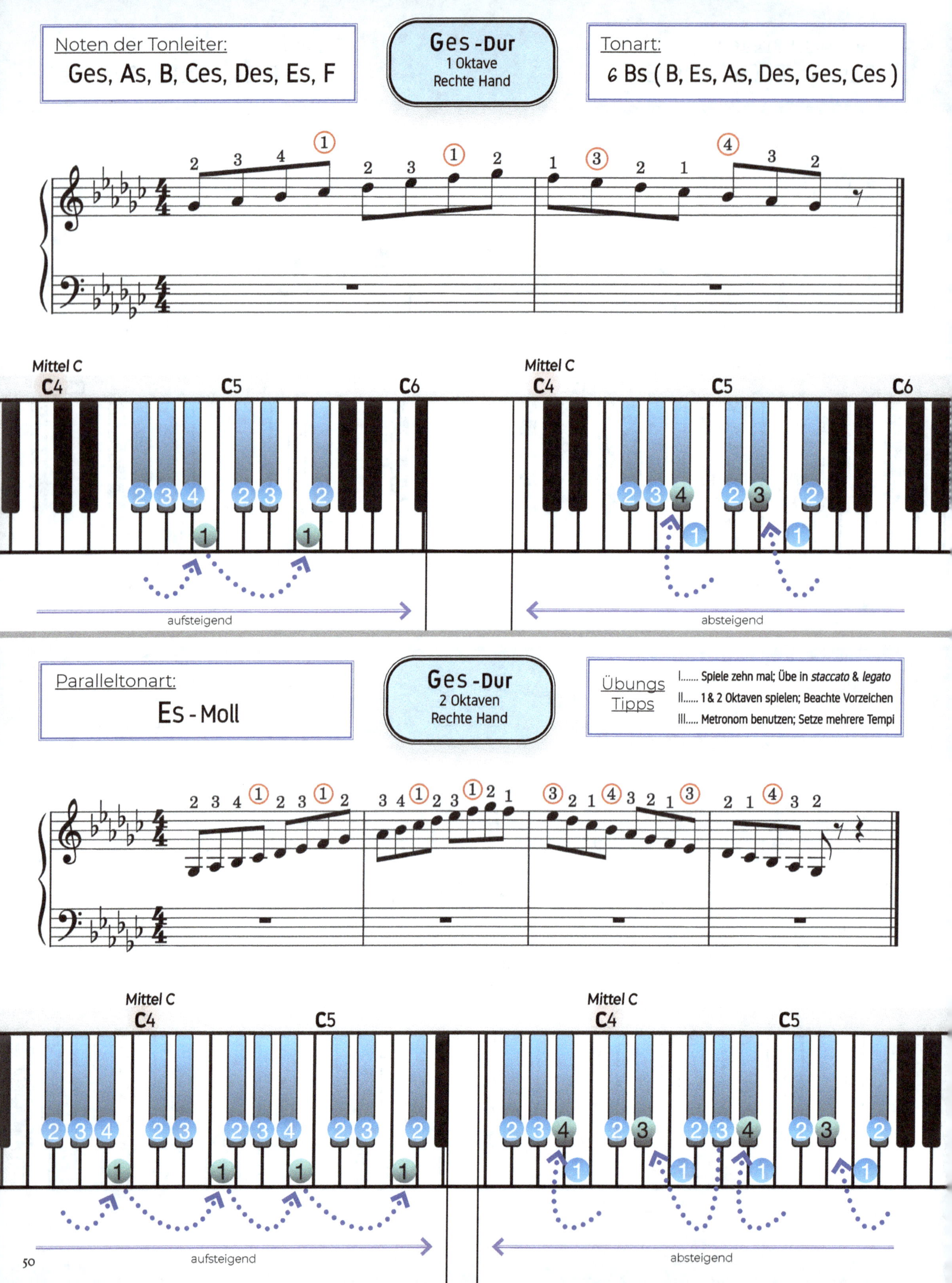

Noten der Tonleiter:
Ges, As, B, Ces, Des, Es, F
Ges -Dur
1 Oktave
Rechte Hand
Tonart:
6 Bs ( B, Es, As, Des, Ges, Ces )
Mittel C
C4
C5
C6
Mittel C
C4
C5
C6
aufsteigend
absteigend
Paralleltonart:
Es - Moll
Ges -Dur
2 Oktaven
Rechte Hand
Übungs Tipps
I....... Spiele zehn mal; Übe in staccato & legato
II...... 1 & 2 Oktaven spielen; Beachte Vorzeichen
III..... Metronom benutzen; Setze mehrere Tempi
Mittel C
C4
C5
Mittel C
C4
C5
aufsteigend
absteigend
50

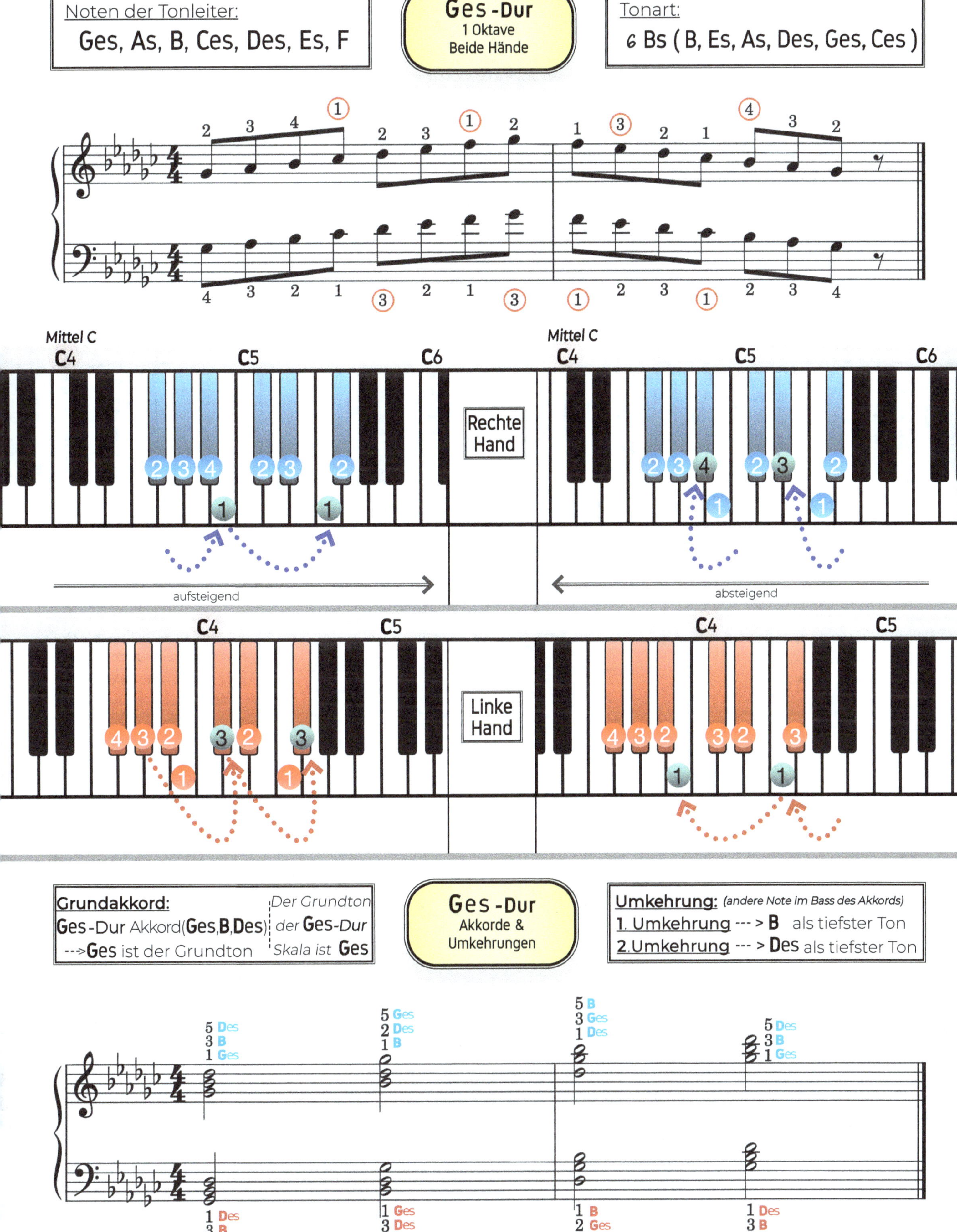

Noten der Tonleiter:
Ges, As, B, Ces, Des, Es, F

Ges -Dur
1 Oktave
Beide Hände

Tonart:
6 Bs ( B, Es, As, Des, Ges, Ces )

Mittel C
C4
C5
C6
Rechte Hand
2 3 4 2 3 2
1 1
aufsteigend
2 3 4 2 3 2
1 1
absteigend

C4
C5
Linke Hand
4 3 2 3 2 3
1 1
C4
C5
4 3 2 3 2 3
1 1

Grundakkord:
Ges-Dur Akkord(Ges,B,Des)
--->Ges ist der Grundton
Der Grundton der Ges-Dur Skala ist Ges

Ges -Dur
Akkorde & Umkehrungen

Umkehrung: (andere Note im Bass des Akkords)
1. Umkehrung --- > B als tiefster Ton
2.Umkehrung --- > Des als tiefster Ton

5 Des
3 B
1 Ges

5 Ges
2 Des
1 B

5 B
3 Ges
1 Des

5 Des
3 B
1 Ges

1 Des
3 B
5 Ges

1 Ges
3 Des
5 B

1 B
2 Ges
5 Des

1 Des
3 B
5 Ges

Noten der Tonleiter:
Ces, Des, Es, Fes, Ges, As, B

Ces - Dur
1 Oktave
Linke Hand

Tonart:
7 Bs ( B, Es, As, Des, Ges, Ces, Fes )

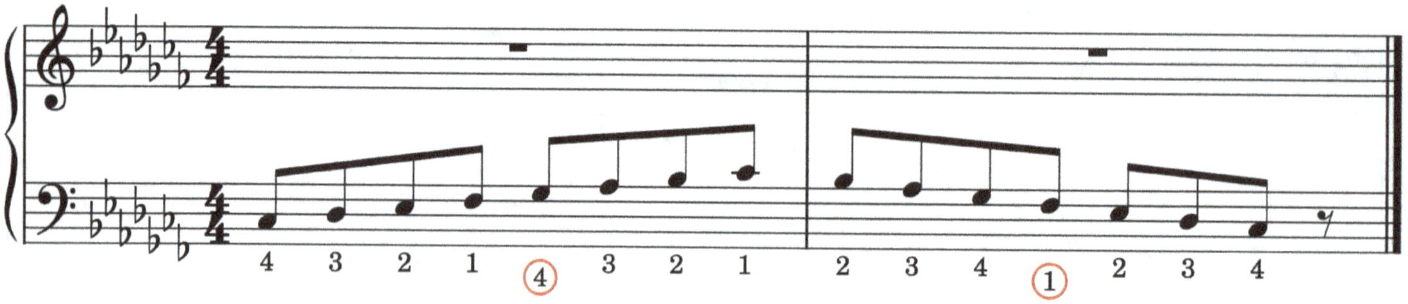

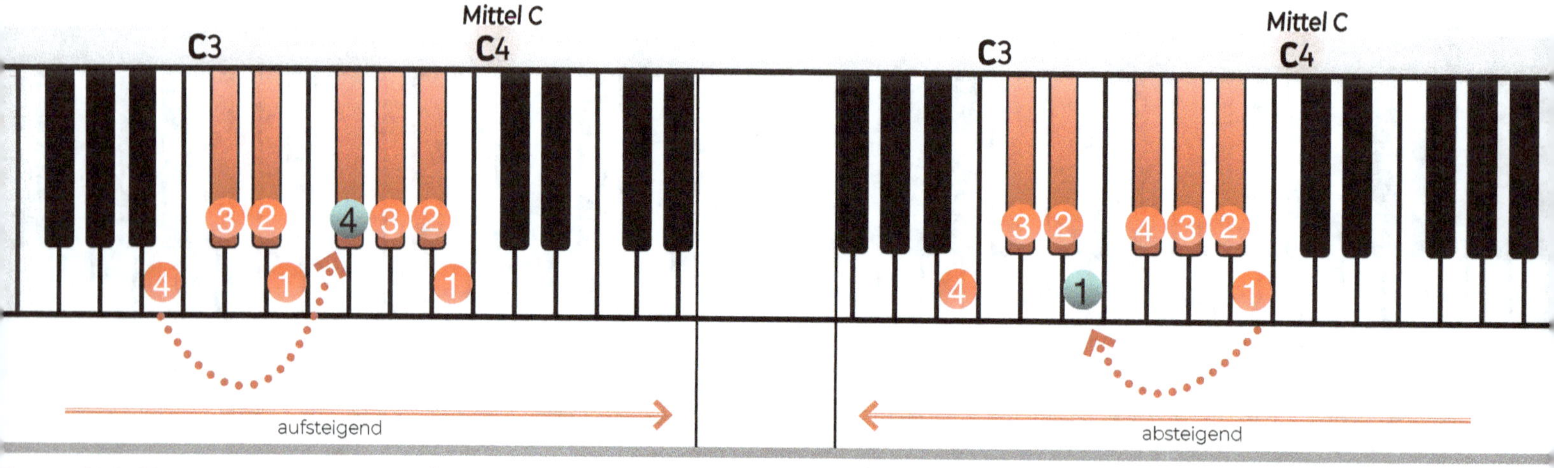

C3
Mittel C
C4
3 2 4 3 2
4 1 1
aufsteigend

C3
Mittel C
C4
3 2 4 3 2
4 1 1
absteigend



Paralleltonart:
As - Moll

Ces - Dur
2 Oktaven
Linke Hand

Übungs Tipps
I....... Spiele zehn mal; Übe in staccato & legato
II....... 1 & 2 Oktaven spielen; Beachte Vorzeichen
III..... Metronom benutzen; Setze mehrere Tempi

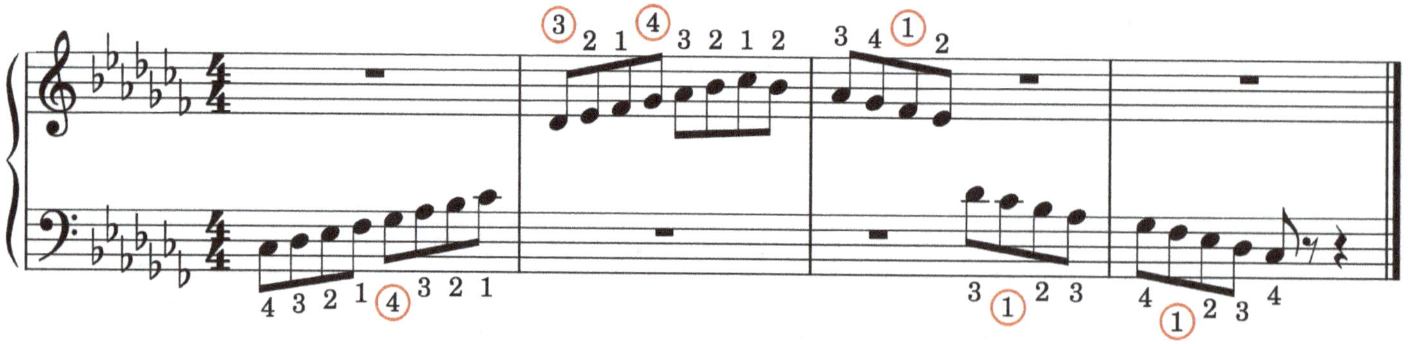

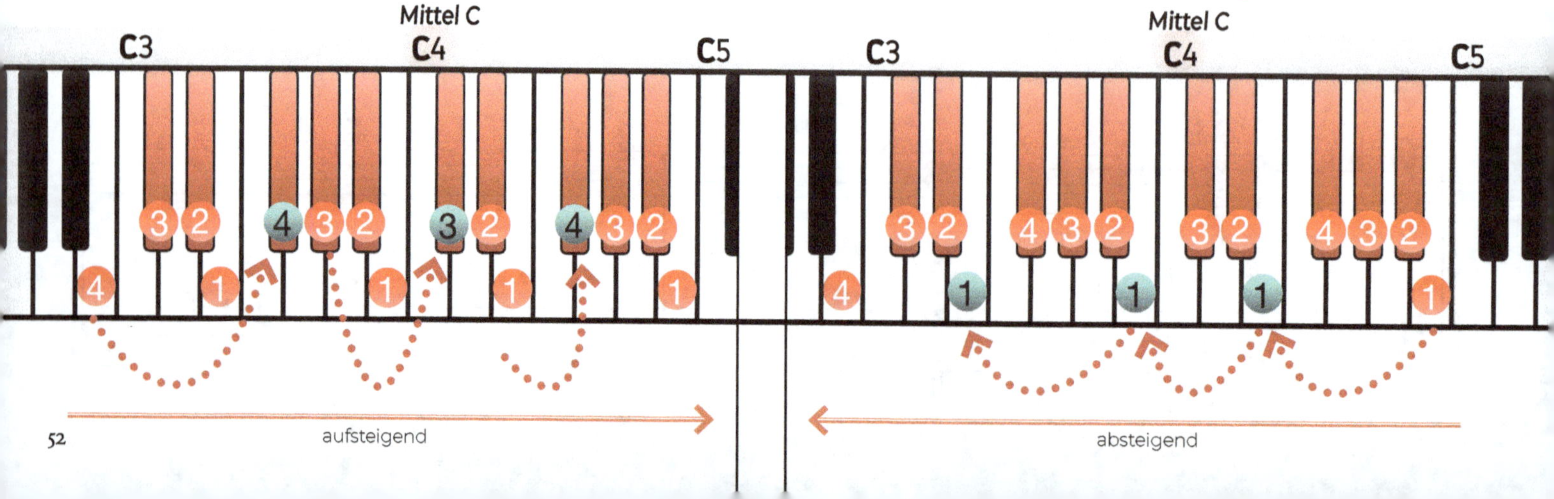

C3
Mittel C
C4
C5
C3
Mittel C
C4
C5
aufsteigend
absteigend

Noten der Tonleiter:
Ces, Des, Es, Fes, Ges, As, B

Ces -Dur
1 Oktave
Rechte Hand

Tonart:
7 Bs ( B, Es, As, Des, Ges, Ces, Fes)

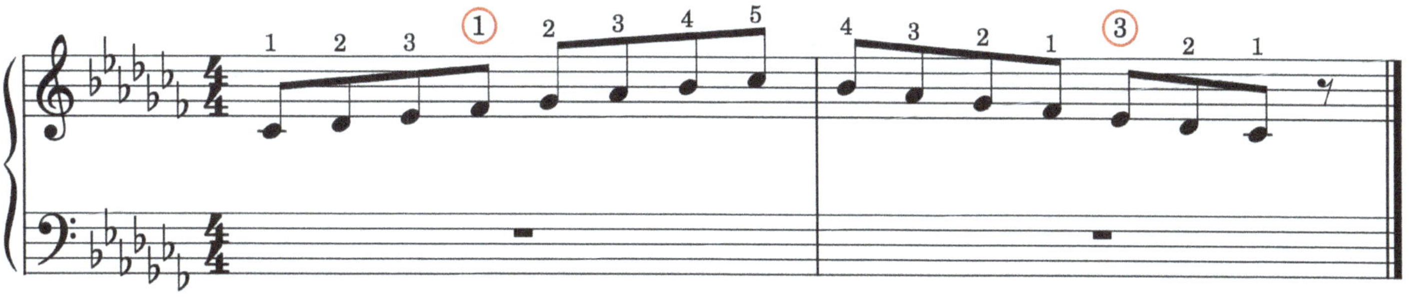

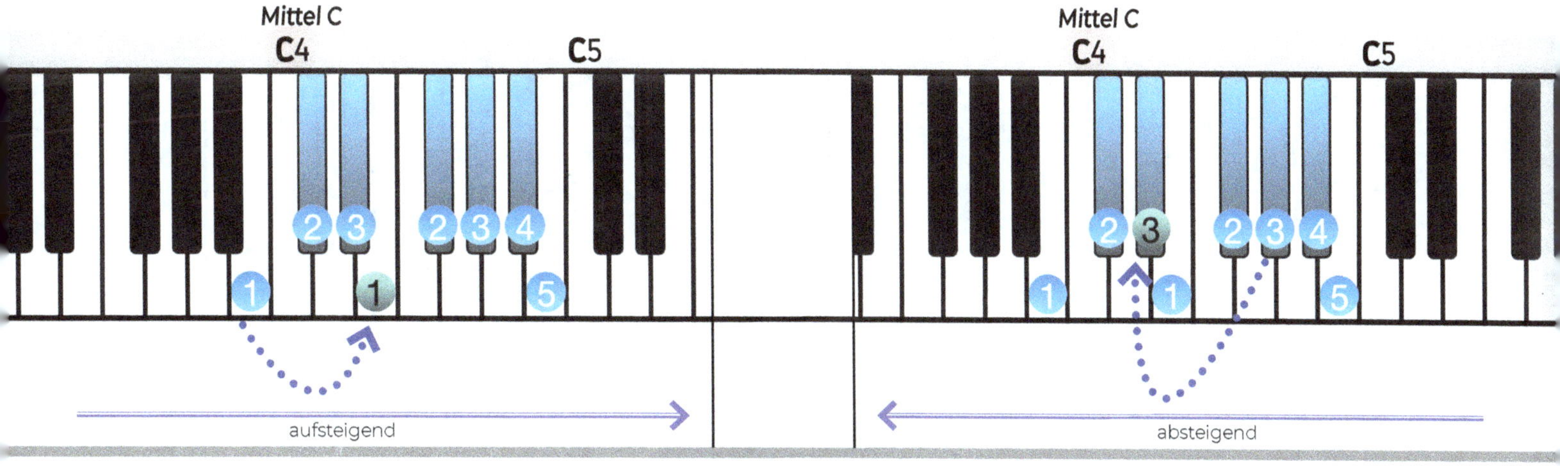

1 2 3 1 2 3 4 5
4 3 2 1 3 2 1

Mittel C
C4
C5

2 3 2 3 4
1 1 5

Mittel C
C4
C5

2 3 2 3 4
1 1 5

aufsteigend
absteigend

Paralleltonart:
As - Moll

Ces -Dur
2 Oktaven
Rechte Hand

Übungs Tipps
I...... Spiele zehn mal; Übe in staccato & legato
II...... 1 & 2 Oktaven spielen; Beachte Vorzeichen
III..... Metronom benutzen; Setze mehrere Tempi

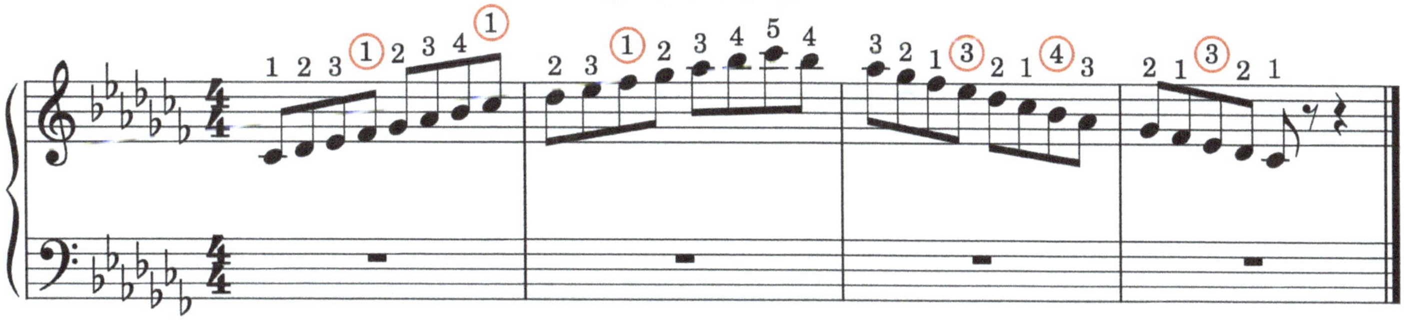

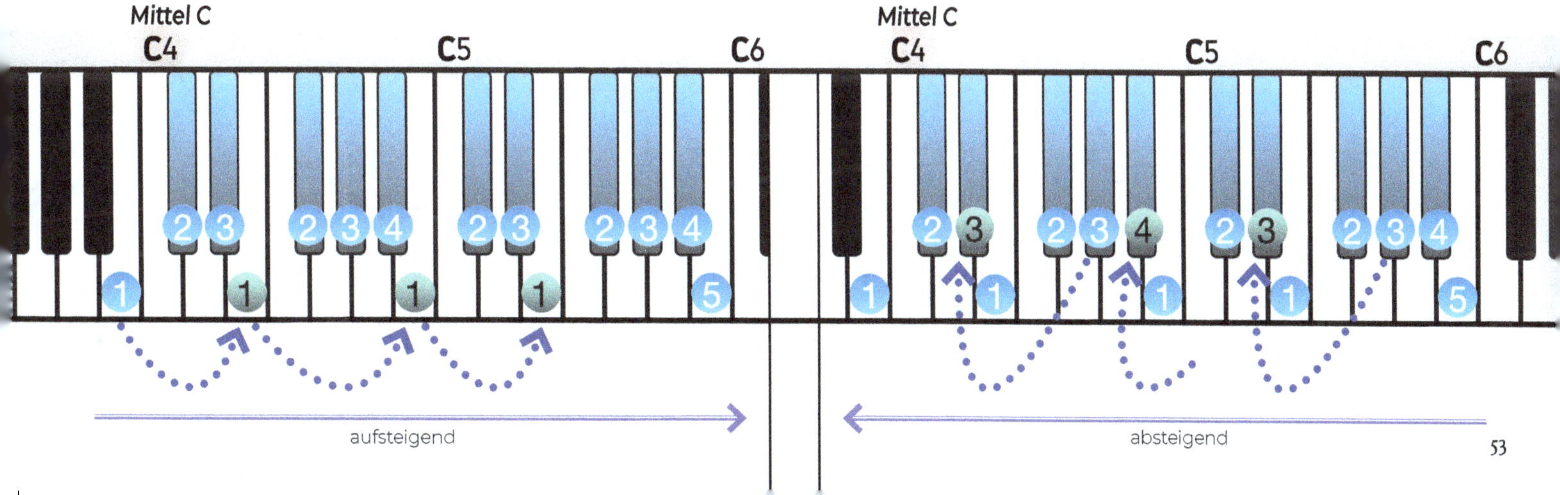

1 2 3 1 2 3 4 1 2 3 1 2 3 4 5 4 3 2 1 3 2 1 4 3 2 1 3 2 1

Mittel C
C4
C5
C6

2 3 2 3 4 2 3 2 3 4
1 1 1 1 5

Mittel C
C4
C5
C6

2 3 2 3 4 2 3 2 3 4
1 1 1 1 1 5

aufsteigend
absteigend

53

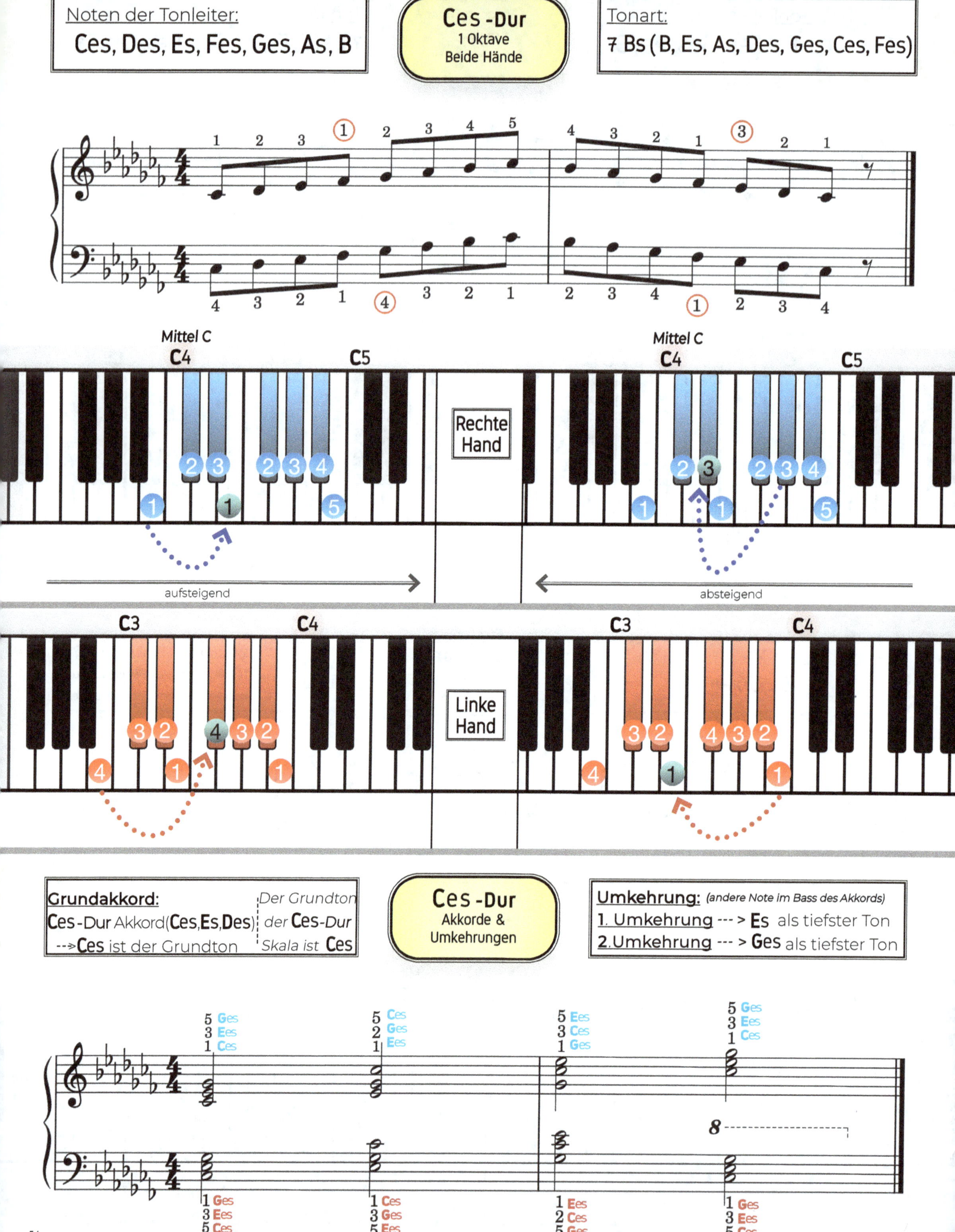

Noten der Tonleiter:
Ces, Des, Es, Fes, Ges, As, B

Ces - Dur
1 Oktave
Beide Hände

Tonart:
7 Bs ( B, Es, As, Des, Ges, Ces, Fes)

Mittel C
C4
C5
Rechte Hand
aufsteigend
absteigend

Mittel C
C4
C5

C3
C4
Linke Hand

C3
C4

Grundakkord:
Ces-Dur Akkord (Ces, Es, Des)
--> Ces ist der Grundton
Der Grundton der Ces-Dur Skala ist Ces

Ces - Dur
Akkorde &
Umkehrungen

Umkehrung: (andere Note im Bass des Akkords)
1. Umkehrung --- > Es als tiefster Ton
2. Umkehrung --- > Ges als tiefster Ton

5 Ges
3 Es
1 Ces

5 Ces
2 Ges
1 Es

5 Es
3 Ces
1 Ges

5 Ges
3 Es
1 Ces

1 Ges
3 Es
5 Ces

1 Ces
3 Ges
5 Es

1 Es
2 Ces
5 Ges

1 Ges
3 Es
5 Ces

# MOLL - TONLEITERN



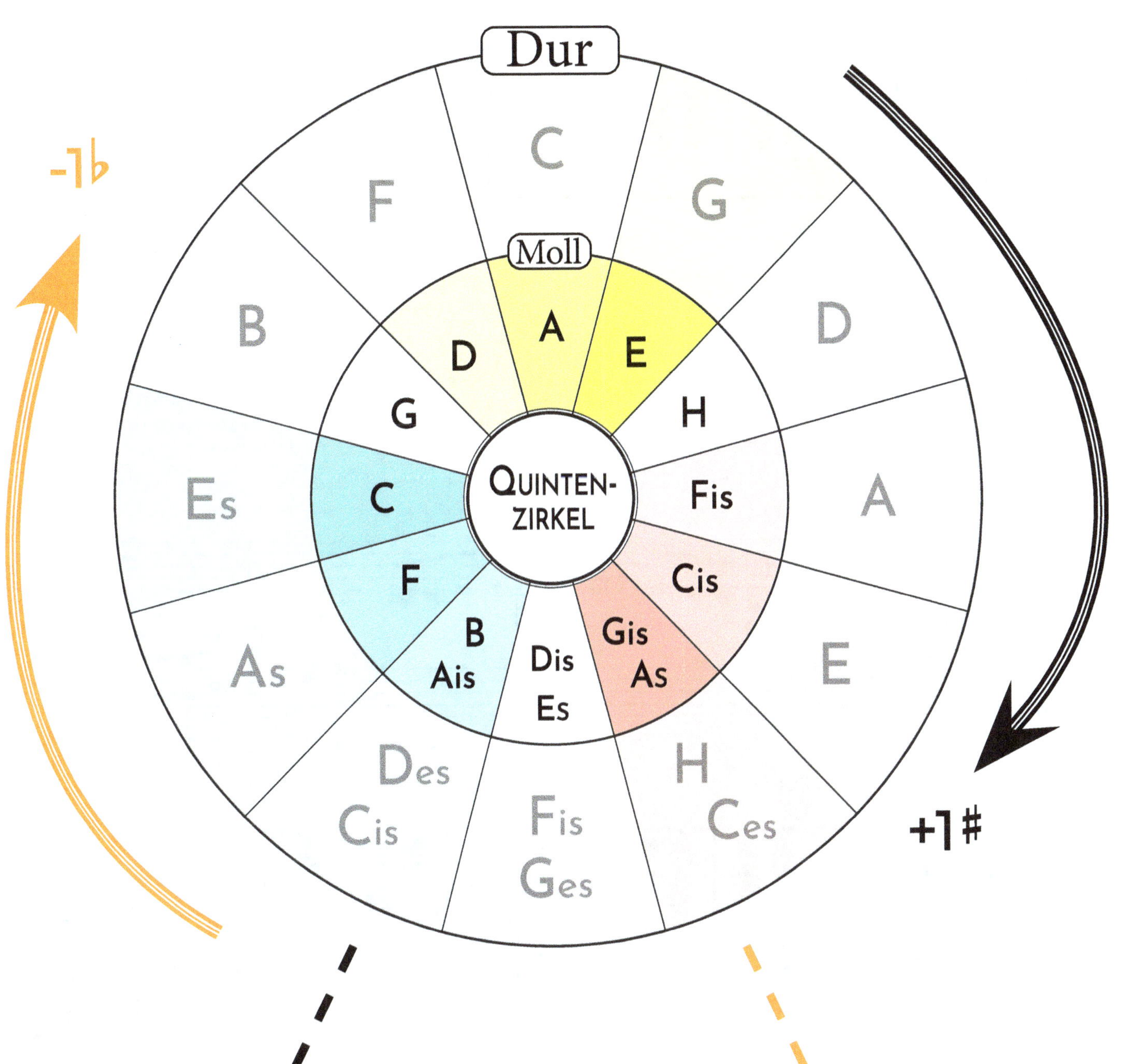

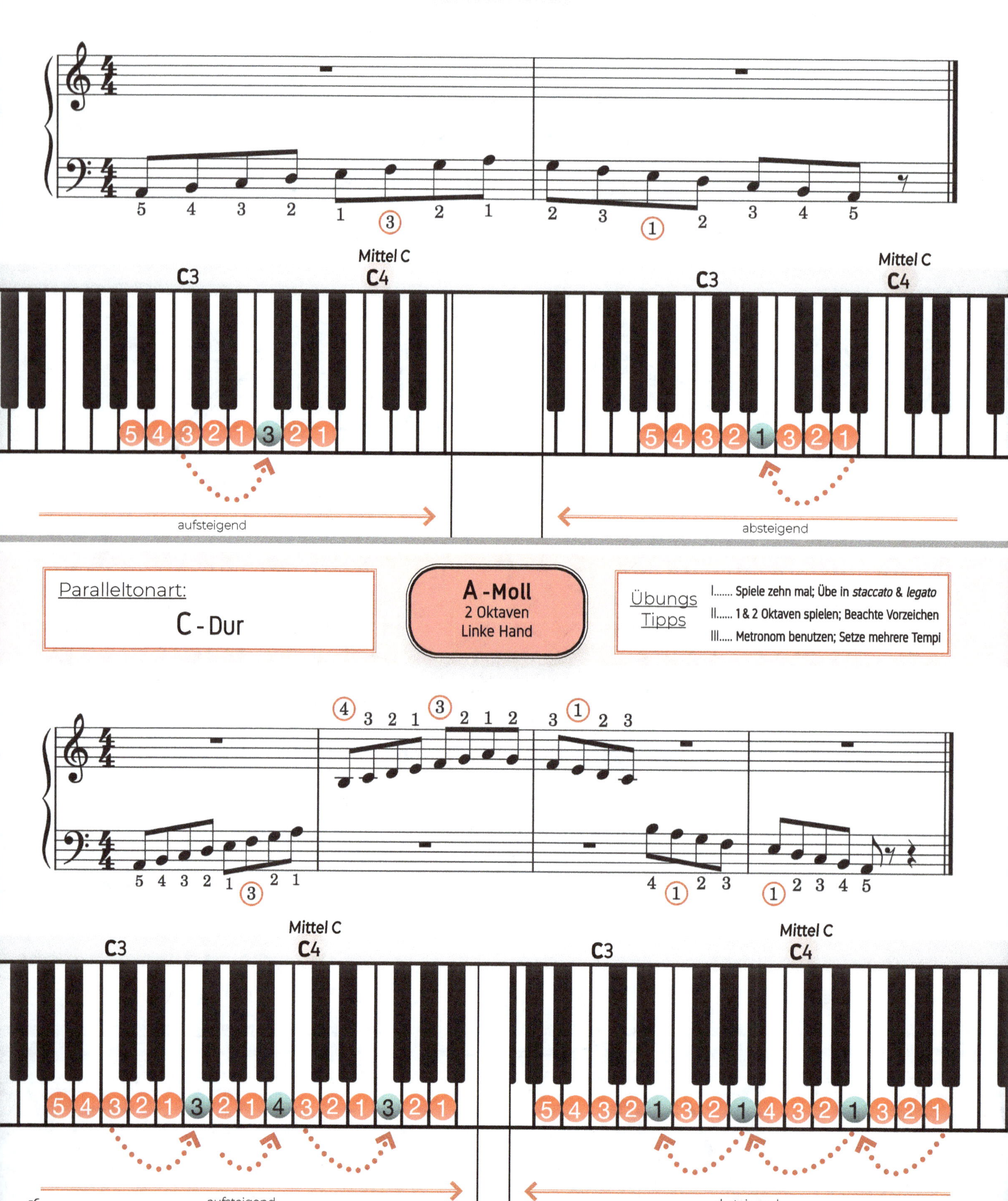

Noten der Tonleiter:
A, H, C, D, E, F, G

A -Moll
1 Oktave
Linke Hand

Tonart:
Kein B / Kein Kreuz

5 4 3 2 1 3 2 1 2 3 1 2 3 4 5

C3
Mittel C
C4
C3
Mittel C
C4

5 4 3 2 1 3 2 1
5 4 3 2 1 3 2 1

aufsteigend
absteigend

Paralleltonart:
C - Dur

A -Moll
2 Oktaven
Linke Hand

Übungs Tipps
I....... Spiele zehn mal; Übe in staccato & legato
II...... 1 & 2 Oktaven spielen; Beachte Vorzeichen
III..... Metronom benutzen; Setze mehrere Tempi

4 3 2 1 3 2 1 2 3 1 2 3
5 4 3 2 1 3 2 1 4 1 2 3 1 2 3 4 5

C3
Mittel C
C4
C3
Mittel C
C4

5 4 3 2 1 3 2 1 4 3 2 1 3 2 1
5 4 3 2 1 3 2 1 4 3 2 1 3 2 1

aufsteigend
absteigend

Noten der Tonleiter:
A, H, C, D, E, F, G
A -Moll
1 Oktave
Rechte Hand
Tonart:
Kein B / Kein Kreuz


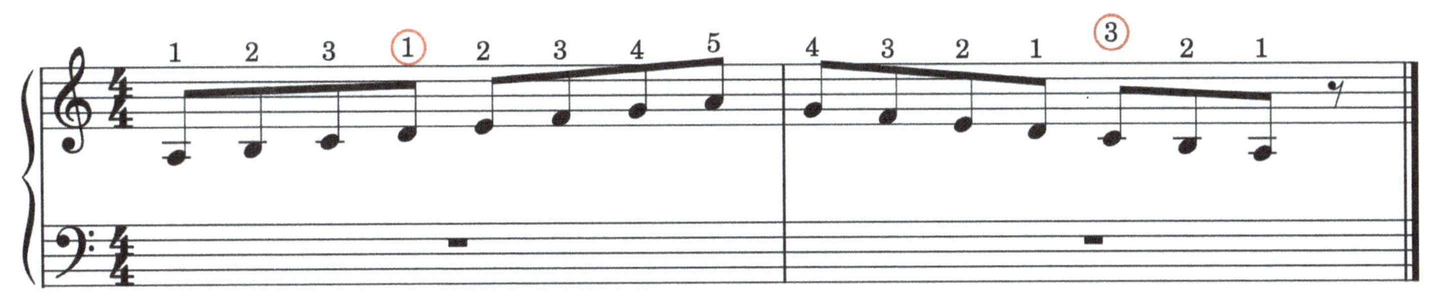

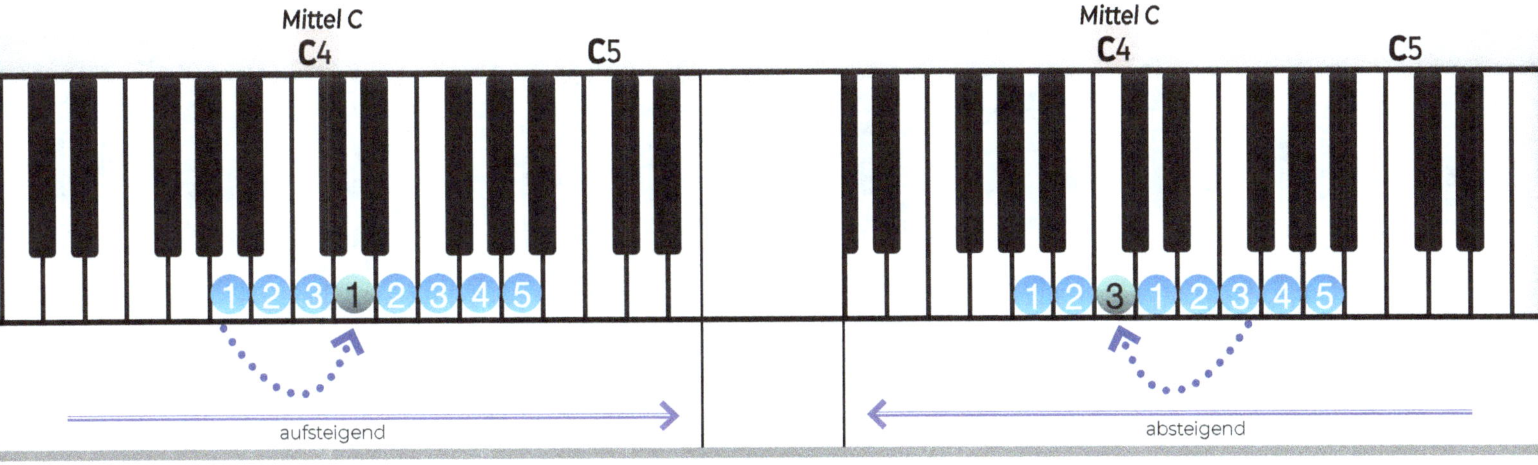
Mittel C
C4
C5
Mittel C
C4
C5
aufsteigend
absteigend


Relative Key:
C major
A -Moll
2 Oktaven
Rechte Hand
Übungs Tipps
I....... Spiele zehn mal; Übe in staccato & legato
II...... 1 & 2 Oktaven spielen; Beachte Vorzeichen
III..... Metronom benutzen; Setze mehrere Tempi


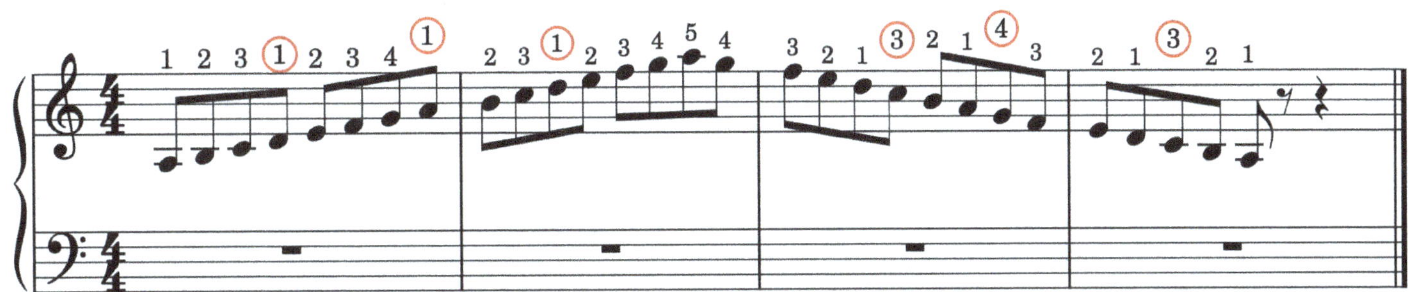

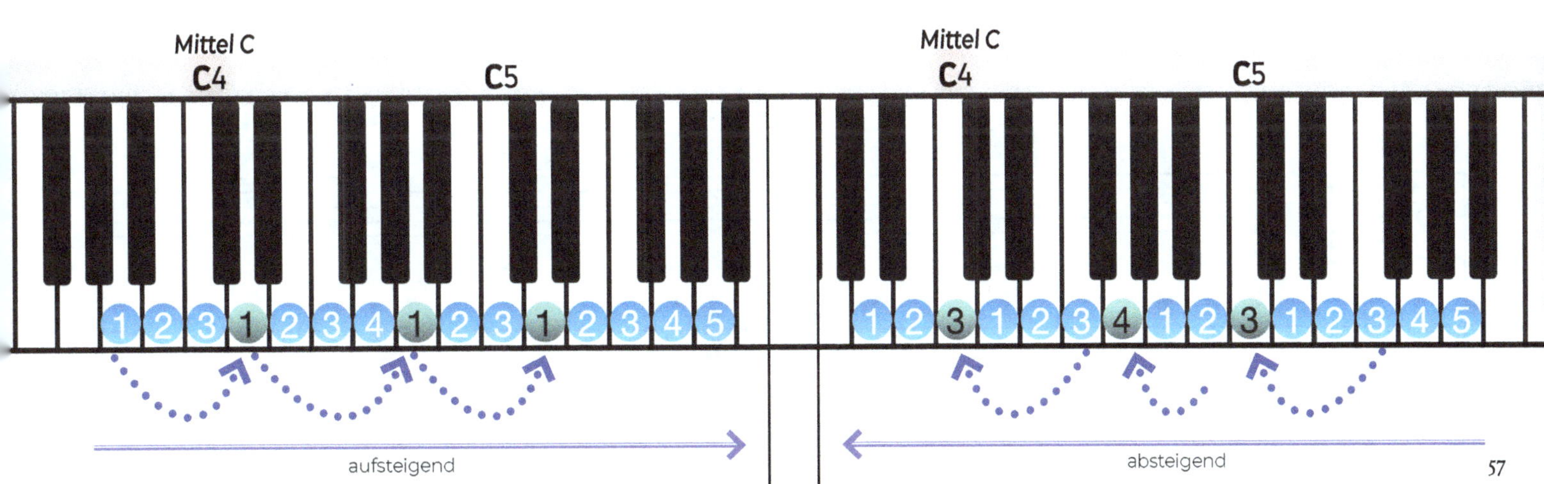
Mittel C
C4
C5
Mittel C
C4
C5
aufsteigend
absteigend

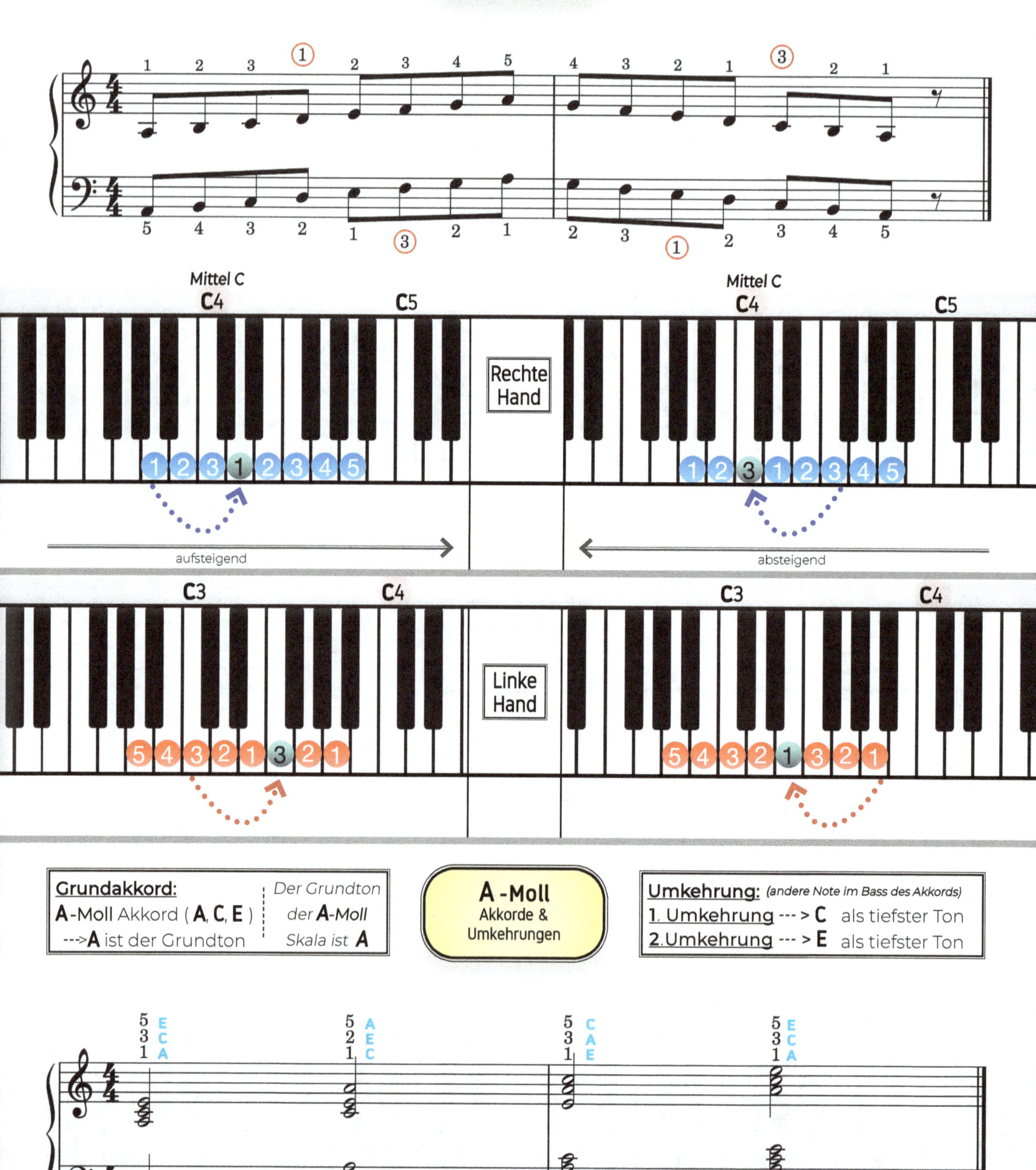

Noten der Tonleiter:
A, H, C, D, E, F, G

A -Moll
1 Oktave
Beide Hände

Tonart:
Kein B / Kein Kreuz

Mittel C
C4
C5
Rechte Hand
aufsteigend
absteigend

C3
C4
Linke Hand

Grundakkord:
A -Moll Akkord ( A, C, E )
--->A ist der Grundton
Der Grundton der A -Moll Skala ist A

A -Moll
Akkorde & Umkehrungen

Umkehrung: (andere Note im Bass des Akkords)
1. Umkehrung --- > C als tiefster Ton
2. Umkehrung --- > E als tiefster Ton

Noten der Tonleiter:
E, Fis, G, A, H, C, D

E -Moll
1 Oktave
Linke Hand

Tonart:
1 Kreuz ( Fis )

Mittel C
C3
C4

5 4 3 2 1 3 2 1
2 3 1 2 3 4 5

5 4 3 2 1 3 2 1
5 4 3 2 1 3 2 1

aufsteigend

absteigend

Paralleltonart:
G - Dur

E -Moll
2 Oktaven
Linke Hand

Übungs Tipps
I....... Spiele zehn mal; Übe in staccato & legato
II....... 1 & 2 Oktaven spielen; Beachte Vorzeichen
III..... Metronom benutzen; Setze mehrere Tempi

4 3 2 1 3 2 1 2
3 1 2 3 4 1 2 3

5 4 3 2 1 3 2 1
1 2 3 4 5

Mittel C
C4
C5

5 4 3 2 1 3 2 1 3 2 1
5 4 3 2 1 3 2 1 3 2 1

aufsteigend

absteigend

Noten der Tonleiter:
E, Fis, G, A, H, C, D
E -Moll
1 Oktave
Rechte Hand
Tonart:
1 Kreuz ( Fis ) 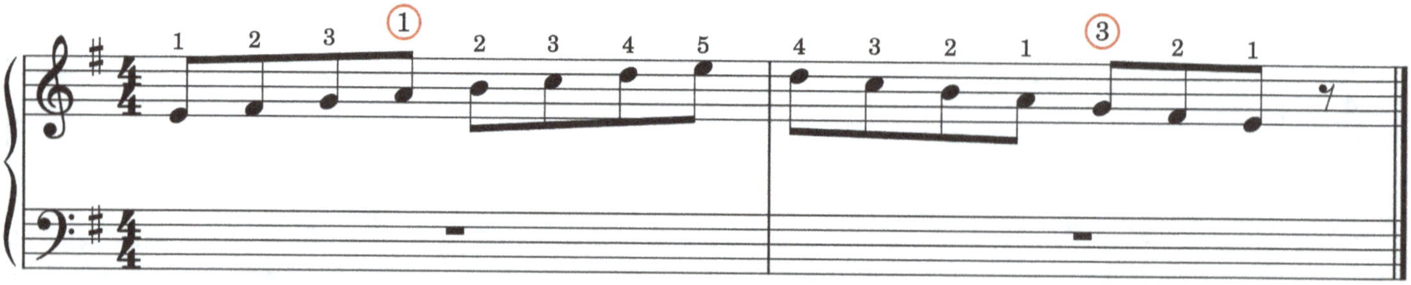 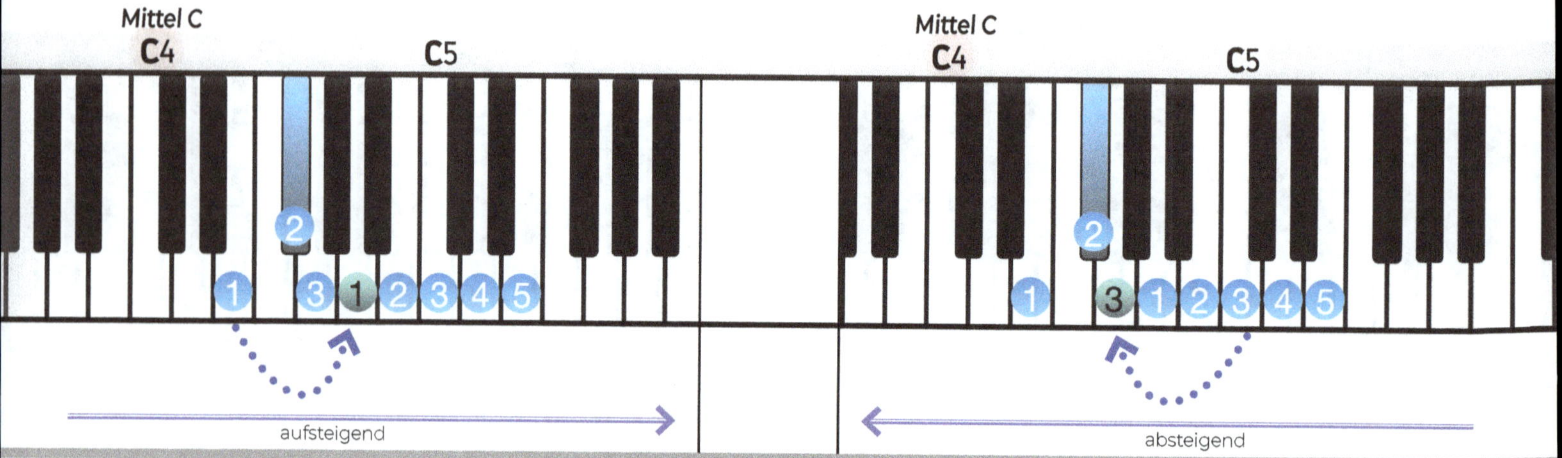
Mittel C
C4
C5
aufsteigend
Mittel C
C4
C5
absteigend
Paralleltonart:
G - Dur
E -Moll
2 Oktaven
Rechte Hand
Übungs Tipps
I....... Spiele zehn mal; Übe in staccato & legato
II...... 1 & 2 Oktaven spielen; Beachte Vorzeichen
III..... Metronom benutzen; Setze mehrere Tempi
C5
C6
aufsteigend
C5
C6
absteigend

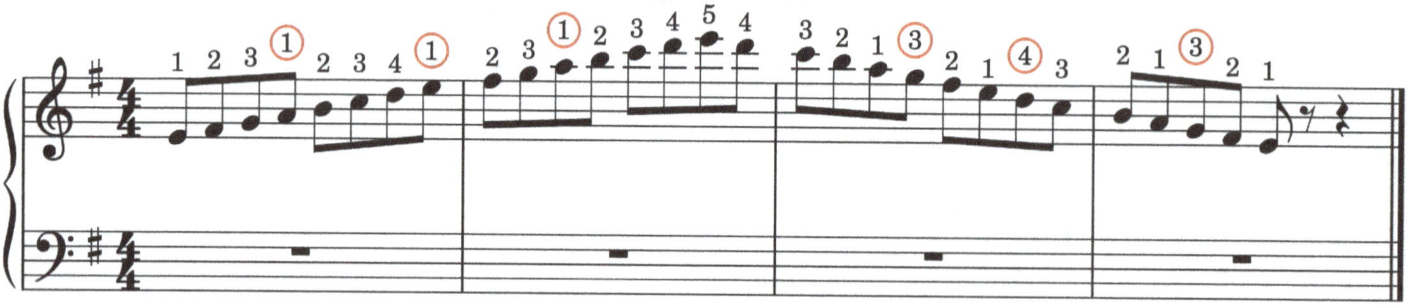

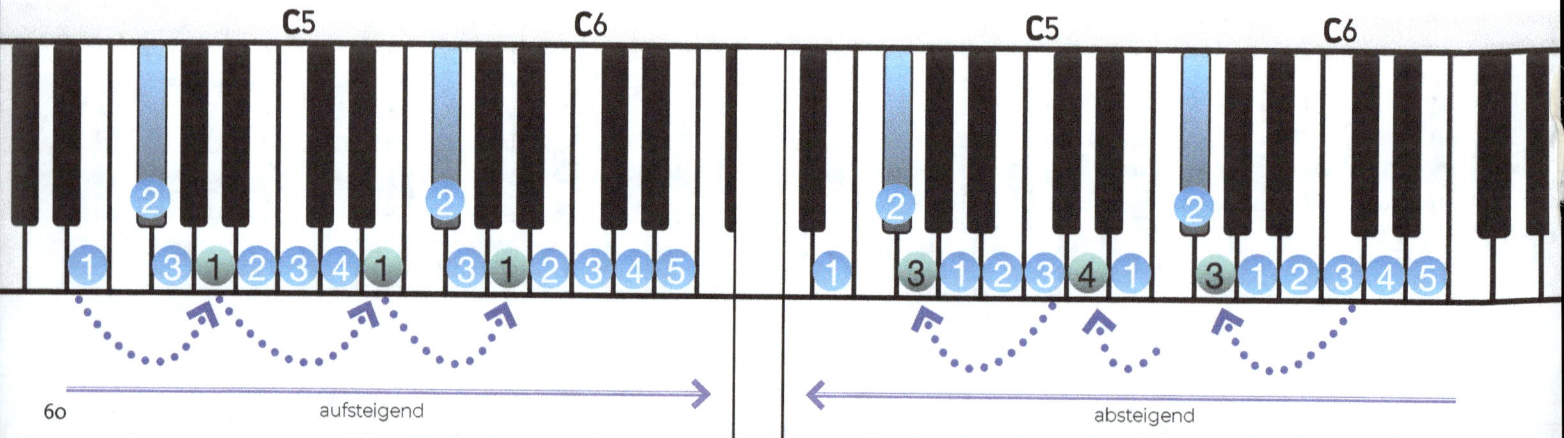

Noten der Tonleiter:
E, Fis, G, A, H, C, D

**E -Moll**
1 Oktave
Beide Hände

Tonart:
1 Kreuz ( Fis )

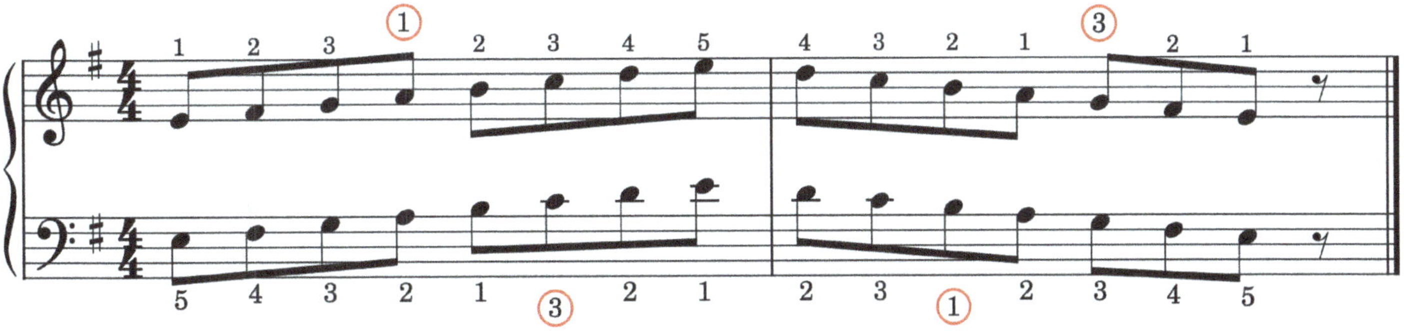

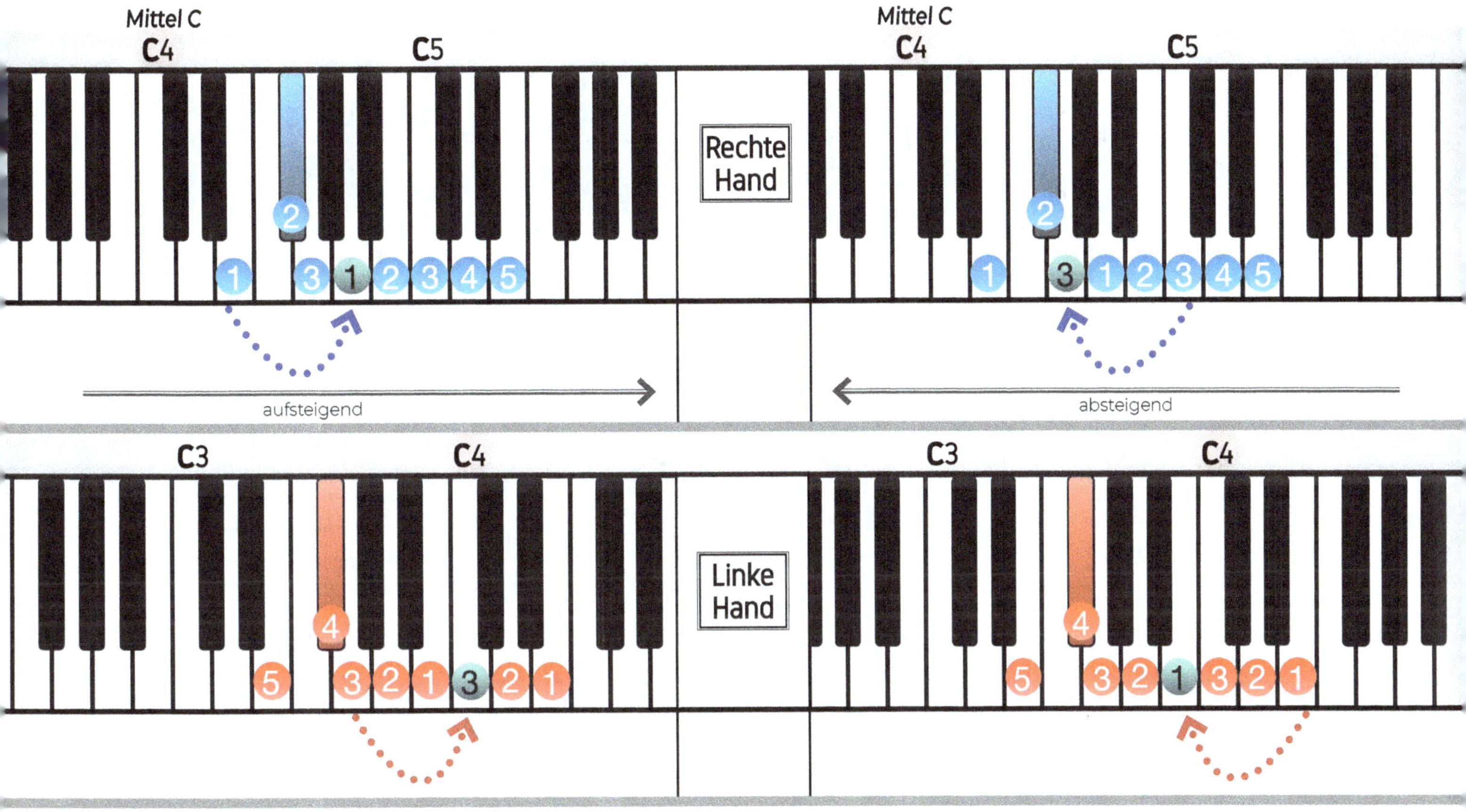

Mittel C
**C4**      **C5**

Rechte
Hand

Mittel C
**C4**      **C5**

aufsteigend

absteigend

**C3**      **C4**

Linke
Hand

**C3**      **C4**

**Grundakkord:**
**E -Moll** Akkord ( **E**, **G**, **H** )
---> **E** ist der Grundton

*Der Grundton*
*der* **E**-Moll
*Skala ist* **E**

**E -Moll**
Akkorde &
Umkehrungen

**Umkehrung:** *(andere Note im Bass des Akkords)*
1. Umkehrung ---> **G**   als tiefster Ton
2. Umkehrung ---> **H**   als tiefster Ton

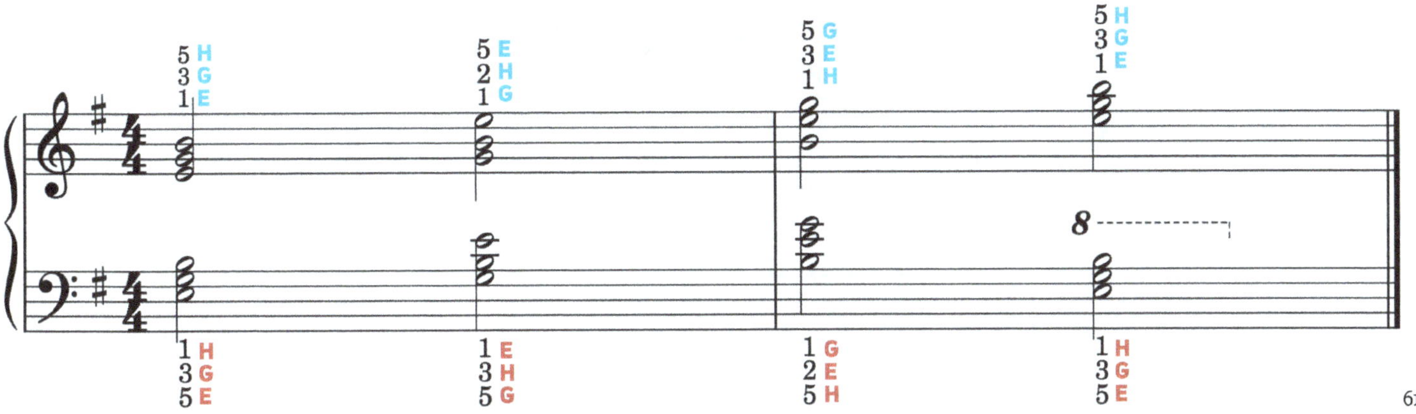

61

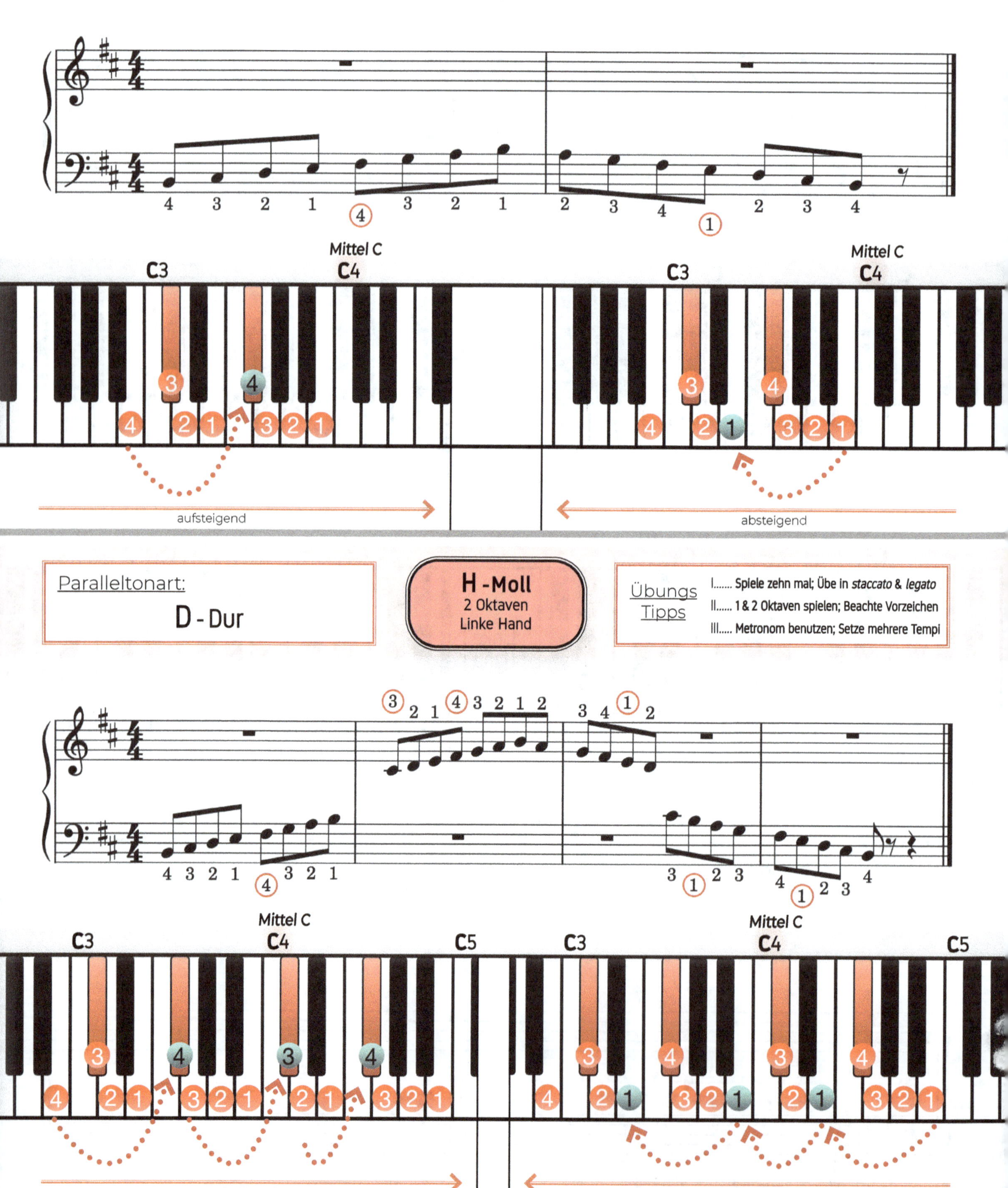

Noten der Tonleiter:
H, Cis, D, E, Fis, G, A
H -Moll
1 Oktave
Linke Hand
Tonart
2 Kreuze ( Fis, Cis )
Mittel C
C4
C3
3
4
4
2
1
3
2
1
aufsteigend
Mittel C
C4
C3
3
4
4
2
1
3
2
1
absteigend
Paralleltonart:
D - Dur
H -Moll
2 Oktaven
Linke Hand
Übungs Tipps
I....... Spiele zehn mal; Übe in staccato & legato
II....... 1 & 2 Oktaven spielen; Beachte Vorzeichen
III..... Metronom benutzen; Setze mehrere Tempi
C3
Mittel C
C4
C5
C3
Mittel C
C4
C5
3
4
3
4
4
2
1
3
2
1
2
1
3
2
1
3
4
4
2
1
3
2
1
2
1
3
2
1
aufsteigend
absteigend

Noten der Tonleiter:
H, Cis, D, E, Fis, G, A

H -Moll
1 Oktave
Rechte Hand

Tonart
2 Kreuze ( Fis, Cis )

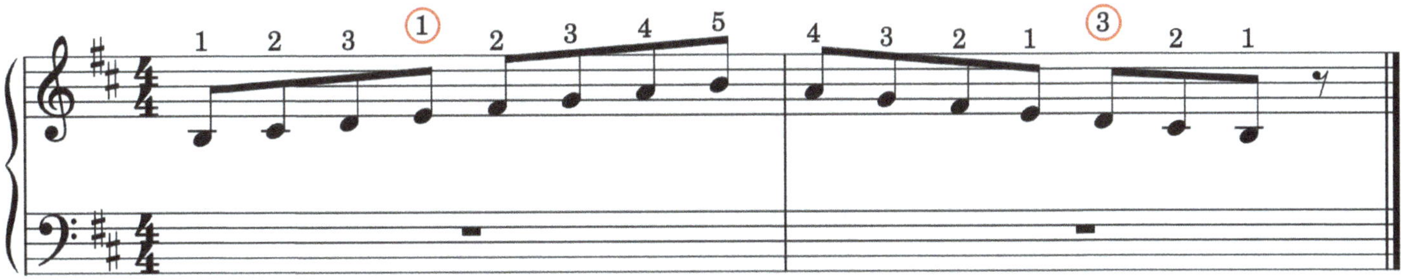

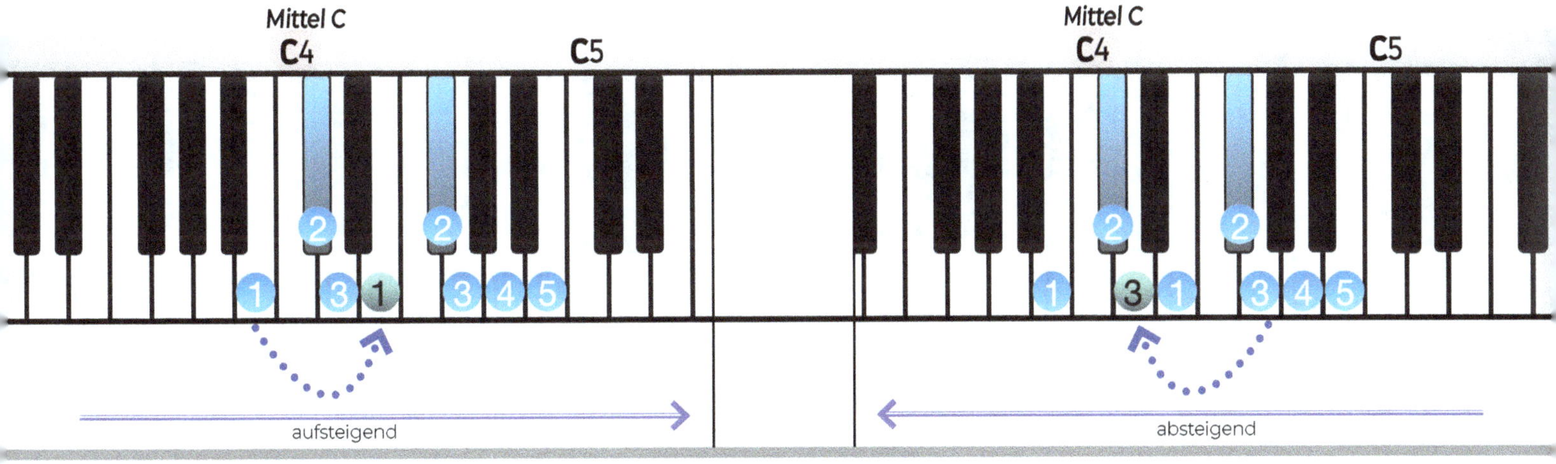

Mittel C
C4
C5

2 3 1 3 4 5
1

Mittel C
C4
C5

2 3 1 3 4 5
1

aufsteigend
absteigend

Paralleltonart:
D - Dur

H -Moll
2 Oktaven
Rechte Hand

Übungs Tipps
I....... Spiele zehn mal; Übe in staccato & legato
II...... 1 & 2 Oktaven spielen; Beachte Vorzeichen
III..... Metronom benutzen; Setze mehrere Tempi

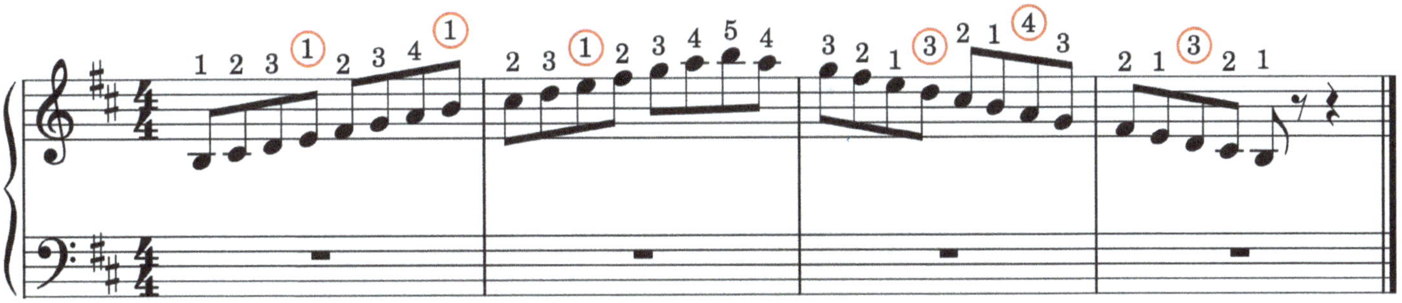

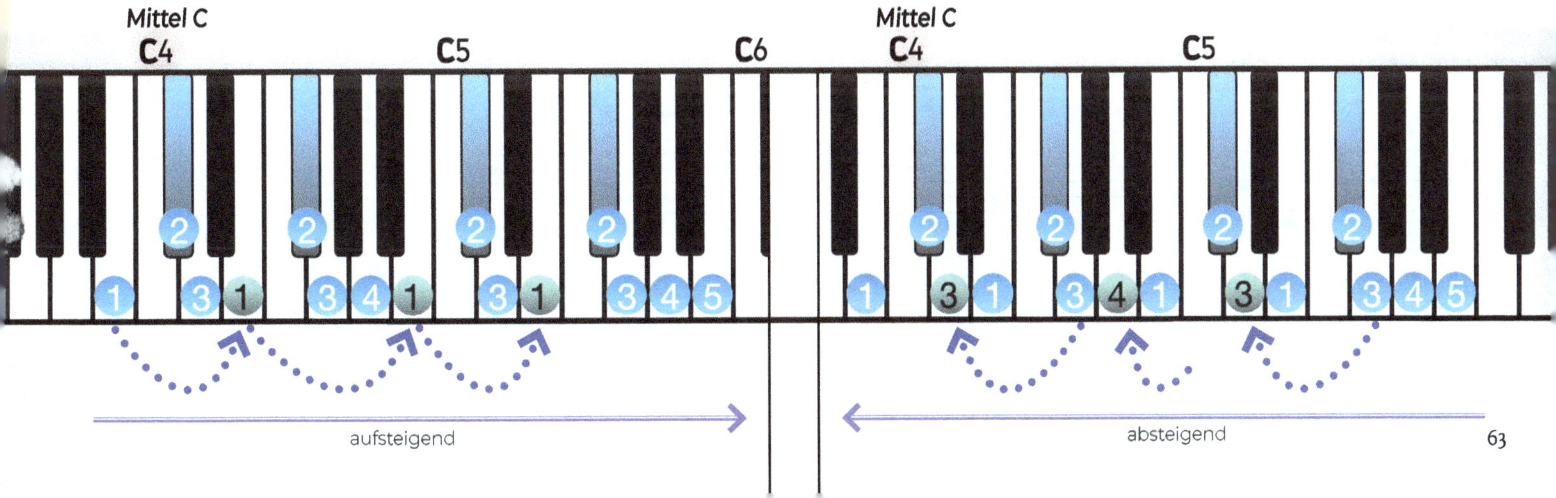

Mittel C
C4
C5
C6

Mittel C
C4
C5

aufsteigend
absteigend

Noten der Tonleiter:
H, Cis, D, E, Fis, G, A

H -Moll
1 Oktave
Beide Hände

Tonart
2 Kreuze ( Fis, Cis )

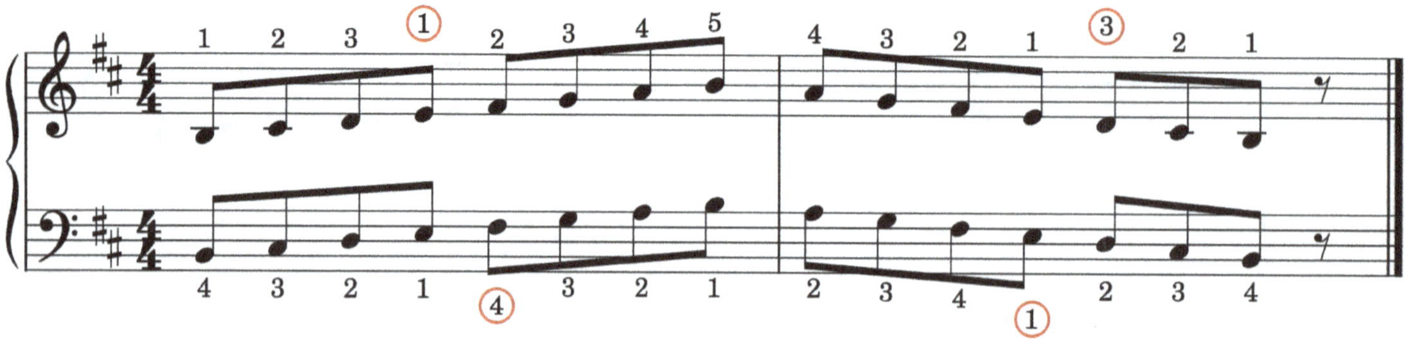

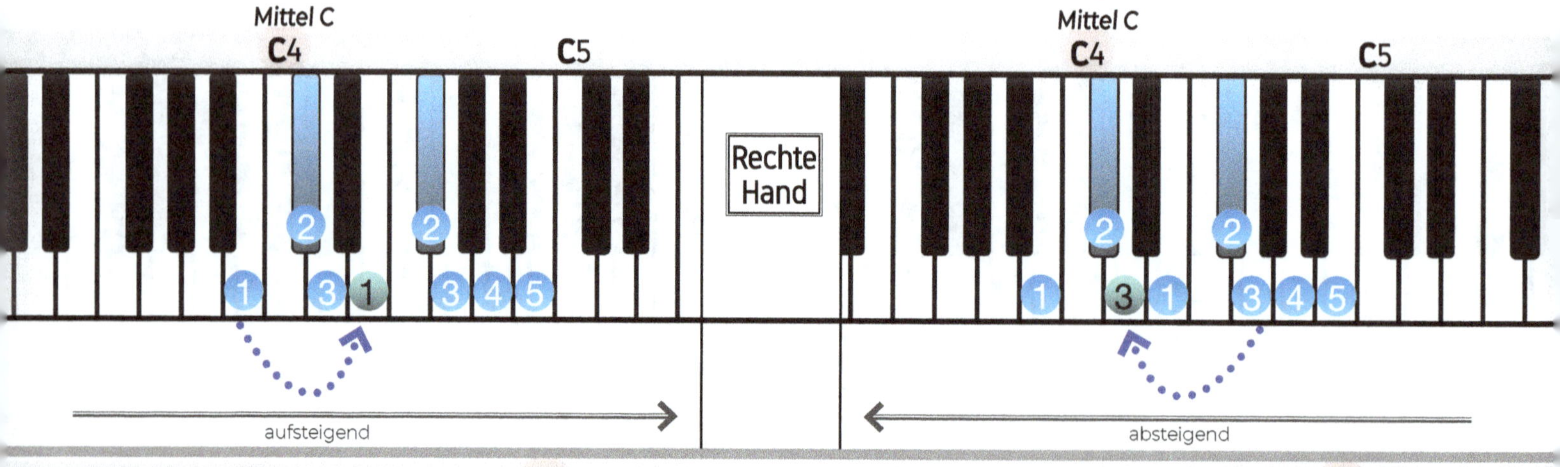

Mittel C
C4
C5

Rechte Hand

aufsteigend

absteigend

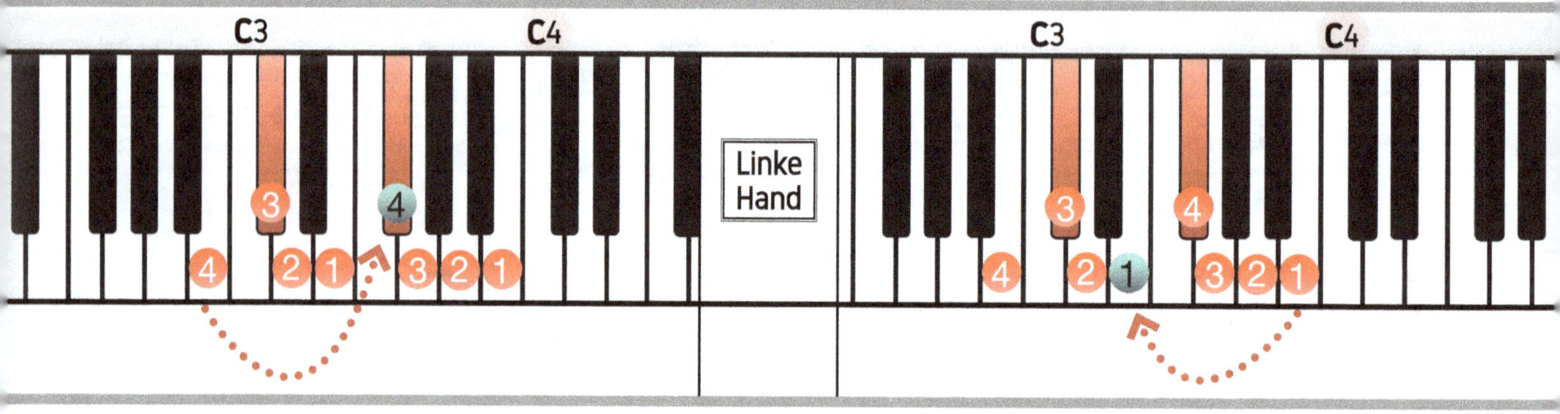

Mittel C
C4
C5

C3
C4

Linke Hand

C3
C4

Grundakkord:
H -Moll Akkord ( H, D, Fis )
--->H ist der Grundton

Der Grundton
der H -Moll
Skala ist H

H -Moll
Akkorde &
Umkehrungen

Umkehrung: (andere Note im Bass des Akkords)
1. Umkehrung --- > D als tiefster Ton
2. Umkehrung --- > Fis als tiefster Ton

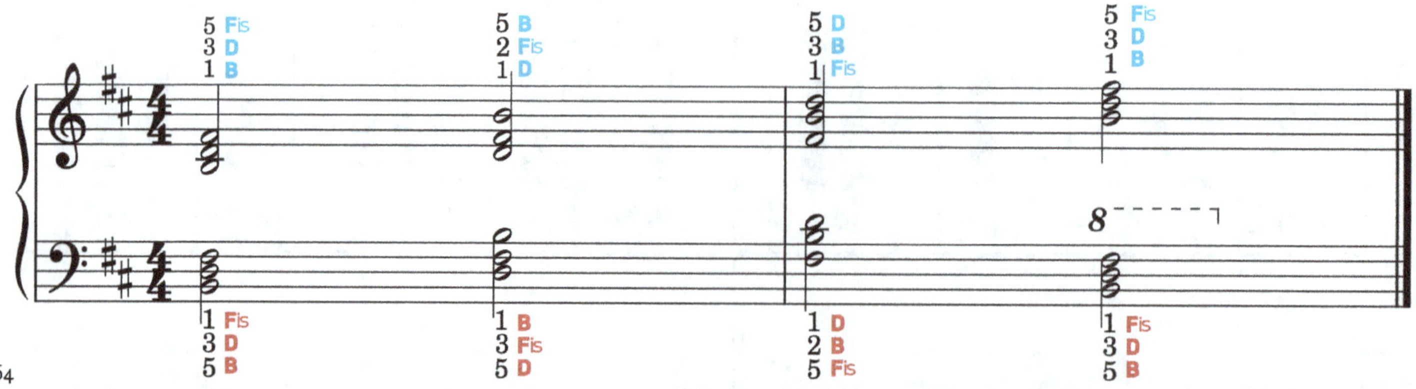

5 Fis
3 D
1 B

5 B
2 Fis
1 D

5 D
3 B
1 Fis

5 Fis
3 D
1 B

1 Fis
3 D
5 B

1 B
3 Fis
5 D

1 D
2 B
5 Fis

1 Fis
3 D
5 B

Noten der Tonleiter:
Fis, Gis, A, H, Cis, D, E

Fis-Moll
1 Oktave
Linke Hand

Tonart:
3 Kreuze ( Fis, Cis, Gis )

Mittel C
C3 C4 C5
C3 C4 C5

aufsteigend
absteigend

Paralleltonart:
A - Dur

Fis-Moll
2 Oktaven
Linke Hand

Übungs Tipps
I....... Spiele zehn mal; Übe in staccato & legato
II...... 1 & 2 Oktaven spielen; Beachte Vorzeichen
III..... Metronom benutzen; Setze mehrere Tempi

Mittel C
C3 C4
C3 C4

aufsteigend
absteigend


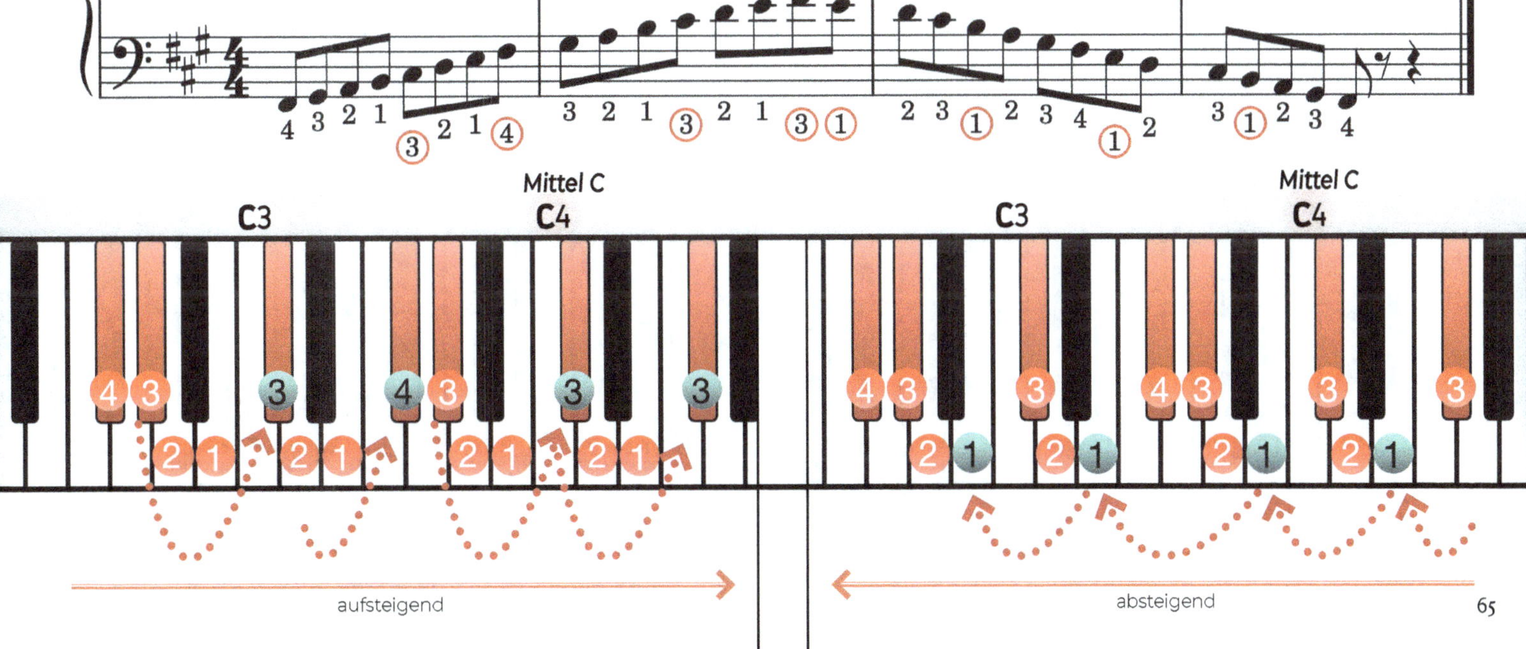

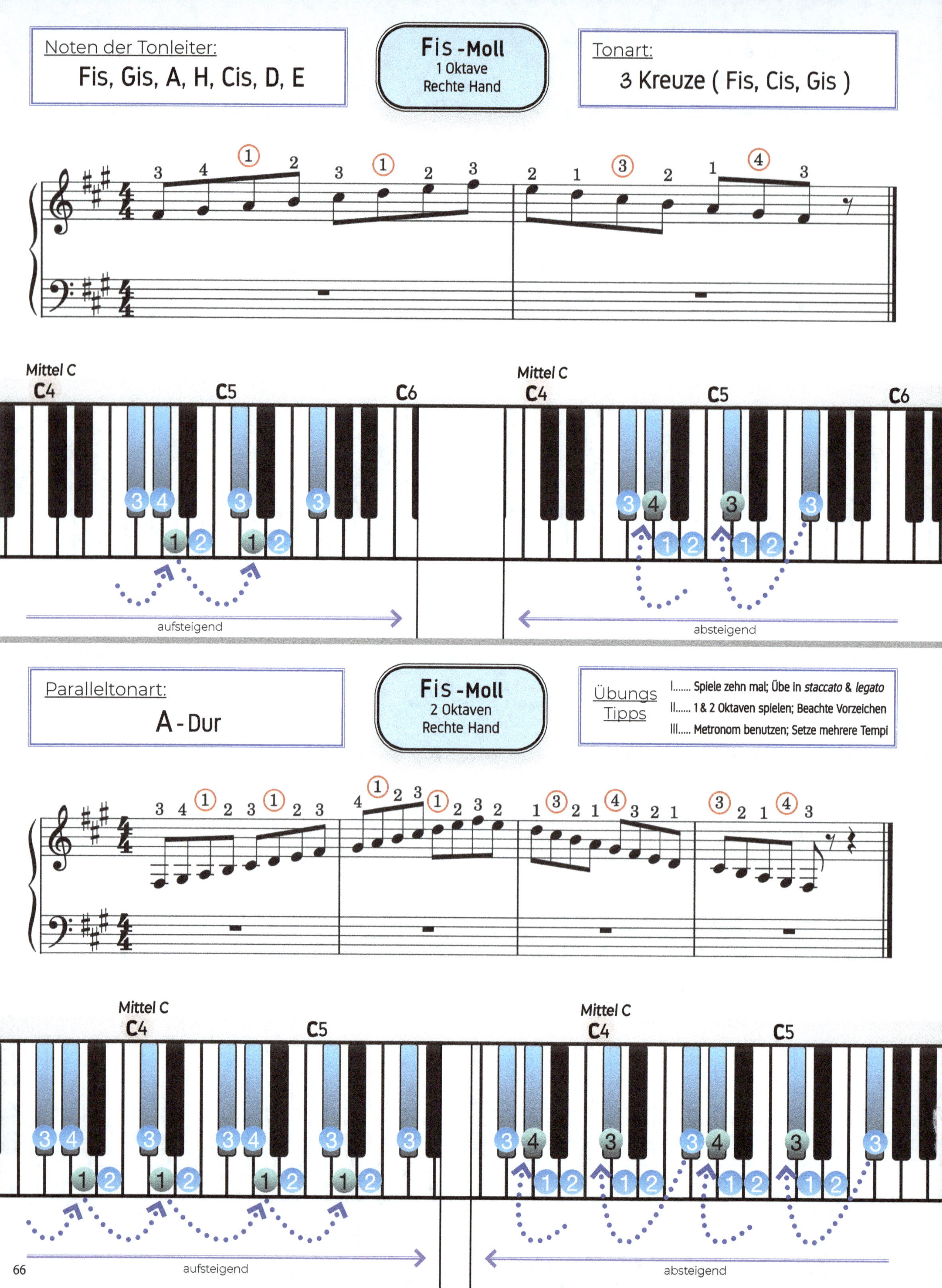

Noten der Tonleiter:
Fis, Gis, A, H, Cis, D, E
Fis -Moll
1 Oktave
Rechte Hand
Tonart:
3 Kreuze ( Fis, Cis, Gis )
Mittel C
C4
C5
C6
aufsteigend
Mittel C
C4
C5
C6
absteigend
Paralleltonart:
A - Dur
Fis -Moll
2 Oktaven
Rechte Hand
Übungs Tipps
I....... Spiele zehn mal; Übe in staccato & legato
II...... 1 & 2 Oktaven spielen; Beachte Vorzeichen
III..... Metronom benutzen; Setze mehrere Tempi
Mittel C
C4
C5
Mittel C
C4
C5
aufsteigend
absteigend

Noten der Tonleiter:
Fis, Gis, A, H, Cis, D, E

Fis -Moll
1 Oktave
Beide Hände

Tonart:
3 Kreuze ( Fis, Cis, Gis )

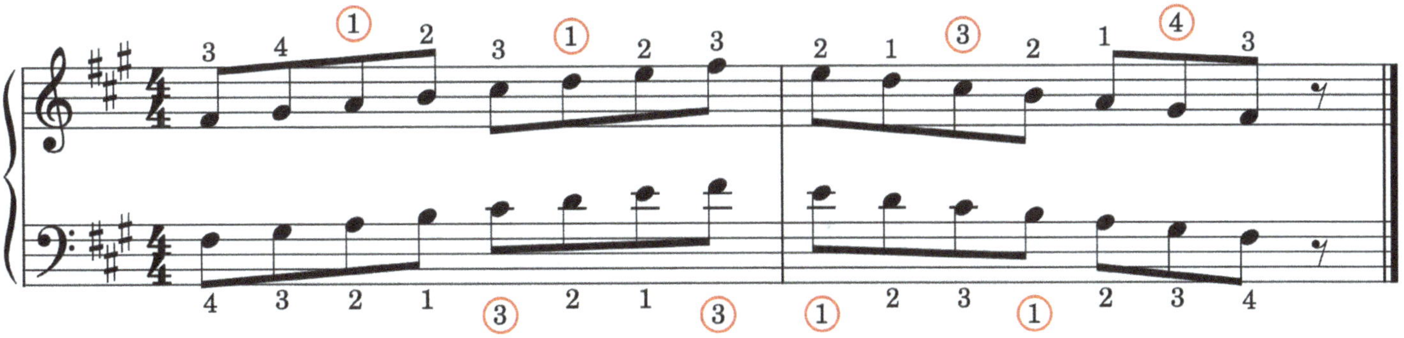

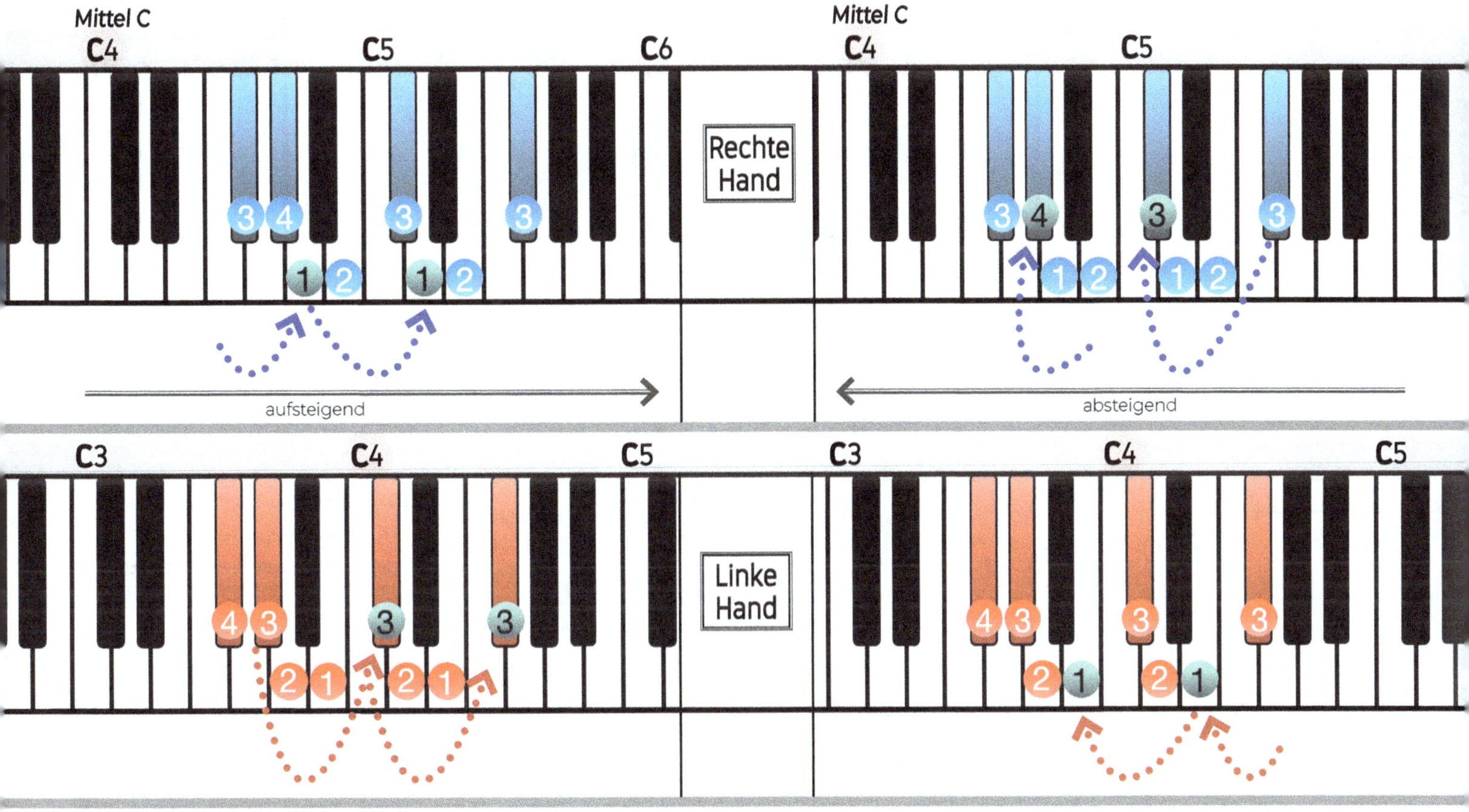

Mittel C
C4    C5    C6

Rechte Hand

aufsteigend

Mittel C
C4    C5

absteigend

C3    C4    C5

Linke Hand

C3    C4    C5

Grundakkord:
Fis -Moll Akkord (Fis, A, Cis):
-> Fis ist der Grundton

Der Grundton
der Fis-Moll
Skala ist Fis

Fis -Moll
Akkorde &
Umkehrungen

Umkehrung: (andere Note im Bass des Akkords)
1. Umkehrung --- > A als tiefster Ton
2. Umkehrung --- > Cis als tiefster Ton

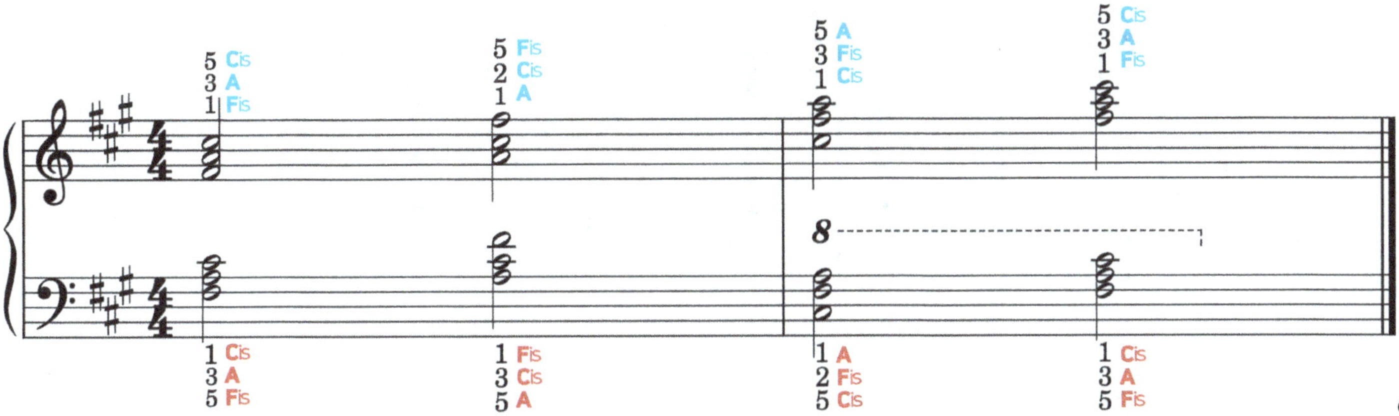

5 Cis
3 A
1 Fis

5 Fis
2 Cis
1 A

5 A
3 Fis
1 Cis

5 Cis
3 A
1 Fis

8

1 Cis
3 A
5 Fis

1 Fis
3 Cis
5 A

1 A
2 Fis
5 Cis

1 Cis
3 A
5 Fis

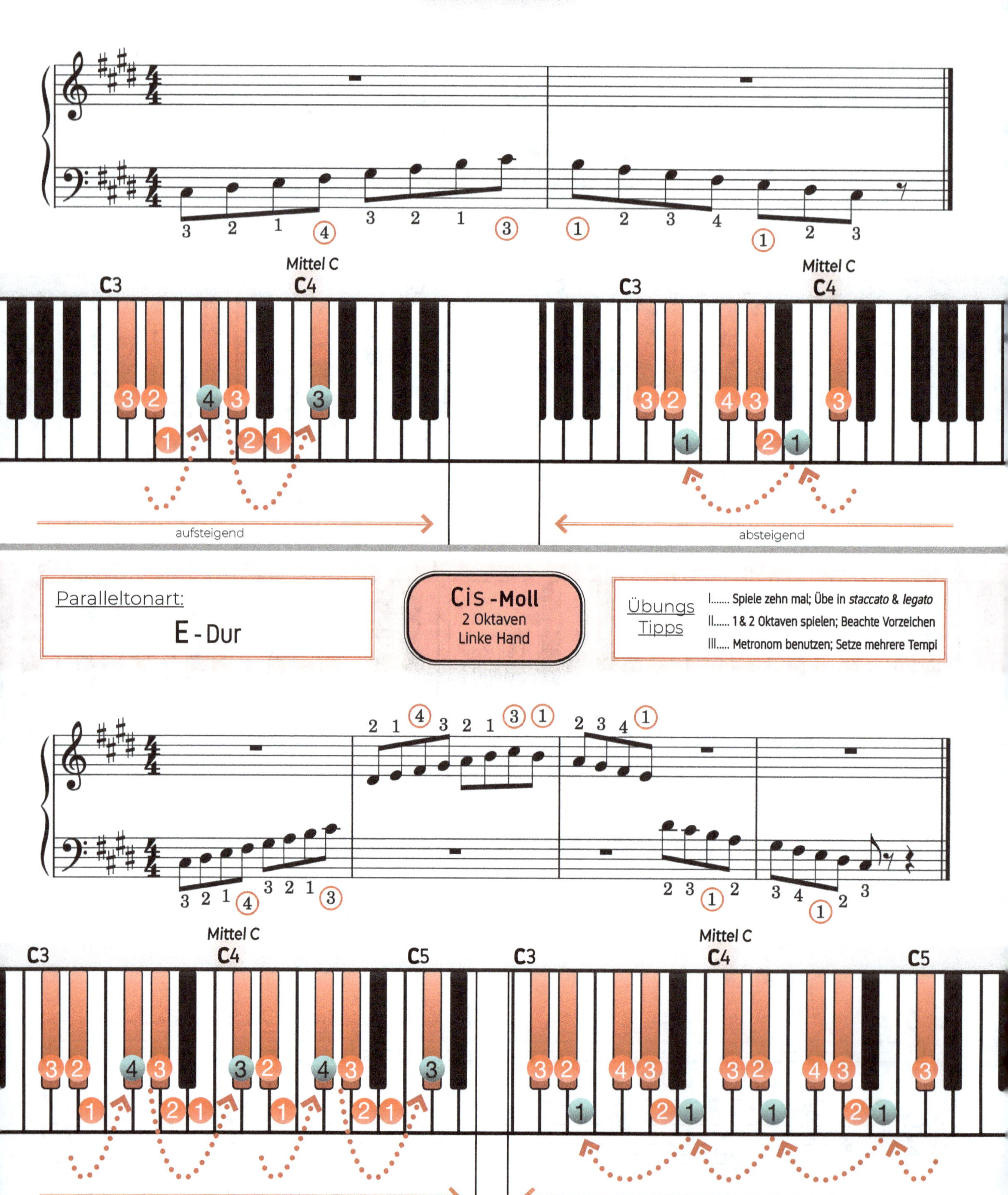
Noten der Tonleiter:
Cis, Dis, E, Fis, Gis, A, H

Cis -Moll
1 Oktave
Linke Hand

Tonart:
4 Kreuze (Fis, Cis, Gis, Dis)

3 2 1 4 3 2 1 3 1 2 3 4 1 2 3

C3
Mittel C
C4
C3
Mittel C
C4

3 2 4 3 3
1 2 1
3 2 4 3 3
1 2 1

aufsteigend
absteigend

Paralleltonart:
E - Dur

Cis -Moll
2 Oktaven
Linke Hand

Übungs Tipps
I....... Spiele zehn mal; Übe in staccato & legato
II...... 1 & 2 Oktaven spielen; Beachte Vorzeichen
III..... Metronom benutzen; Setze mehrere Tempi

2 1 4 3 2 1 3 1 2 3 4 1

3 2 1 4 3 2 1 3
2 3 1 2 3 4 1 2 3

C3
Mittel C
C4
C5
C3
Mittel C
C4
C5

3 2 4 3 3 2 4 3 3
1 2 1 1 2 1
3 2 4 3 3 2 4 3 3
1 2 1 1 2 1

aufsteigend
absteigend

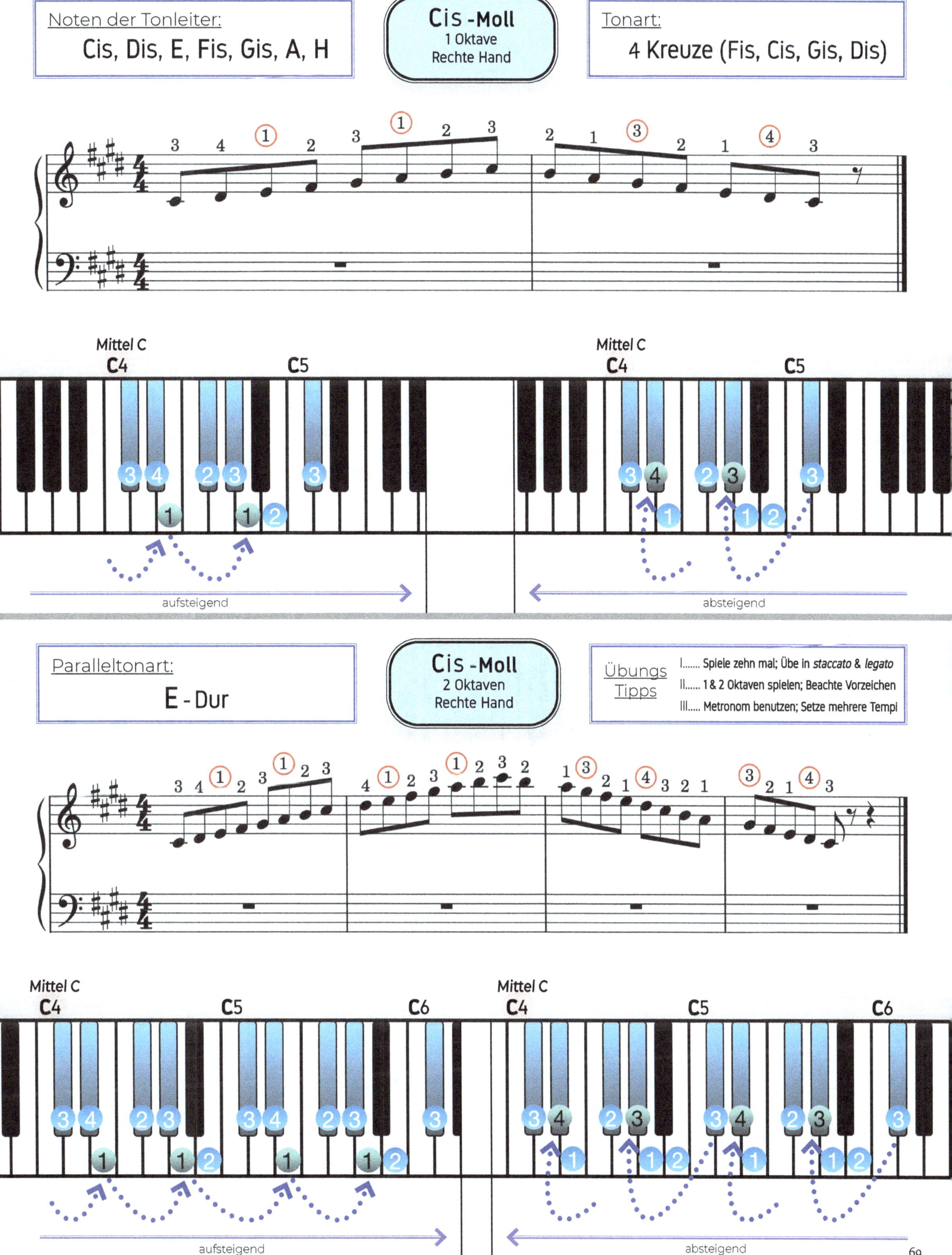

Noten der Tonleiter:
Cis, Dis, E, Fis, Gis, A, H
Cis -Moll
1 Oktave
Rechte Hand
Tonart:
4 Kreuze (Fis, Cis, Gis, Dis)
Mittel C
C4
C5
Mittel C
C4
C5
aufsteigend
absteigend
Paralleltonart:
E - Dur
Cis -Moll
2 Oktaven
Rechte Hand
Übungs Tipps
I....... Spiele zehn mal; Übe in staccato & legato
II...... 1 & 2 Oktaven spielen; Beachte Vorzeichen
III..... Metronom benutzen; Setze mehrere Tempi
Mittel C
C4
C5
C6
Mittel C
C4
C5
C6
aufsteigend
absteigend

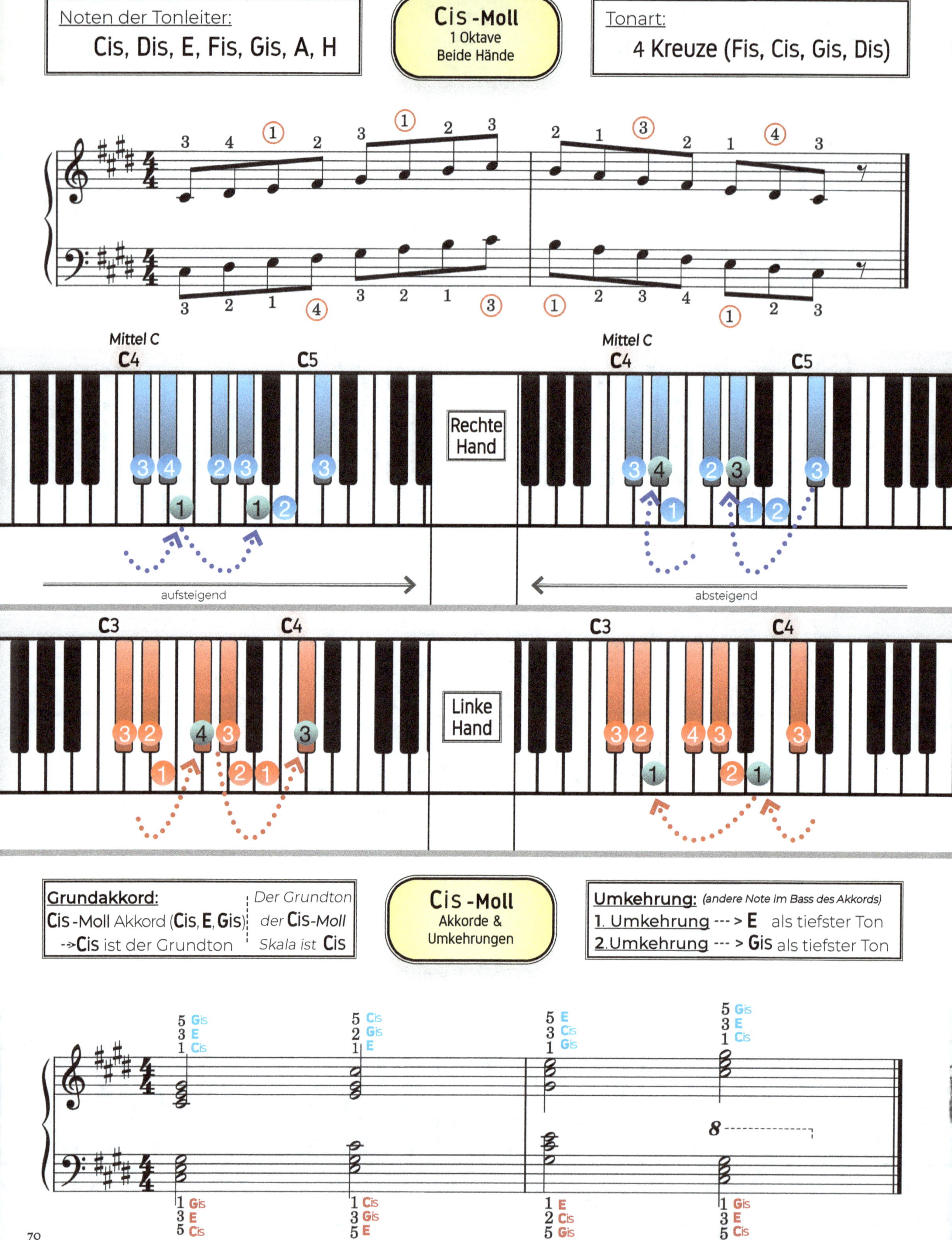

Noten der Tonleiter:
Cis, Dis, E, Fis, Gis, A, H

Cis -Moll
1 Oktave
Beide Hände

Tonart:
4 Kreuze (Fis, Cis, Gis, Dis)

Mittel C
C4
C5
Rechte Hand
aufsteigend
absteigend

C3
C4
Linke Hand

Grundakkord:
Cis -Moll Akkord (Cis, E, Gis)
-> Cis ist der Grundton
Der Grundton der Cis-Moll Skala ist Cis

Cis -Moll
Akkorde & Umkehrungen

Umkehrung: (andere Note im Bass des Akkords)
1. Umkehrung ---> E als tiefster Ton
2. Umkehrung ---> Gis als tiefster Ton

5 Gis
3 E
1 Cis

5 Cis
2 Gis
1 E

5 E
3 Cis
1 Gis

5 Gis
3 E
1 Cis

1 Gis
3 E
5 Cis

1 Cis
3 Gis
5 E

1 E
2 Cis
5 Gis

1 Gis
3 E
5 Cis

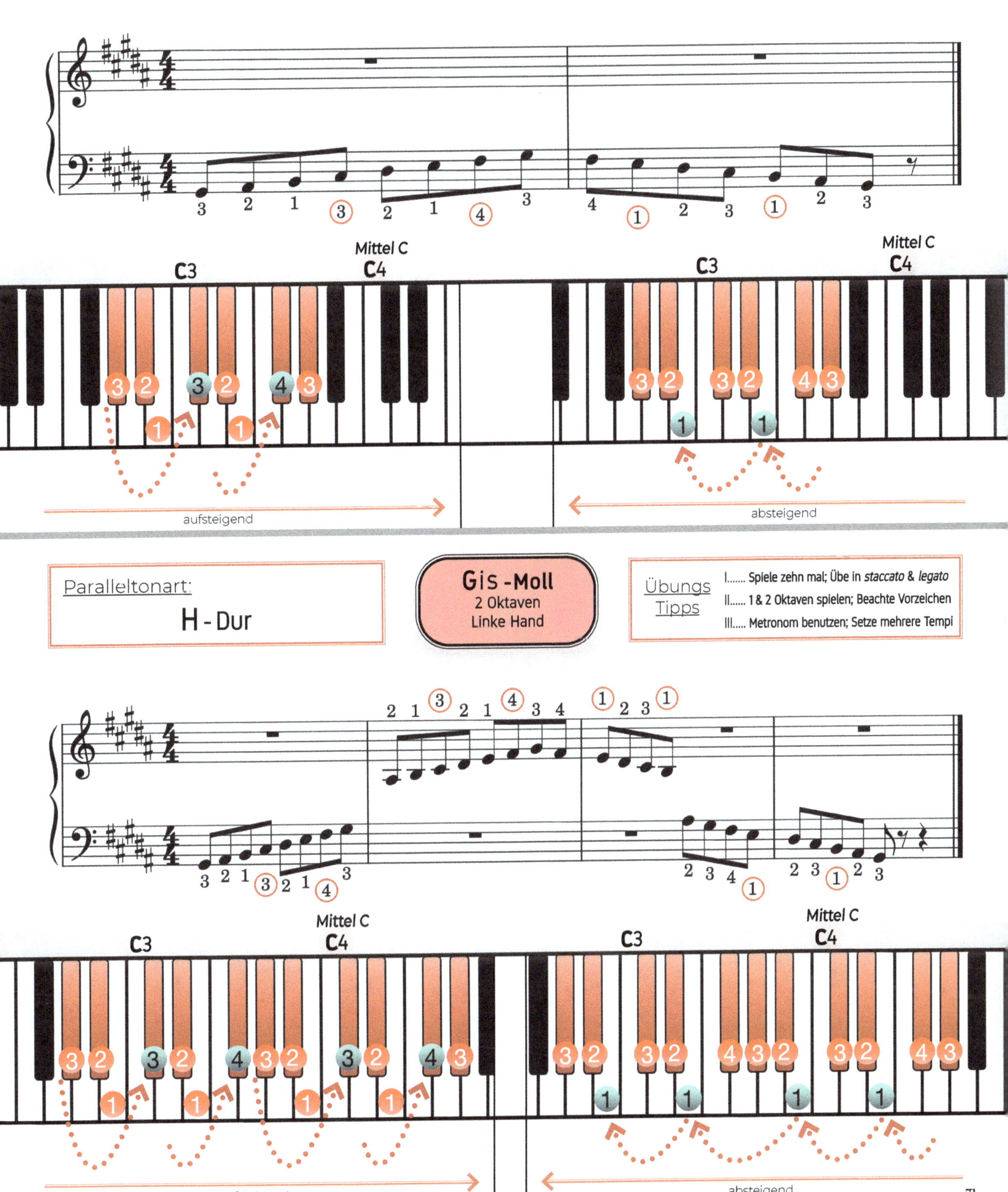

Noten der Tonleiter:
Gis, Ais, H, Cis, Dis, E, Fis

Gis -Moll
1 Oktave
Linke Hand

Tonart:
5 Kreuze (Fis, Cis, Gis, Dis, Ais)

Mittel C
C3
C4
aufsteigend
absteigend

Paralleltonart:
H - Dur

Gis -Moll
2 Oktaven
Linke Hand

Übungs Tipps
I....... Spiele zehn mal; Übe in staccato & legato
II...... 1 & 2 Oktaven spielen; Beachte Vorzeichen
III..... Metronom benutzen; Setze mehrere Tempi

Mittel C
C3
C4
aufsteigend
absteigend

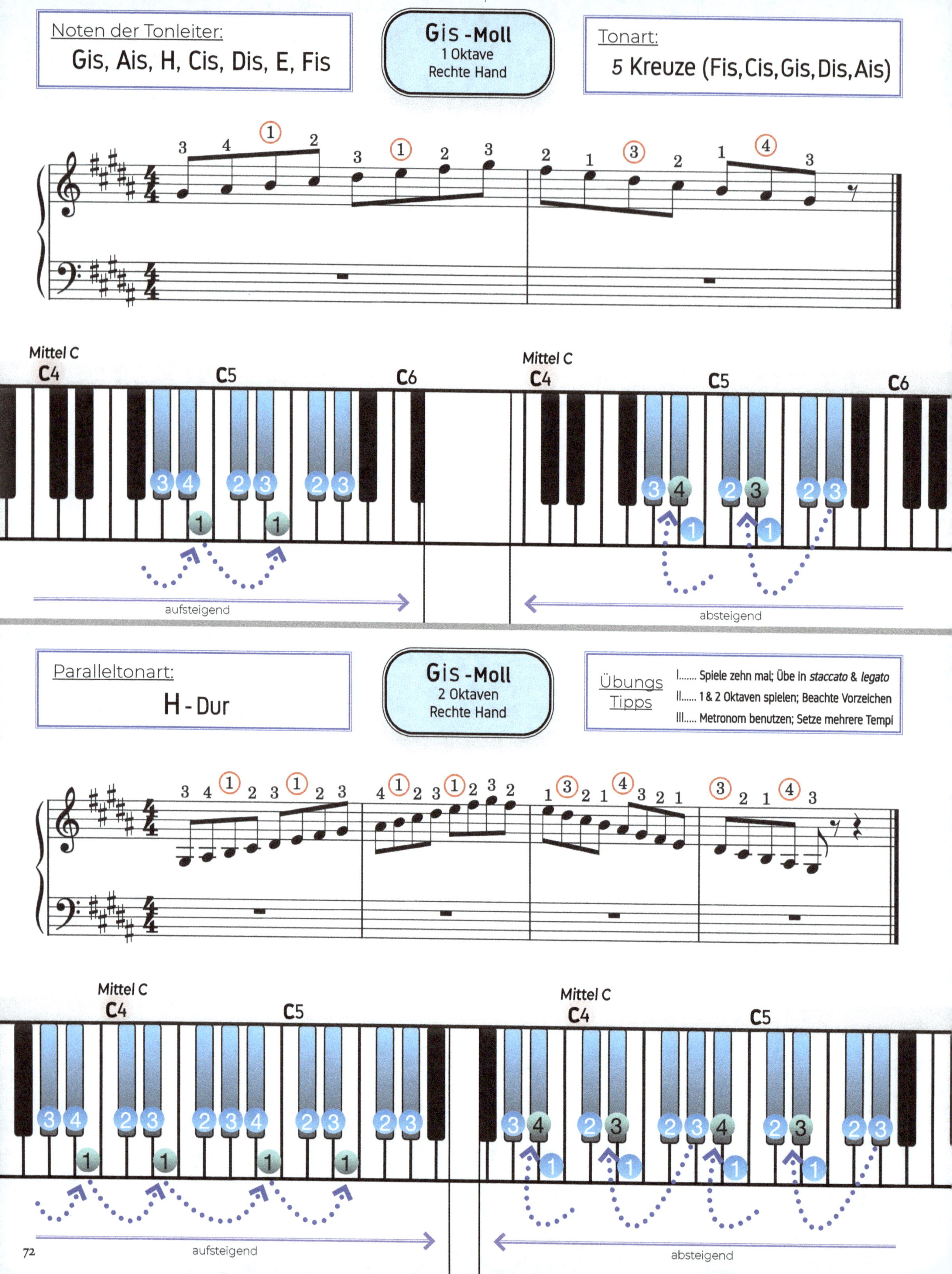

Noten der Tonleiter:
Gis, Ais, H, Cis, Dis, E, Fis
Gis -Moll
1 Oktave
Rechte Hand
Tonart:
5 Kreuze (Fis, Cis, Gis, Dis, Ais)
Mittel C
C4
C5
C6
Mittel C
C4
C5
C6
aufsteigend
absteigend
Paralleltonart:
H - Dur
Gis -Moll
2 Oktaven
Rechte Hand
Übungs Tipps
I....... Spiele zehn mal; Übe in staccato & legato
II...... 1 & 2 Oktaven spielen; Beachte Vorzeichen
III..... Metronom benutzen; Setze mehrere Tempi
Mittel C
C4
C5
Mittel C
C4
C5
aufsteigend
absteigend

Noten der Tonleiter:
Gis, Ais, H, Cis, Dis, E, Fis

Gis -Moll
1 Oktave
Beide Hände

Tonart:
5 Kreuze (Fis, Cis, Gis, Dis, Ais)

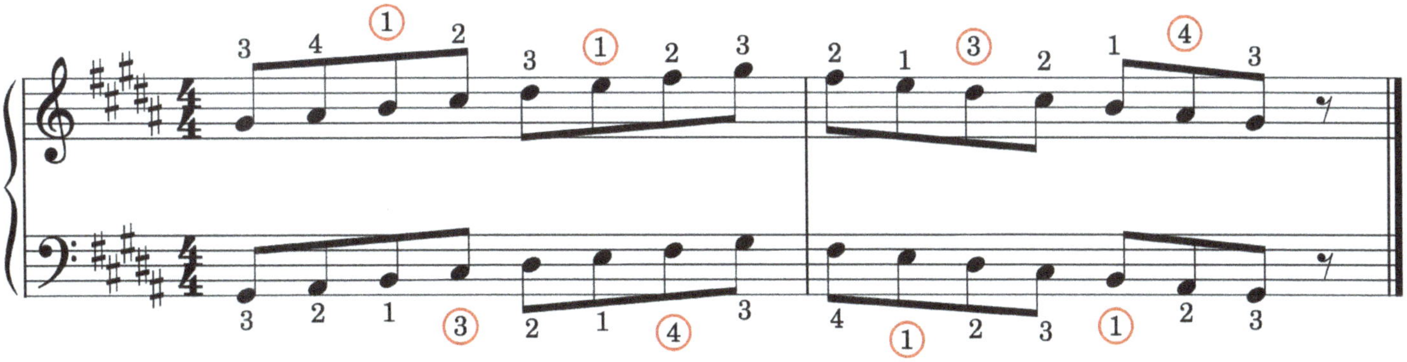

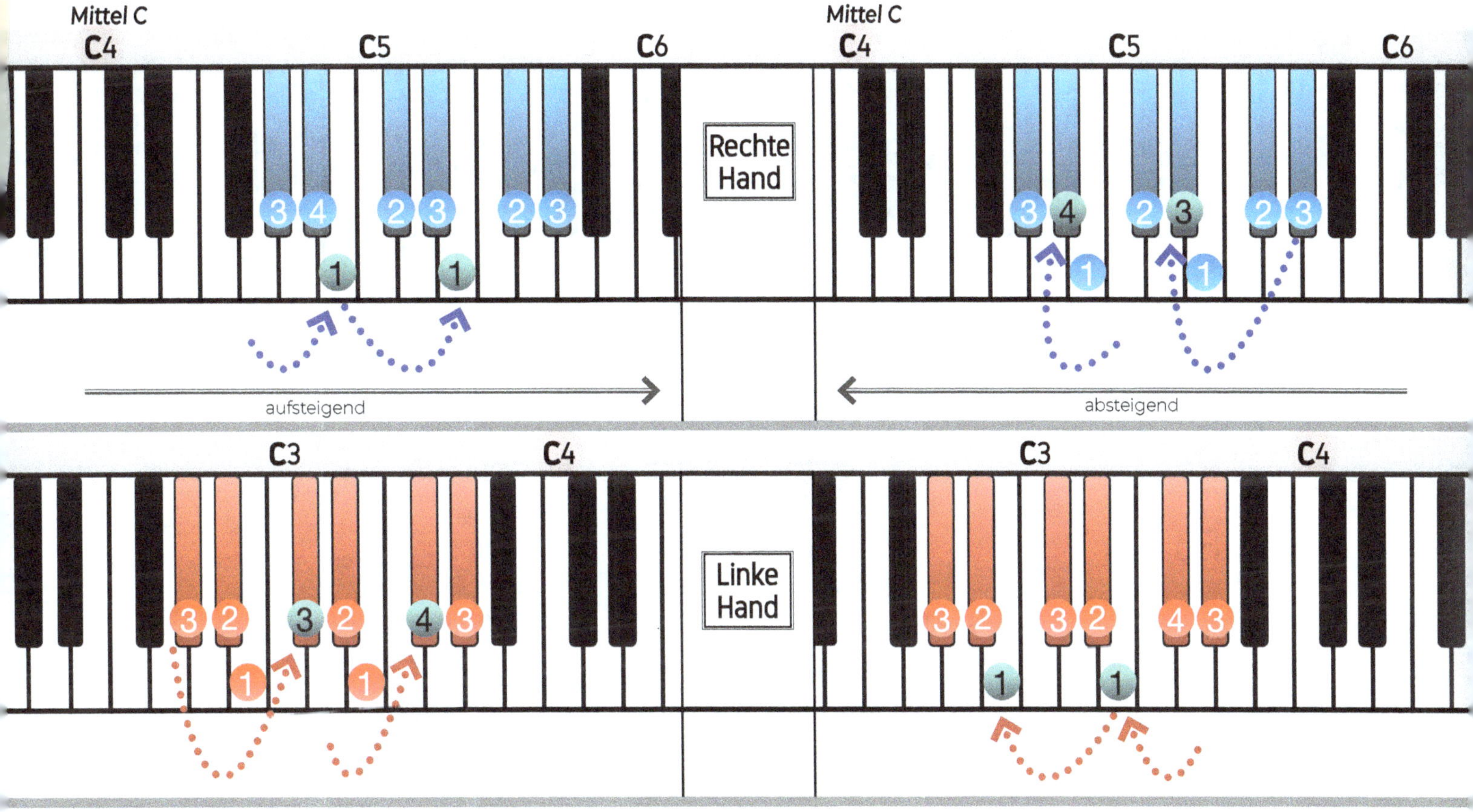

Mittel C
C4        C5        C6

Mittel C
C4        C5        C6

Rechte Hand

aufsteigend        absteigend

C3        C4

C3        C4

Linke Hand



Grundakkord:
Gis -Moll Akkord (Gis, H, Dis)
--->Gis ist der Grundton

Der Grundton
der Gis-Moll
Skala ist Gis

Gis -Moll
Akkorde &
Umkehrungen

Umkehrung: (andere Note im Bass des Akkords)
1. Umkehrung --- > H als tiefster Ton
2. Umkehrung --- > Dis als tiefster Ton

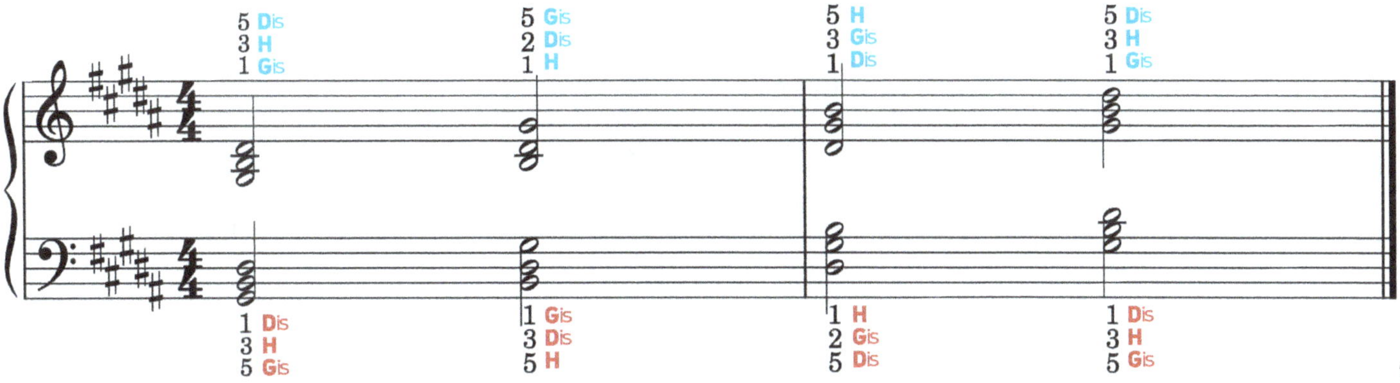

5 Dis    5 Gis    5 H      5 Dis
3 H      2 Dis    3 Gis    3 H
1 Gis    1 H      1 Dis    1 Gis

1 Dis    1 Gis    1 H      1 Dis
3 H      3 Dis    2 Gis    3 H
5 Gis    5 H      5 Dis    5 Gis

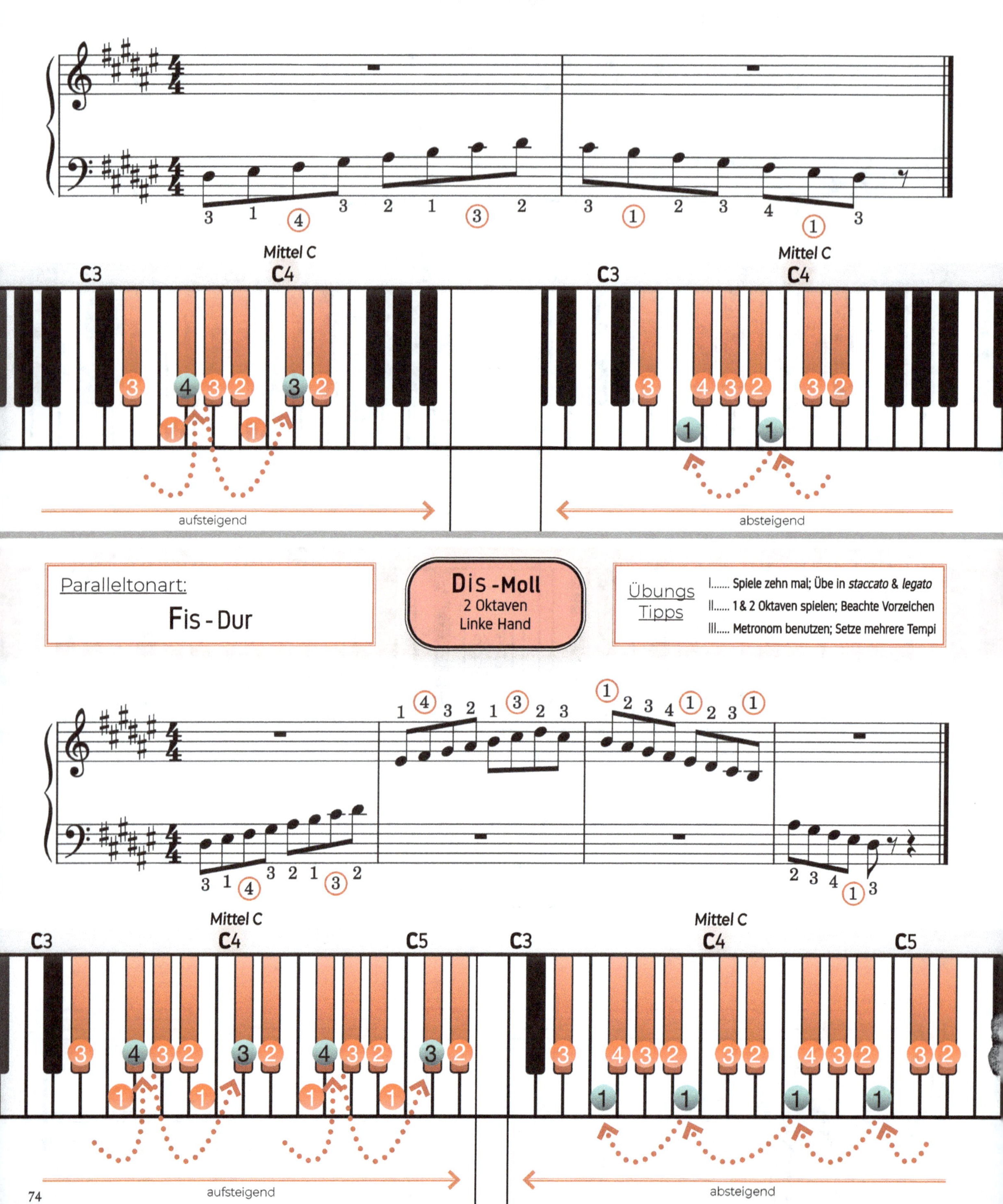

Noten der Tonleiter:
Dis, Eis, Fis, Gis, Ais, H, Cis
Dis - Moll
1 Oktave
Linke Hand
Tonart:
6 Kreuze (Fis, Cis, Gis, Dis, Ais, Eis)
Mittel C
C3
C4
C3
Mittel C
C4
aufsteigend
absteigend
Paralleltonart:
Fis - Dur
Dis - Moll
2 Oktaven
Linke Hand
Übungs Tipps
I....... Spiele zehn mal; Übe in staccato & legato
II...... 1 & 2 Oktaven spielen; Beachte Vorzeichen
III..... Metronom benutzen; Setze mehrere Tempi
Mittel C
C3
C4
C5
C3
Mittel C
C4
C5
aufsteigend
absteigend

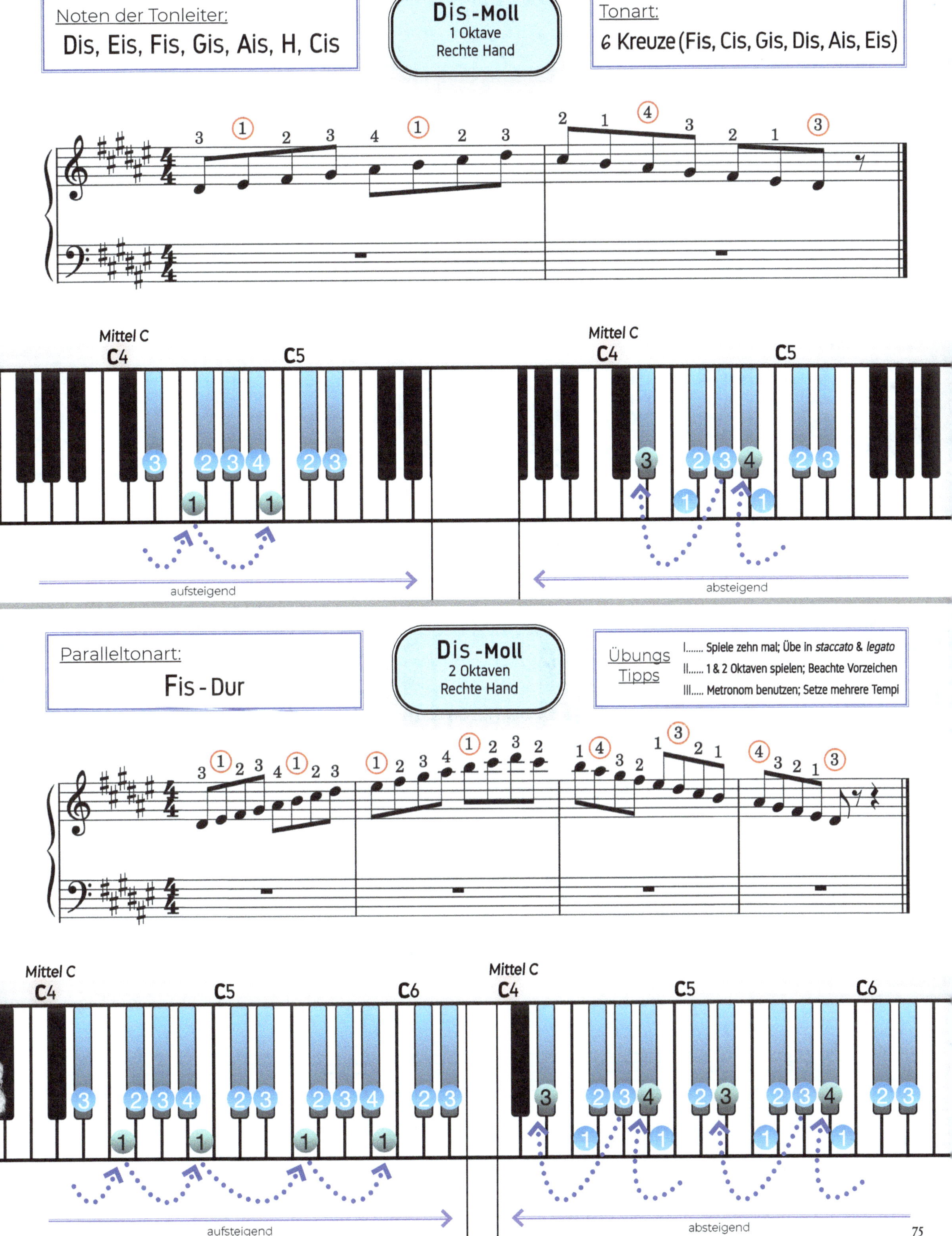

75

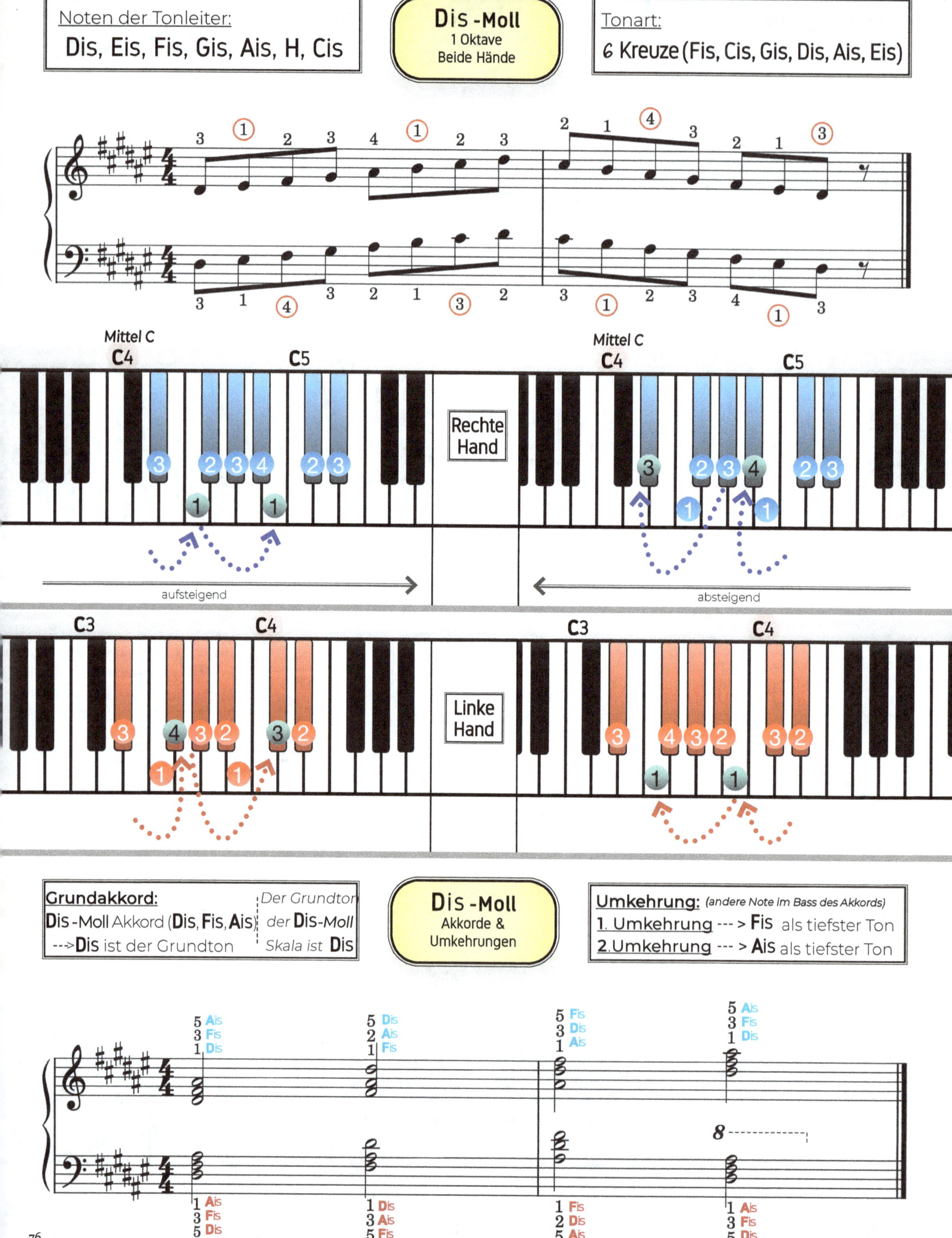

Noten der Tonleiter:
Dis, Eis, Fis, Gis, Ais, H, Cis

Dis -Moll
1 Oktave
Beide Hände

Tonart:
6 Kreuze (Fis, Cis, Gis, Dis, Ais, Eis)

3 1 2 3 4 1 2 3 2 1 4 3 2 1 3
3 1 4 3 2 1 3 2 3 1 2 3 4 1 3

Mittel C
C4
C5
3 2 3 4 2 3
1 1
Rechte Hand
aufsteigend

Mittel C
C4
C5
3 2 3 4 2 3
1 1
absteigend

C3
C4
3 4 3 2 3 2
1 1
Linke Hand

C3
C4
3 4 3 2 3 2
1 1

Grundakkord:
Dis -Moll Akkord (Dis, Fis, Ais)
--->Dis ist der Grundton
Der Grundton der Dis-Moll Skala ist Dis

Dis -Moll
Akkorde &
Umkehrungen

Umkehrung: (andere Note im Bass des Akkords)
1. Umkehrung --- > Fis als tiefster Ton
2. Umkehrung --- > Ais als tiefster Ton

5 Ais
3 Fis
1 Dis

5 Dis
2 Ais
1 Fis

5 Fis
3 Dis
1 Ais

5 Ais
3 Fis
1 Dis

1 Ais
3 Fis
5 Dis

1 Dis
3 Ais
5 Fis

1 Fis
2 Dis
5 Ais

1 Ais
3 Fis
5 Dis

8

Noten der Tonleiter:
Ais, His, Cis, Dis, Eis, Fis, Gis

Ais -Moll
1 Oktave
Linke Hand

Tonart:
7
Kreuze (Fis, Cis, Gis, Dis, Ais, Eis, His)

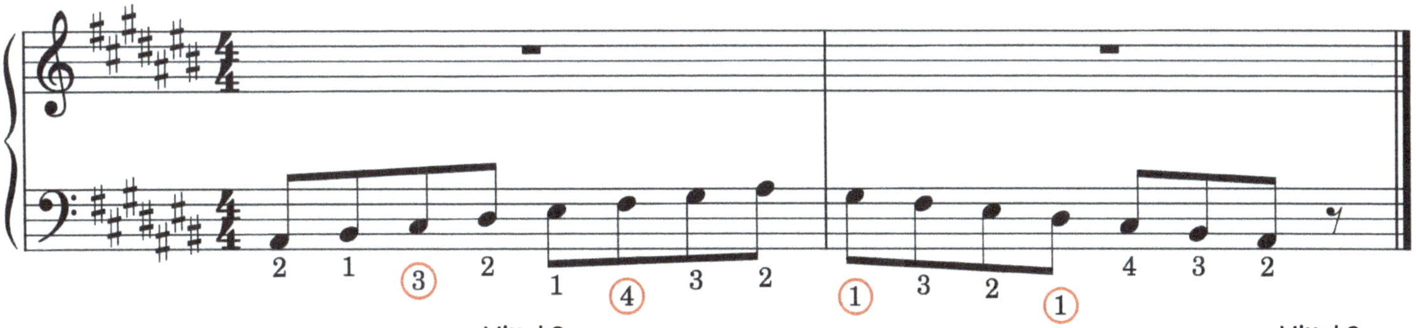

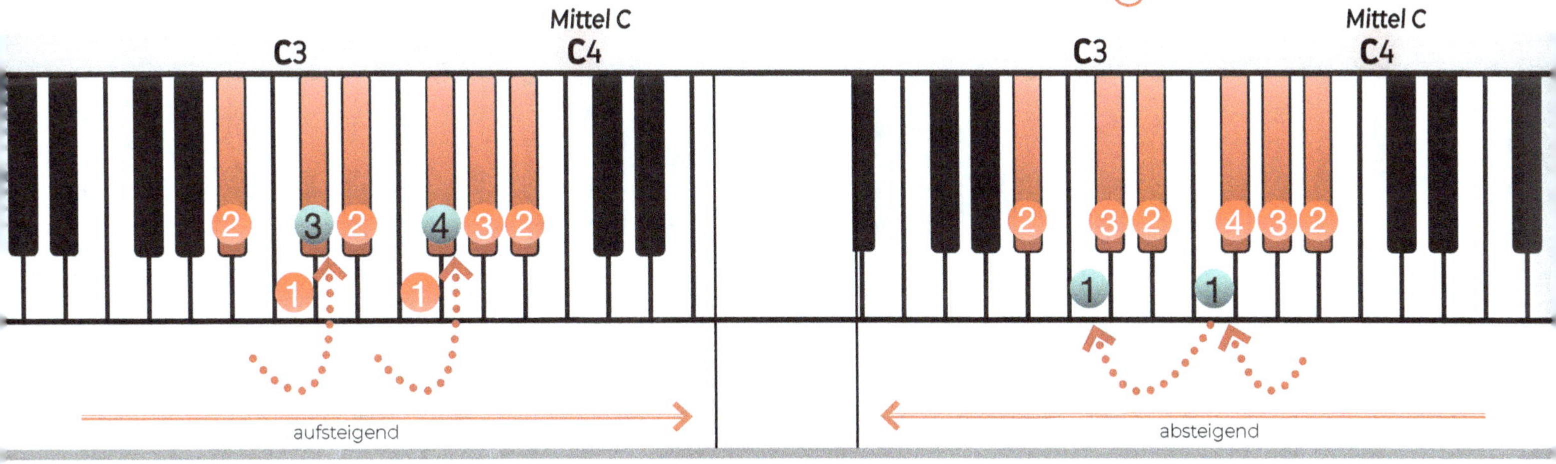

C3
Mittel C
C4

aufsteigend
absteigend

Paralleltonart:
Cis - Dur

Ais -Moll
2 Oktaven
Linke Hand

Übungs Tipps
I....... Spiele zehn mal; Übe in staccato & legato
II...... 1 & 2 Oktaven spielen; Beachte Vorzeichen
III..... Metronom benutzen; Setze mehrere Tempi

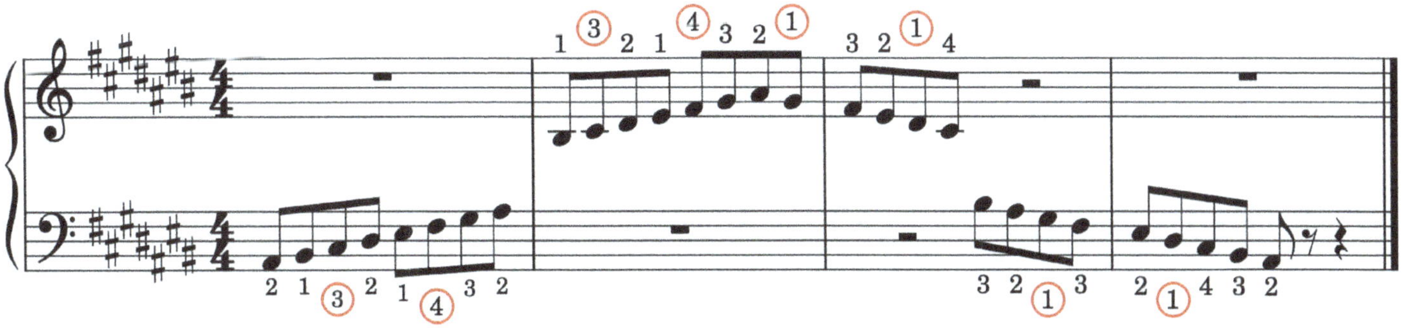

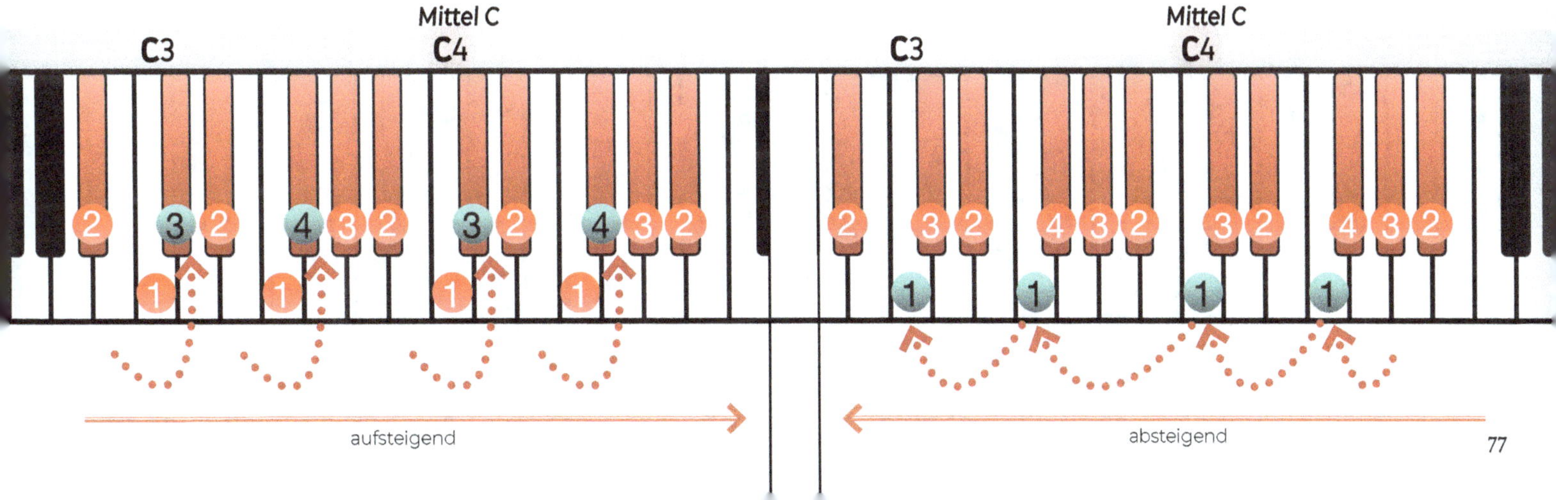

C3
Mittel C
C4

aufsteigend
absteigend

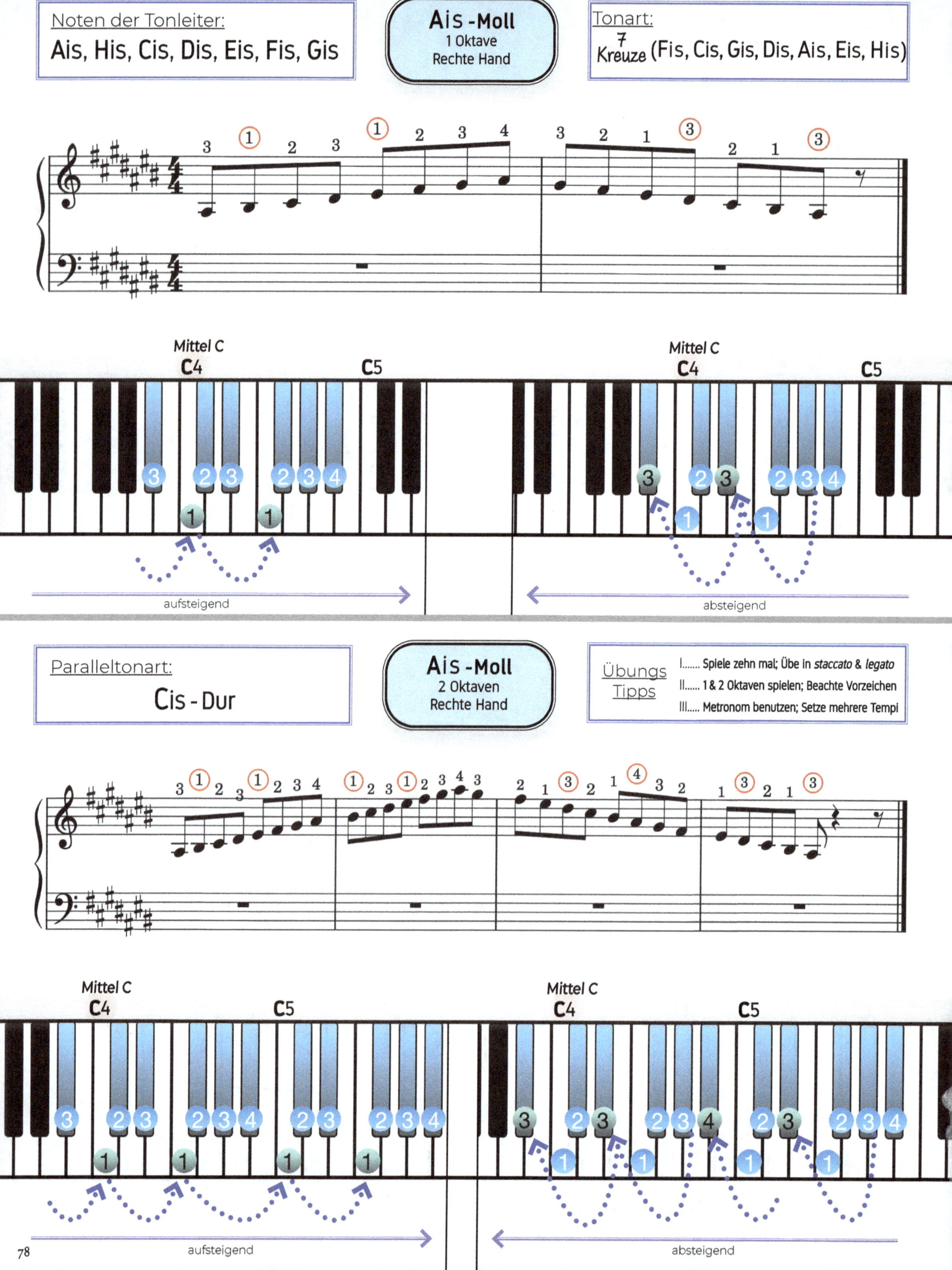

Noten der Tonleiter:
Ais, His, Cis, Dis, Eis, Fis, Gis
Ais -Moll
1 Oktave
Rechte Hand
Tonart:
7
Kreuze (Fis, Cis, Gis, Dis, Ais, Eis, His)
Mittel C
C4
C5
Mittel C
C4
C5
aufsteigend
absteigend
Paralleltonart:
Cis - Dur
Ais -Moll
2 Oktaven
Rechte Hand
Übungs Tipps
I....... Spiele zehn mal; Übe in staccato & legato
II...... 1 & 2 Oktaven spielen; Beachte Vorzeichen
III..... Metronom benutzen; Setze mehrere Tempi
Mittel C
C4
C5
Mittel C
C4
C5
aufsteigend
absteigend
78

Noten der Tonleiter:
Ais, His, Cis, Dis, Eis, Fis, Gis

Ais -Moll
1 Oktave
Beide Hände

Tonart:
7
Kreuze (Fis, Cis, Gis, Dis, Ais, Eis, His)

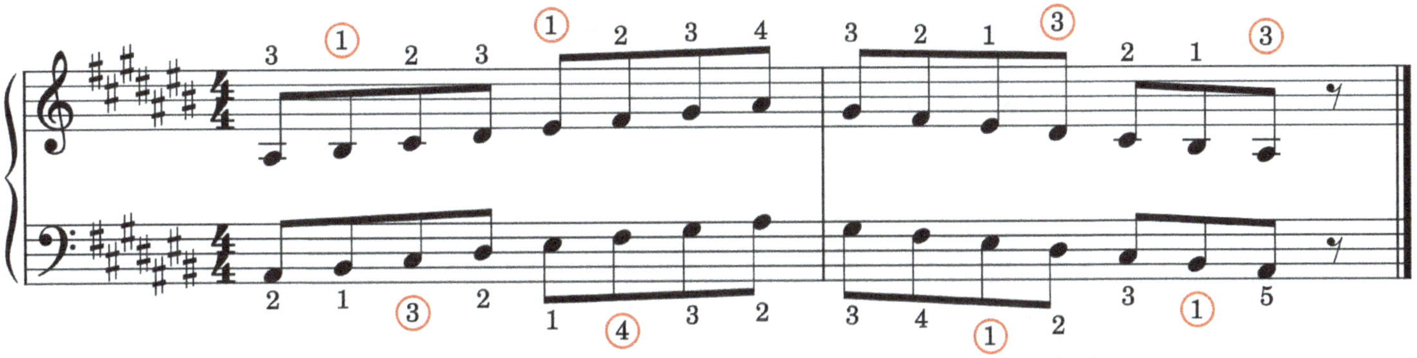

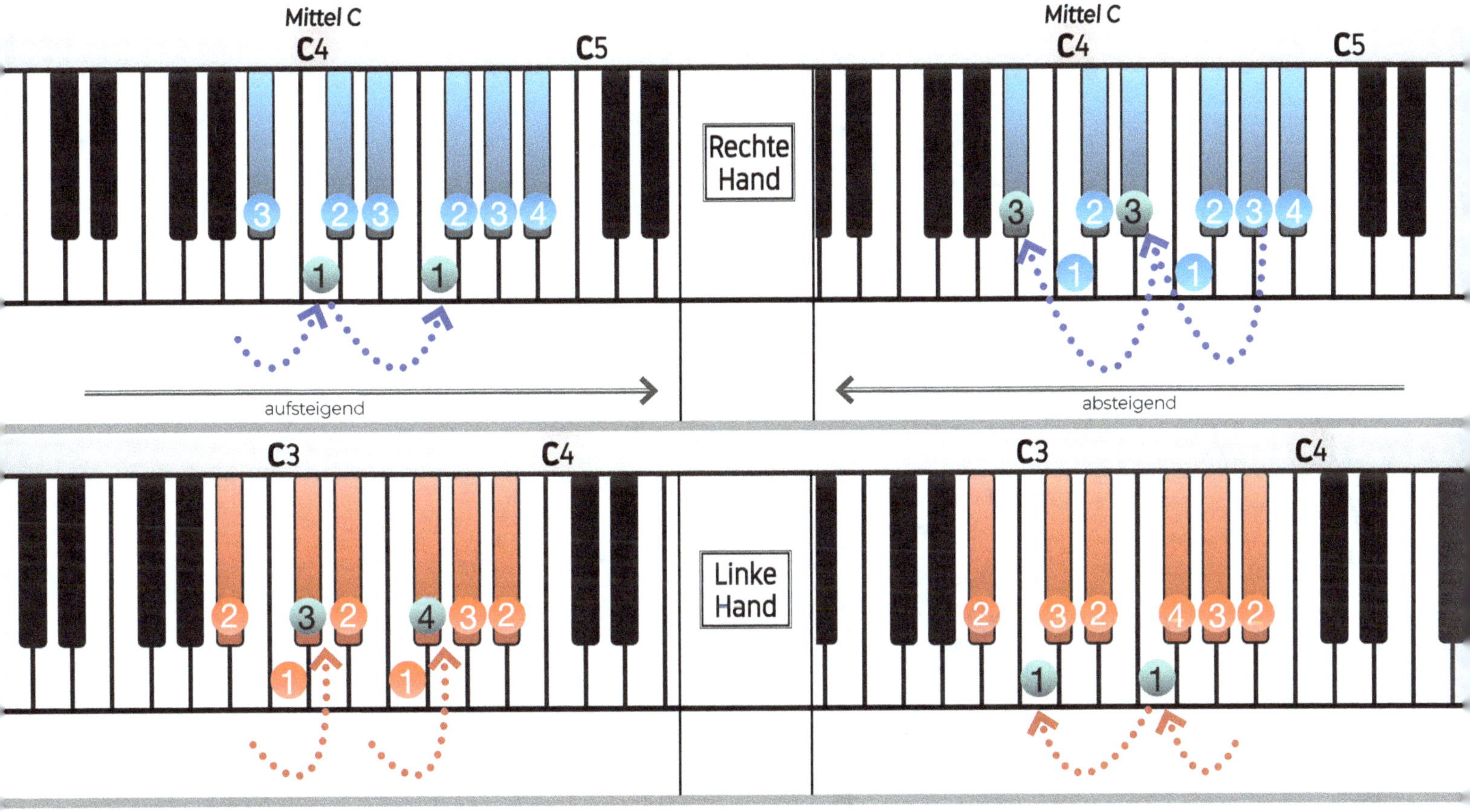

Mittel C
C4
C5

Rechte Hand

aufsteigend
absteigend

Mittel C
C4
C5

C3
C4

Linke Hand

C3
C4

Grundakkord:
Ais -Moll Akkord (Ais, Cis, Eis)
--> Ais ist der Grundton

Der Grundton der Ais-Moll Skala ist Ais

Ais -Moll
Akkorde & Umkehrungen

Umkehrung: (andere Note im Bass des Akkords)
1. Umkehrung --- > Cis als tiefster Ton
2. Umkehrung --- > Eis als tiefster Ton

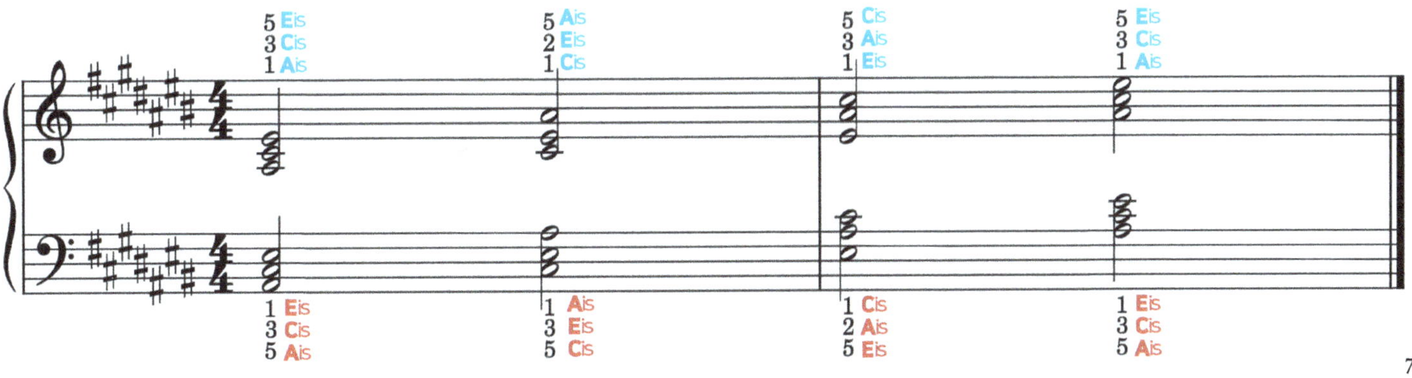

5 Eis
3 Cis
1 Ais

5 Ais
2 Eis
1 Cis

5 Cis
3 Ais
1 Eis

5 Eis
3 Cis
1 Ais

1 Eis
3 Cis
5 Ais

1 Ais
3 Eis
5 Cis

1 Cis
2 Ais
5 Eis

1 Eis
3 Cis
5 Ais

# MOLL - TONLEITERN

GEGEN DEN **UHRZEIGERSINN**

D-Moll (1 B)  ---> As-Moll (7 Bs)

**VORZEICHEN TONART**

( *Anzahl an Bs, erhöht sich um* ♭+1 )
( *Anzahl Kreuze, senkt sich um* ♯ -1 )

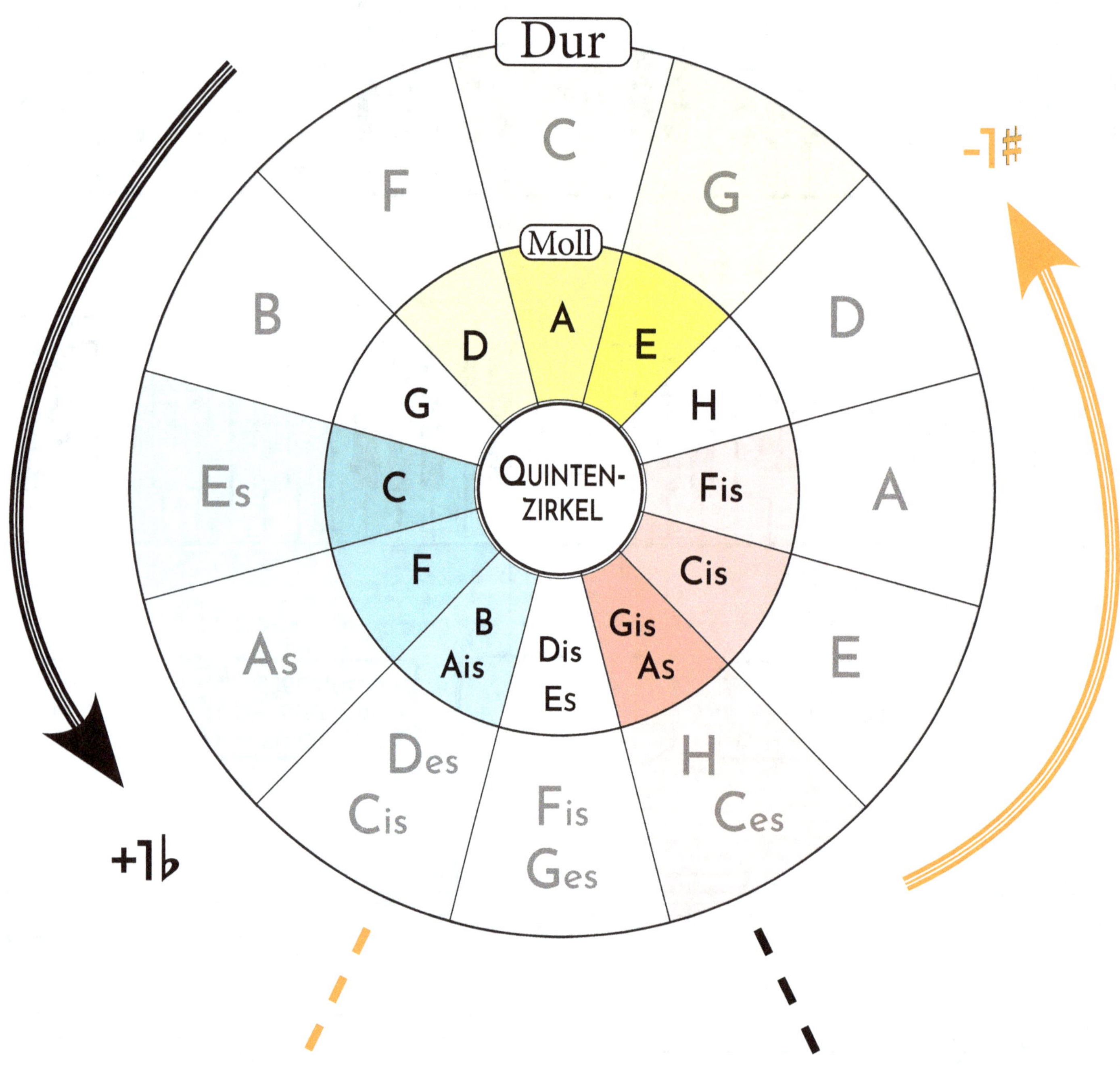

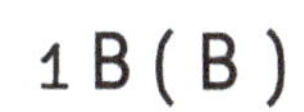


Noten der Tonleiter:
D, E, F, G, A, B, C
D -Moll
1 Oktave
Linke Hand
Tonart:
1 B ( B ) 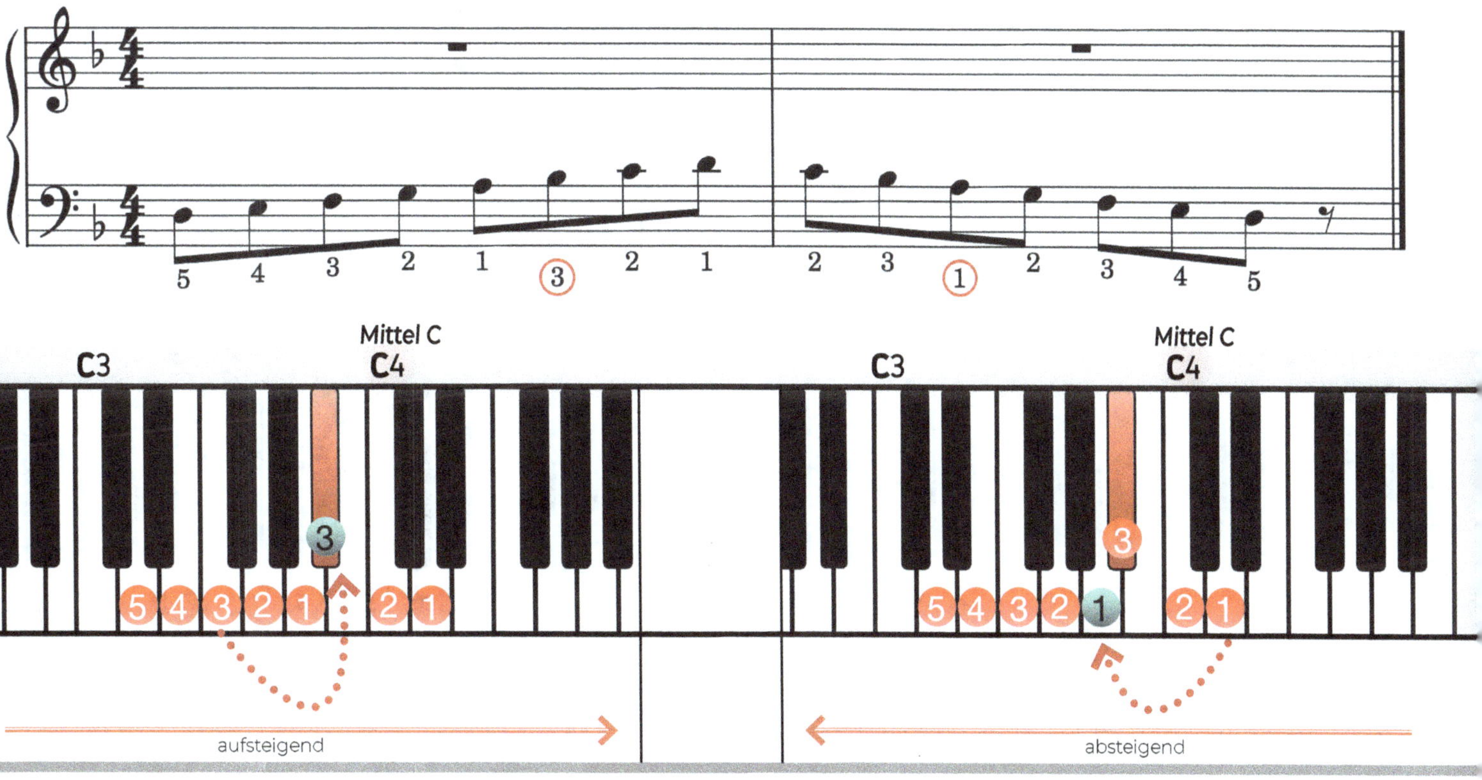
C3
Mittel C
C4
5 4 3 2 1 3
3 2 1
aufsteigend
C3
Mittel C
C4
5 4 3 2 1
3
2 1
absteigend
5 4 3 2 1 3 2 1
2 3 1 2 3 4 5
Paralleltonart:
F - Dur
D -Moll
2 Oktaven
Linke Hand
Übungs Tipps
I...... Spiele zehn mal; Übe in staccato & legato
II...... 1 & 2 Oktaven spielen; Beachte Vorzeichen
III..... Metronom benutzen; Setze mehrere Tempi
4 3 2 1 3 2 1 2
3 1 2 3 4 1 2 3
5 4 3 2 1 3 2 1
1 2 3 4 5
Mittel C
C4
C5
C3
Mittel C
C4
C5
5 4 3 2 1 2 1 4 3 2 1 2 1
3 3
aufsteigend
5 4 3 2 1 1 4 3 2 1 2 1
3 3
absteigend

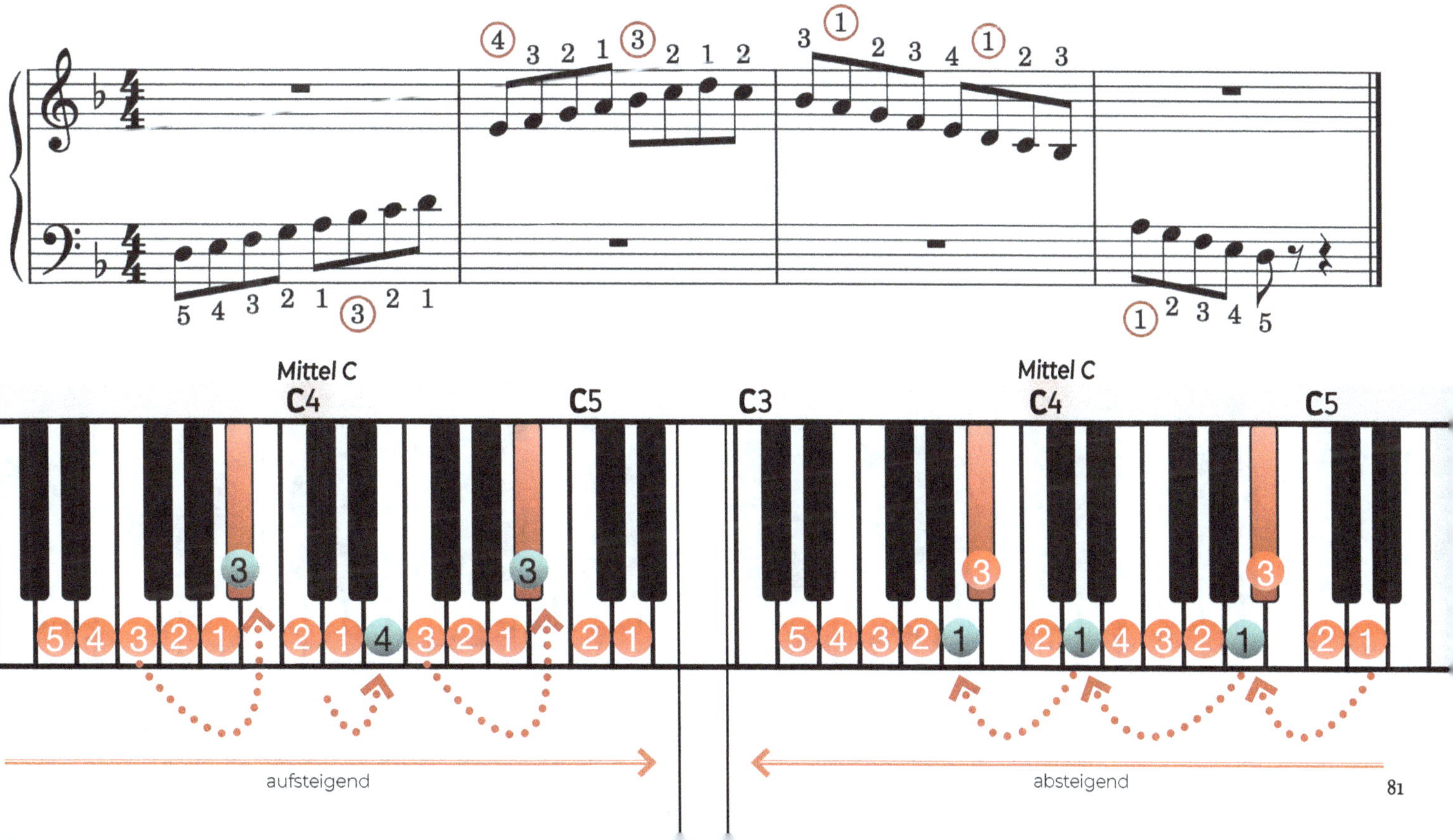

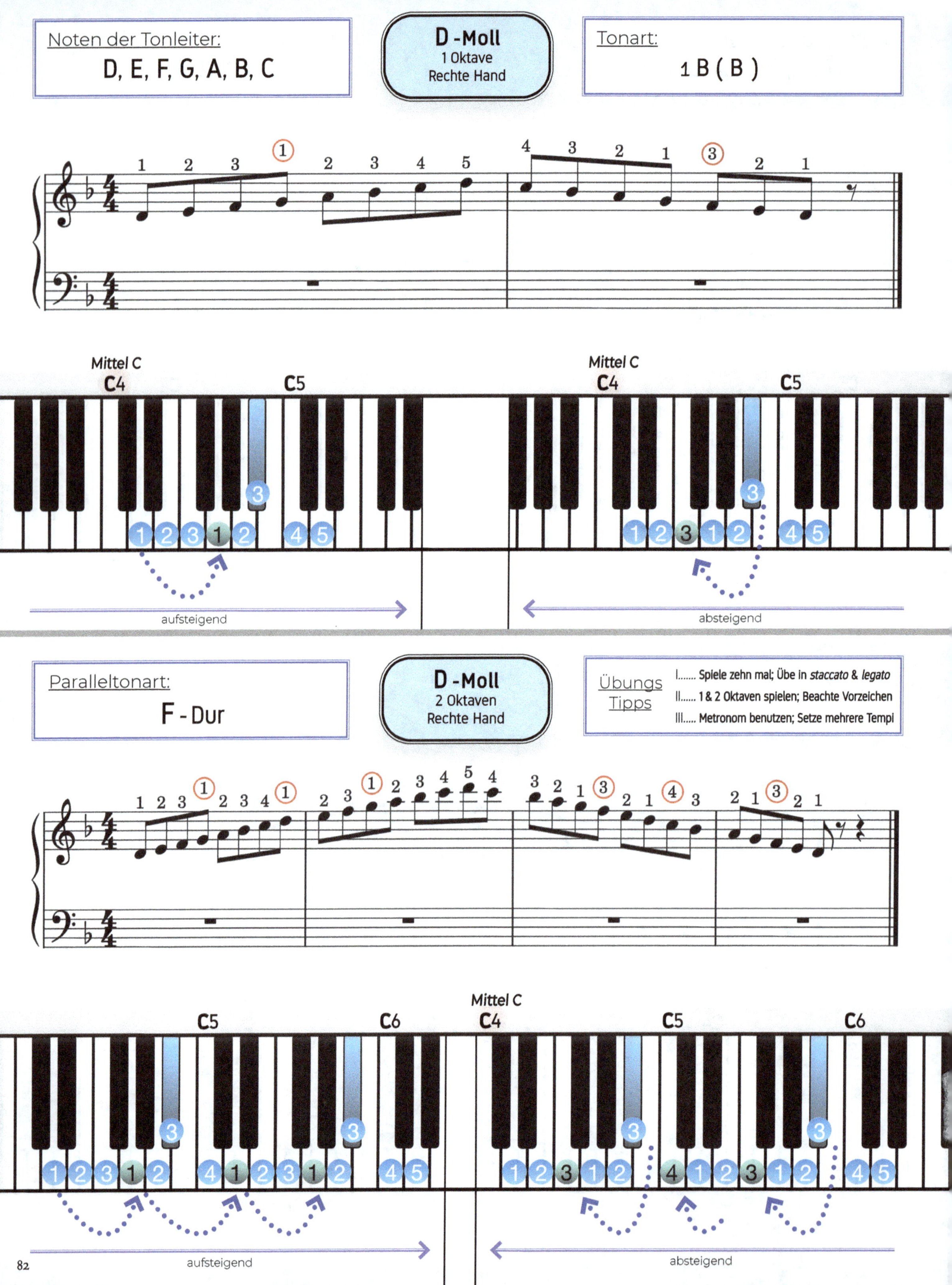

Noten der Tonleiter:
D, E, F, G, A, B, C
D -Moll
1 Oktave
Rechte Hand
Tonart:
1 B ( B )
Mittel C
C4
C5
3
1 2 3 1 2 4 5
aufsteigend
Mittel C
C4
C5
3
1 2 3 1 2 4 5
absteigend
Paralleltonart:
F - Dur
D -Moll
2 Oktaven
Rechte Hand
Übungs Tipps
I....... Spiele zehn mal; Übe in staccato & legato
II...... 1 & 2 Oktaven spielen; Beachte Vorzeichen
III..... Metronom benutzen; Setze mehrere Tempi
C5
C6
Mittel C
C4
C5
C6
3
3
3
3
1 2 3 1 2 4 1 2 3 1 2 4 5
1 2 3 1 2 3 1 2 3 1 2 4 5
aufsteigend
absteigend
82

Noten der Tonleiter:
D, E, F, G, A, B, C

D -Moll
1 Oktave
Beide Hände

Tonart:
1 B ( B )

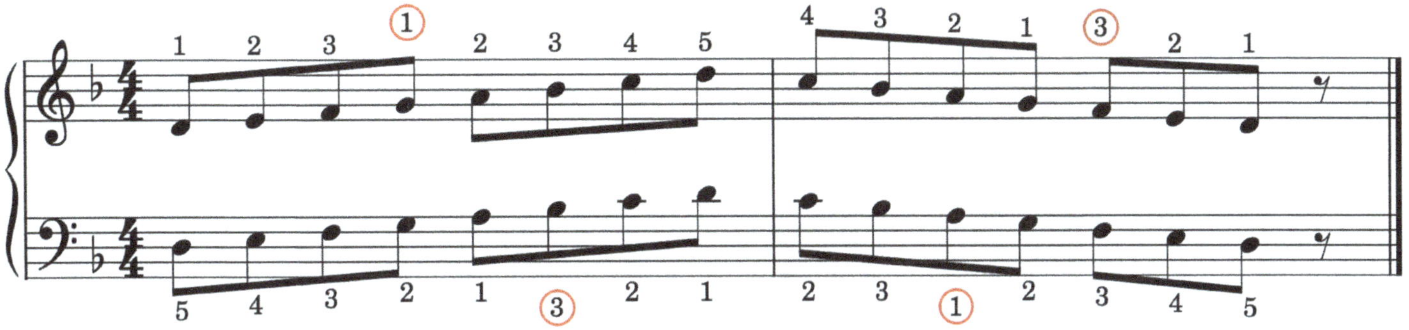

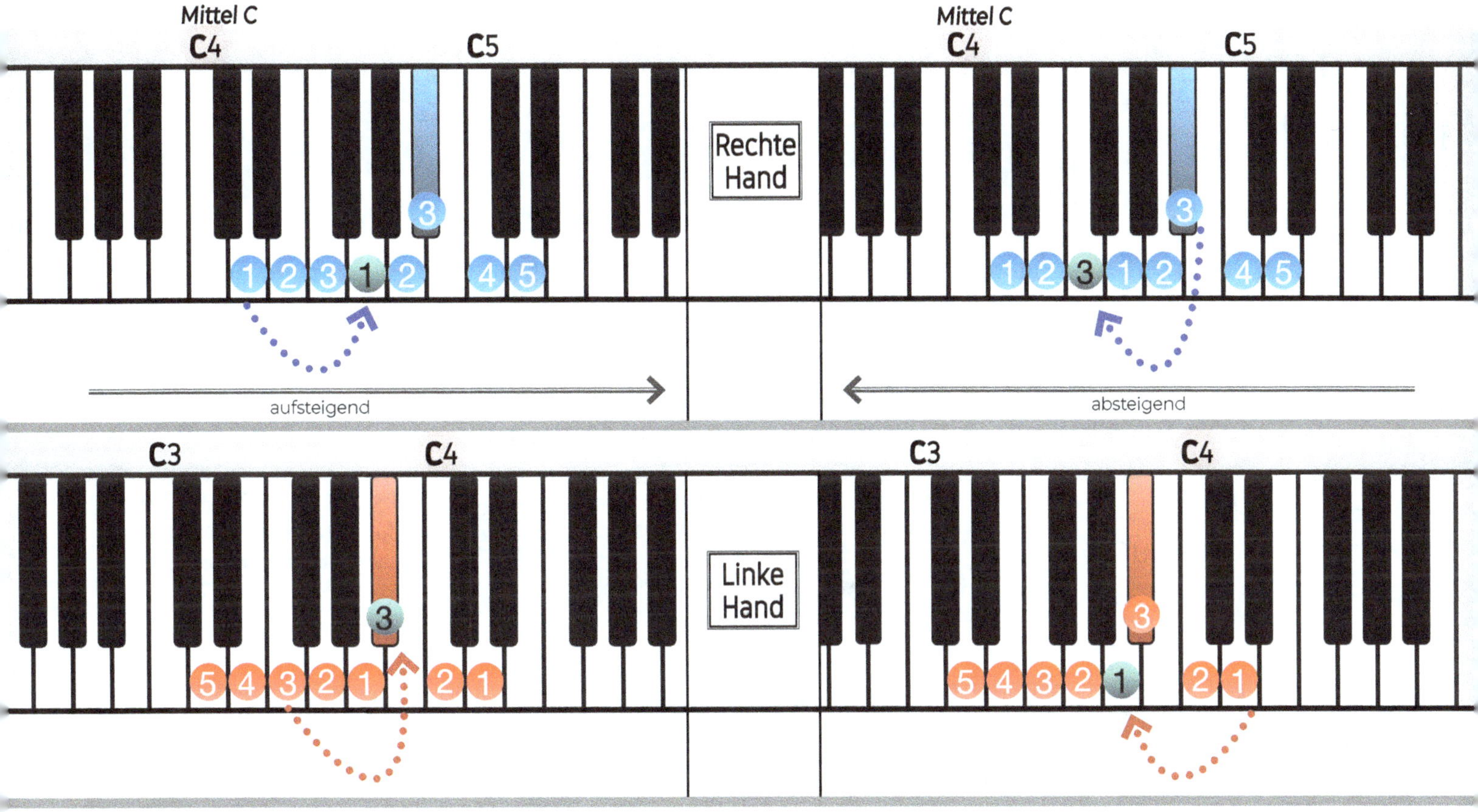

Rechte Hand
Mittel C
C4
C5
aufsteigend
absteigend

Linke Hand
C3
C4

Grundakkord:
D-Moll Akkord ( D, F, A )
--->D ist der Grundton
Der Grundton
der D-Moll
Skala ist D

D -Moll
Akkorde &
Umkehrungen

Umkehrung: (andere Note im Bass des Akkords)
1. Umkehrung --- > F als tiefster Ton
2. Umkehrung --- > A als tiefster Ton

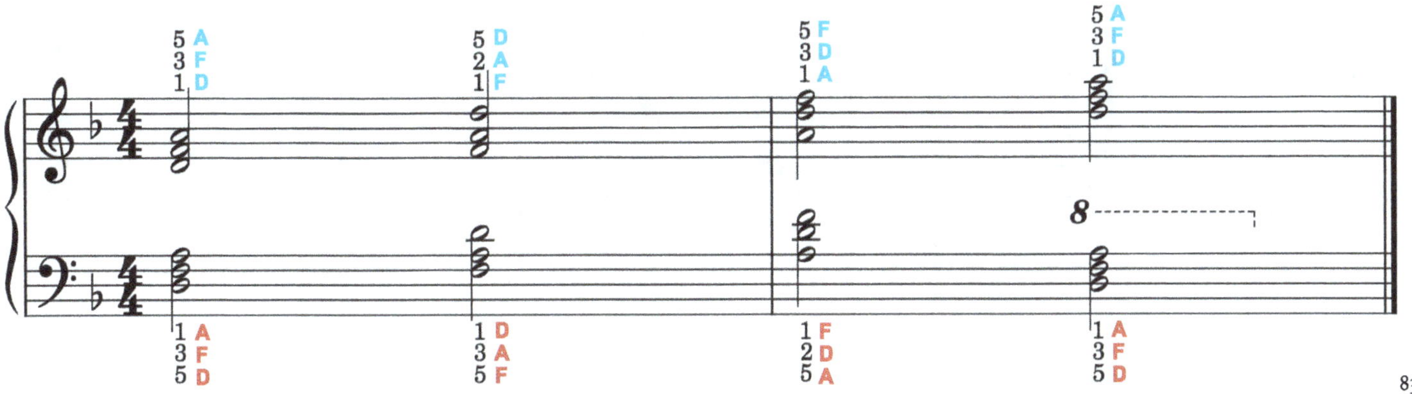

Noten der Tonleiter:
G, A, B, C, D, Es, F
G -Moll
1 Oktave
Linke Hand
Tonart:
2 Bs ( B , Es ) 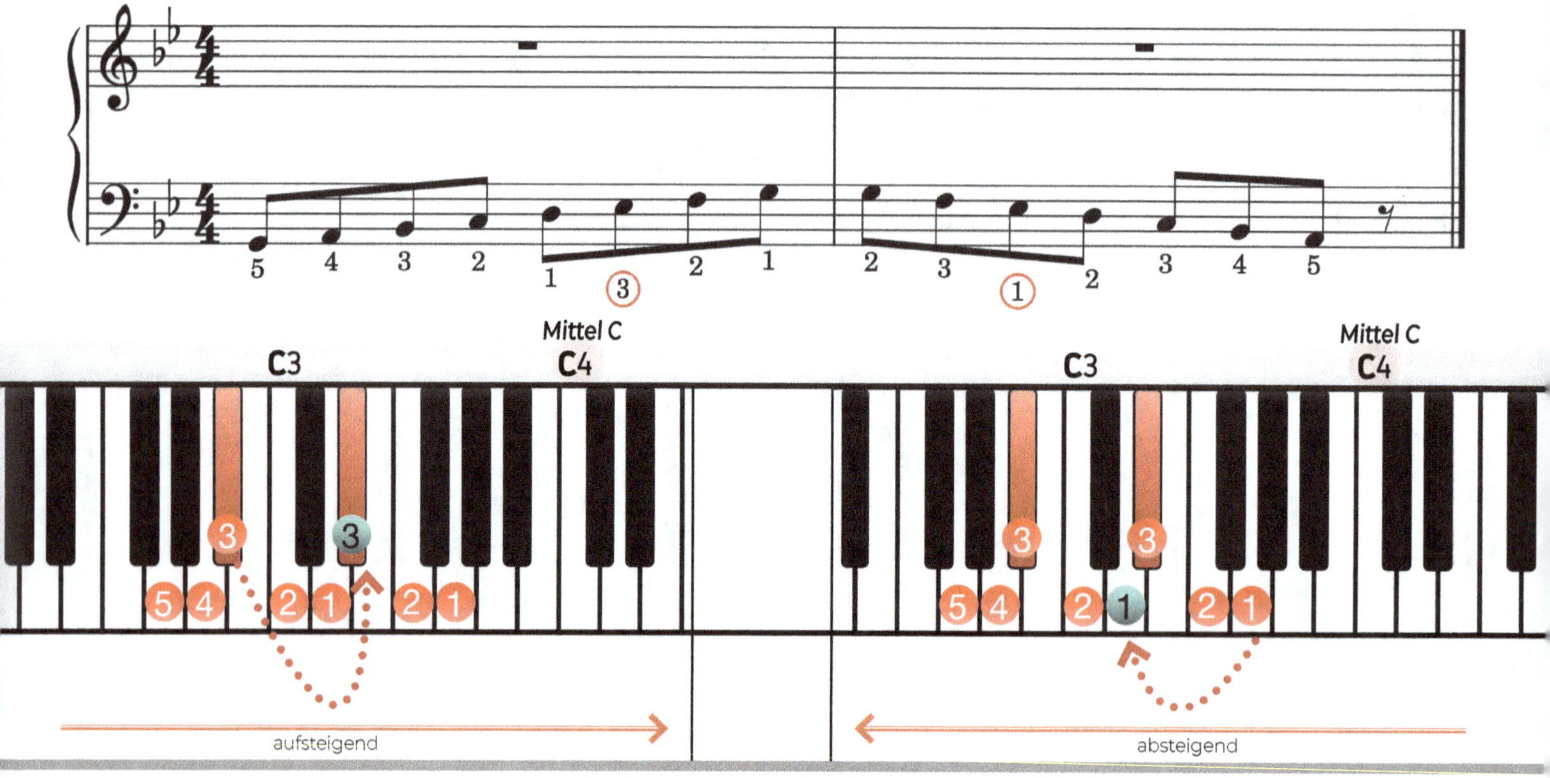
Mittel C
C3
C4
3
3
5 4 2 1 2 1
aufsteigend
Mittel C
C3
C4
3
3
5 4 2 1 2 1
absteigend
Paralleltonart:
B - Dur
G -Moll
2 Oktaven
Linke Hand
Übungs Tipps
I....... Spiele zehn mal; Übe in staccato & legato
II...... 1 & 2 Oktaven spielen; Beachte Vorzeichen
III..... Metronom benutzen; Setze mehrere Tempi
3 2 1 2 3 1 2 3
5 4 3 2 1 3 2 1 4 3 2 1
4 1 2 3 1 2 3 4 5
Mittel C
C3
C4
3 3 3 3
5 4 2 1 2 1 4 2 1 2 1
aufsteigend
Mittel C
C3
C4
3 3 3 3
5 4 2 1 2 1 4 2 1 2 1
absteigend

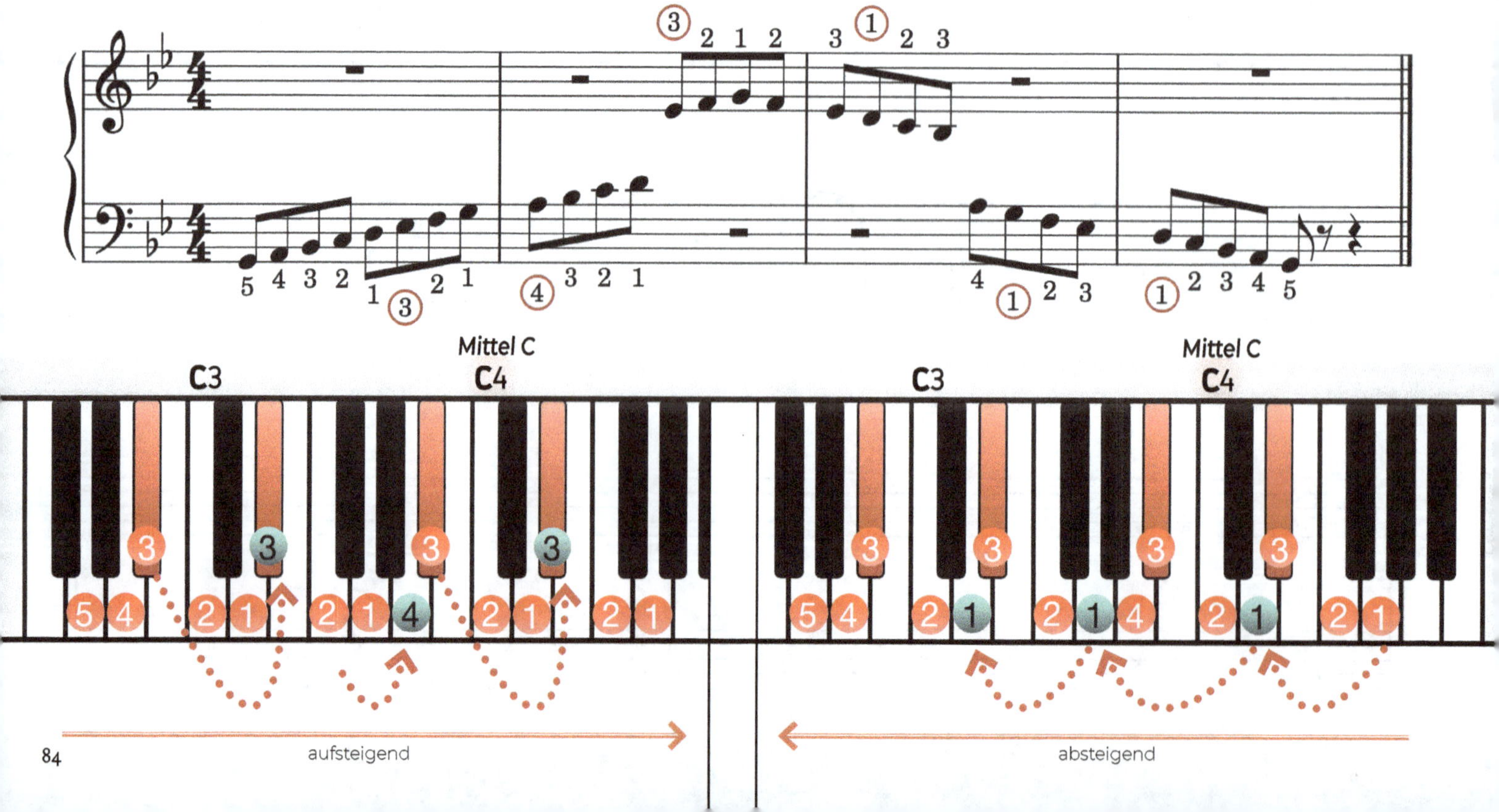

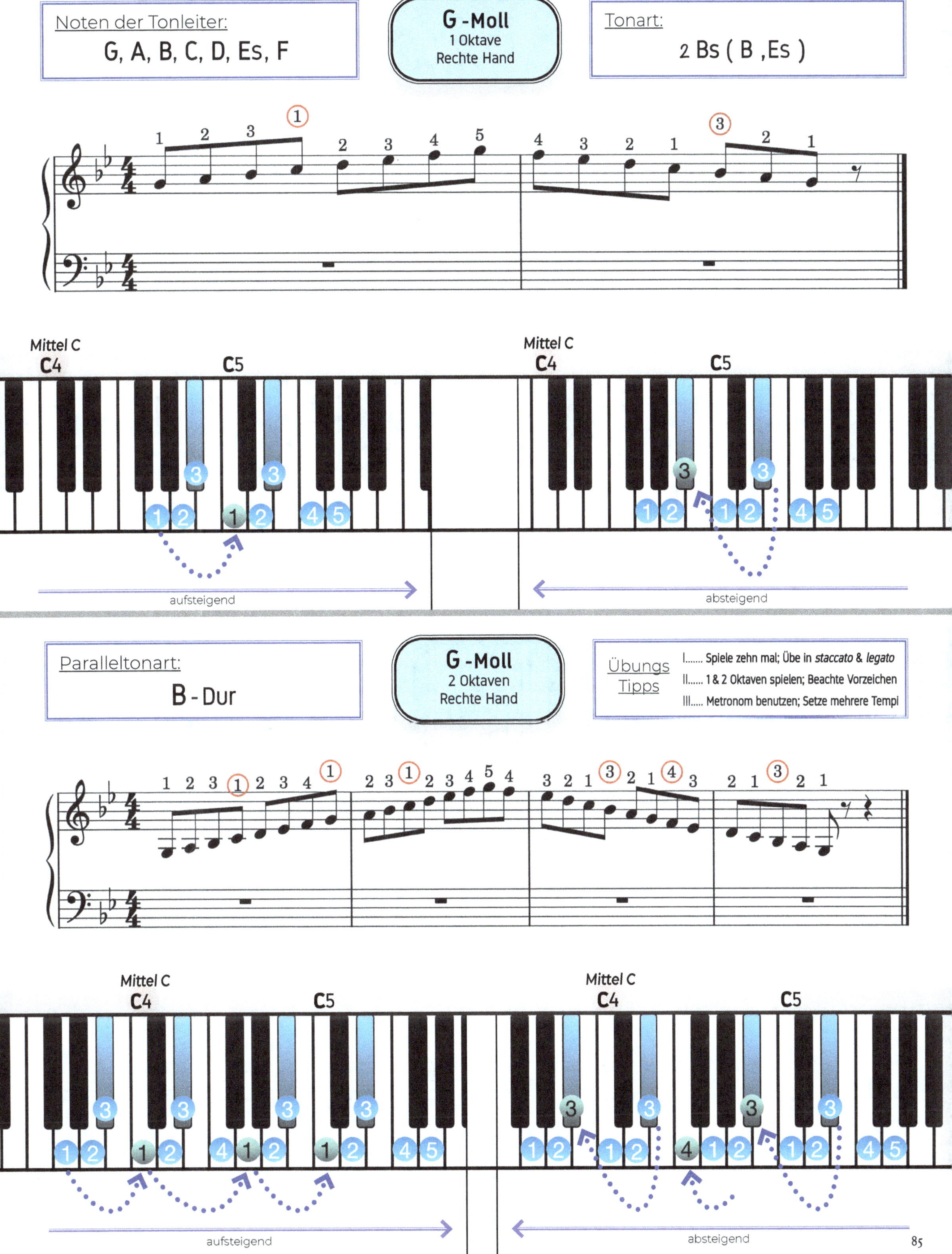

Noten der Tonleiter:
G, A, B, C, D, Es, F
G -Moll
1 Oktave
Rechte Hand
Tonart:
2 Bs ( B ,Es )
Mittel C
C4
C5
Mittel C
C4
C5
aufsteigend
absteigend
Paralleltonart:
B - Dur
G -Moll
2 Oktaven
Rechte Hand
Übungs Tipps
I....... Spiele zehn mal; Übe in staccato & legato
II...... 1 & 2 Oktaven spielen; Beachte Vorzeichen
III..... Metronom benutzen; Setze mehrere Tempi
Mittel C
C4
C5
Mittel C
C4
C5
aufsteigend
absteigend
85

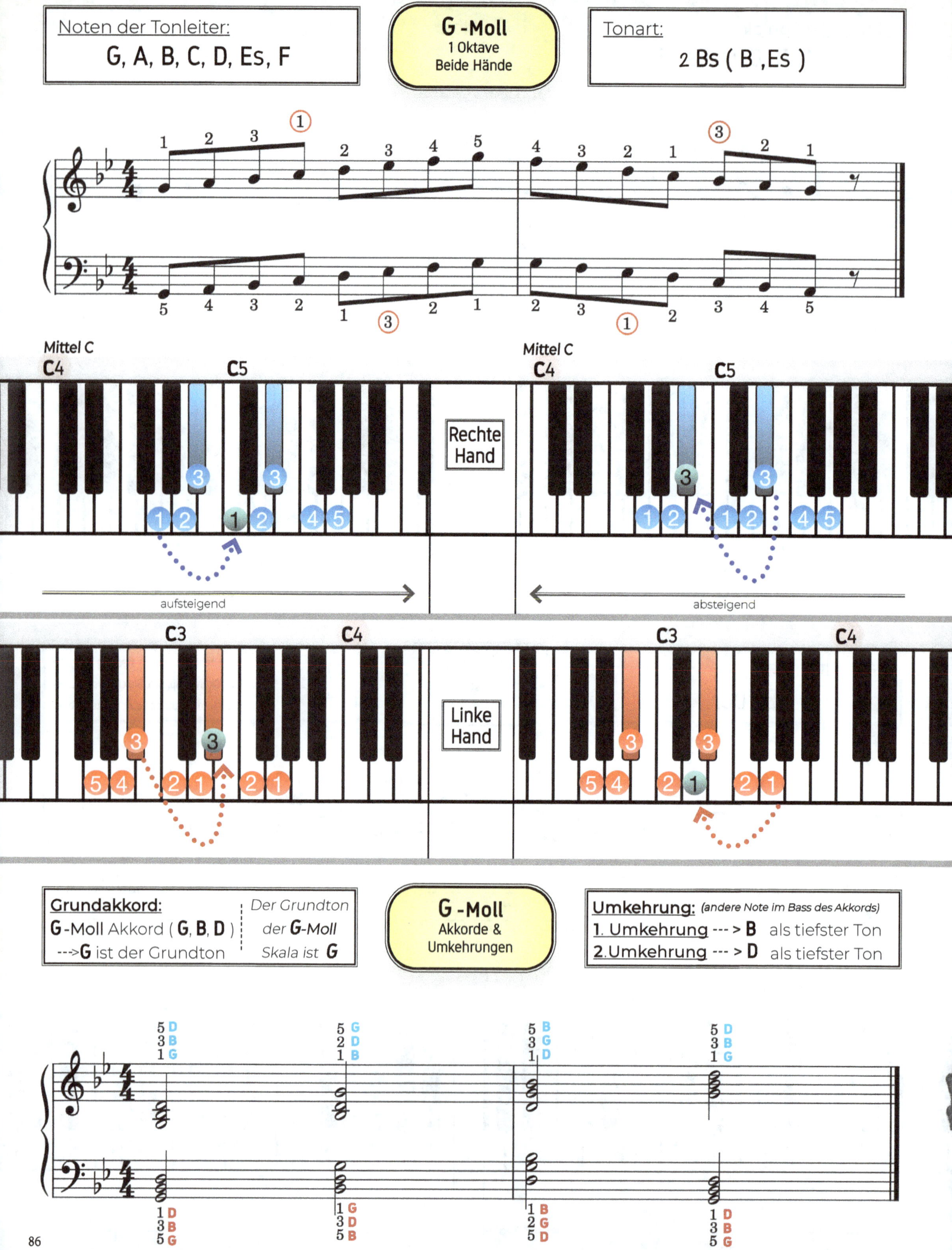

Noten der Tonleiter:
G, A, B, C, D, Es, F

G -Moll
1 Oktave
Beide Hände

Tonart:
2 Bs ( B , Es )

Mittel C
C4
C5
Rechte Hand
aufsteigend
absteigend

C3
C4
Linke Hand

Grundakkord:
G -Moll Akkord ( G, B, D )
--->G ist der Grundton
Der Grundton der G-Moll Skala ist G

G -Moll
Akkorde &
Umkehrungen

Umkehrung: (andere Note im Bass des Akkords)
1. Umkehrung --- > B als tiefster Ton
2. Umkehrung --- > D als tiefster Ton

5 D
3 B
1 G

5 G
2 D
1 B

5 B
3 G
1 D

5 D
3 B
1 G

1 D
3 B
5 G

1 G
3 D
5 B

1 B
2 G
5 D

1 D
3 B
5 G

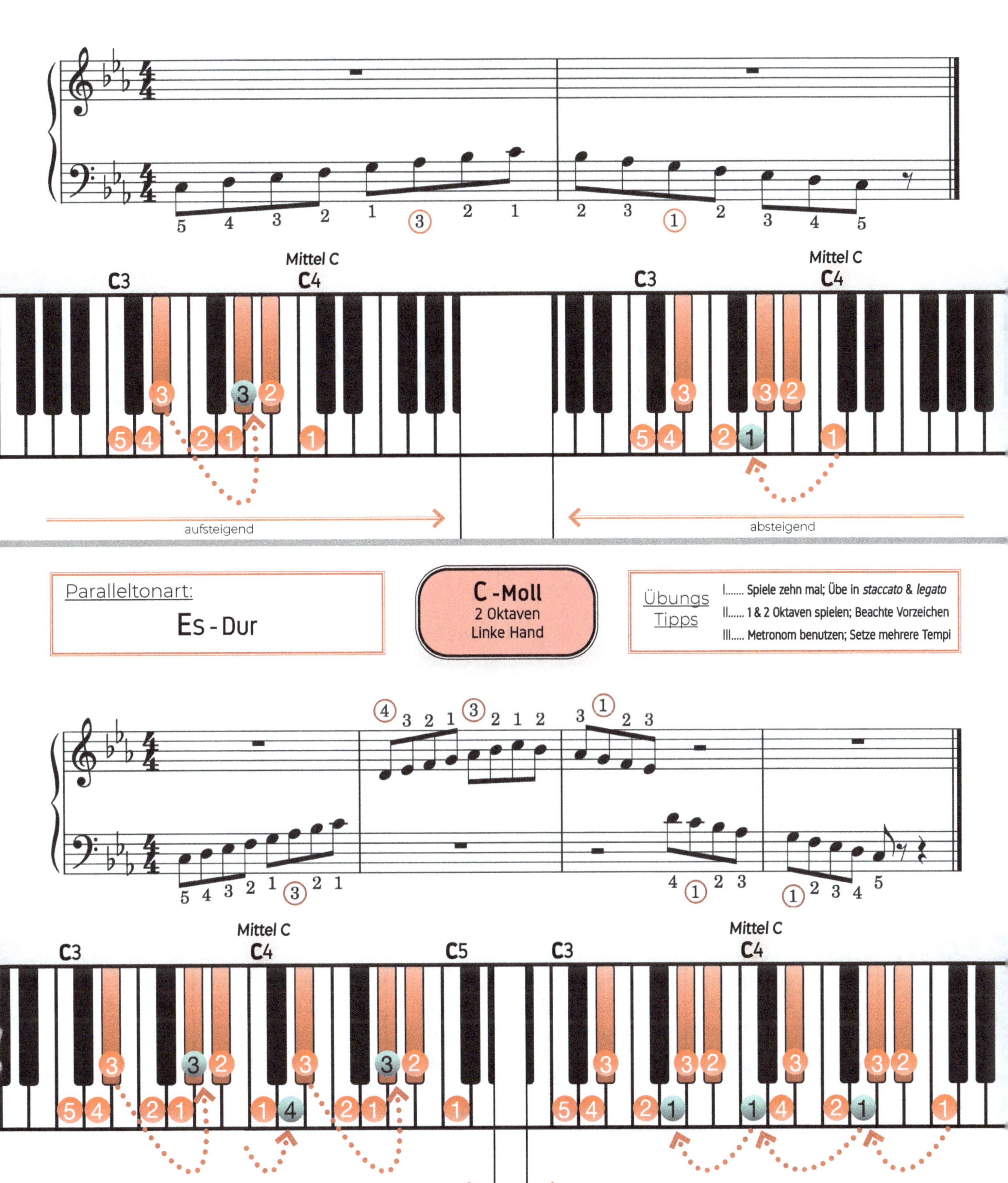
Noten der Tonleiter:
C, D, Es, F, G, As, B
C -Moll
1 Oktave
Linke Hand
Tonart:
3 Bs ( B, Es, As )
5 4 3 2 1 3 2 1 2 3 1 2 3 4 5
Mittel C
C4
C3
3 3 2
5 4 2 1 1
Mittel C
C4
C3
3 3 2
5 4 2 1 1
aufsteigend
absteigend
Paralleltonart:
Es - Dur
C -Moll
2 Oktaven
Linke Hand
Übungs Tipps
I....... Spiele zehn mal; Übe in staccato & legato
II...... 1 & 2 Oktaven spielen; Beachte Vorzeichen
III..... Metronom benutzen; Setze mehrere Tempi
4 3 2 1 3 2 1 2 3 1 2 3
5 4 3 2 1 3 2 1 4 1 2 3 1 2 3 4 5
Mittel C
C4
C3
C5
Mittel C
C4
C3
3 3 2 3 3 2
5 4 2 1 1 4 2 1
3 3 2 3 3 2
5 4 2 1 1 4 2 1 1
aufsteigend
absteigend

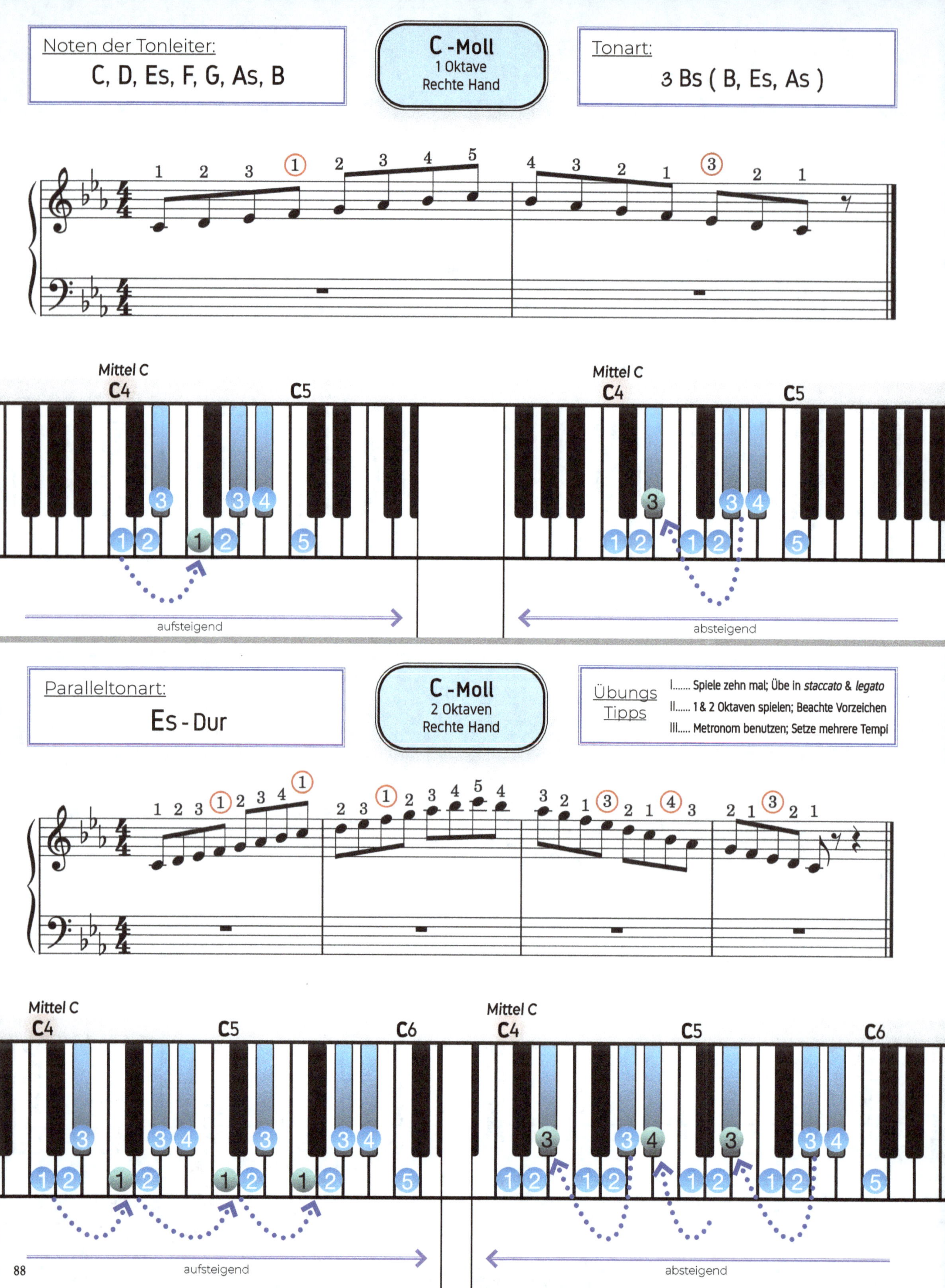

Noten der Tonleiter:
C, D, Es, F, G, As, B
C -Moll
1 Oktave
Rechte Hand
Tonart:
3 Bs ( B, Es, As )
Mittel C
C4
C5
1 2 3 1 2 3 4 5
4 3 2 1 3 2 1
Mittel C
C4
C5
3
3 4
1 2
1 2
5
aufsteigend
absteigend
Paralleltonart:
Es - Dur
C -Moll
2 Oktaven
Rechte Hand
Übungs Tipps
I....... Spiele zehn mal; Übe in staccato & legato
II...... 1 & 2 Oktaven spielen; Beachte Vorzeichen
III..... Metronom benutzen; Setze mehrere Tempi
1 2 3 1 2 3 4 1
2 3 1 2 3 4 5 4
3 2 1 3 2 1 4 3
2 1 3 2 1
Mittel C
C4
C5
C6
Mittel C
C4
C5
C6
aufsteigend
absteigend
88

**Grundakkord:**
C-Moll Akkord ( C, Es, G)
---> C ist der Grundton

*Der Grundton der C-Moll Skala ist C*

C -Moll
Akkorde &
Umkehrungen

**Umkehrung:** *(andere Note im Bass des Akkords)*
1. Umkehrung --- > Es als tiefster Ton
2. Umkehrung --- > G als tiefster Ton

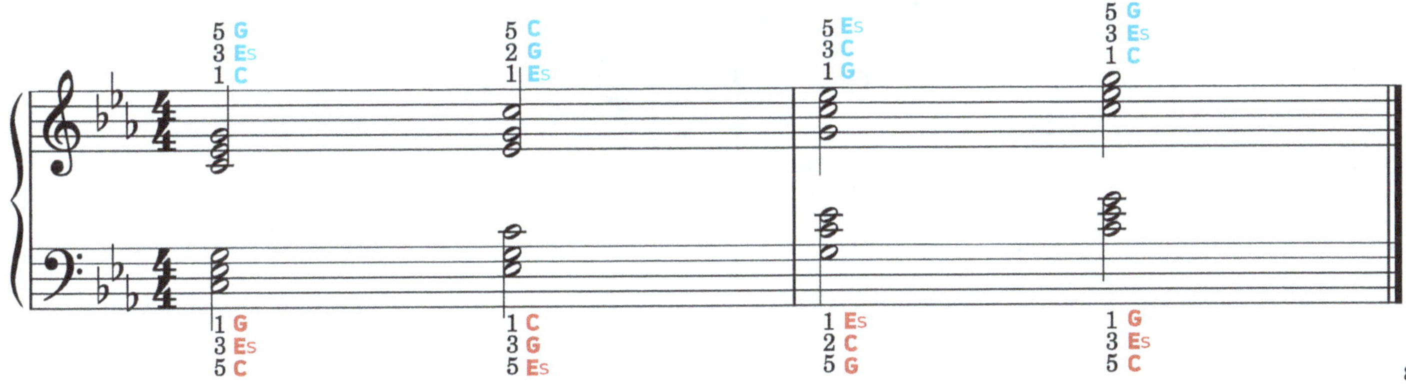

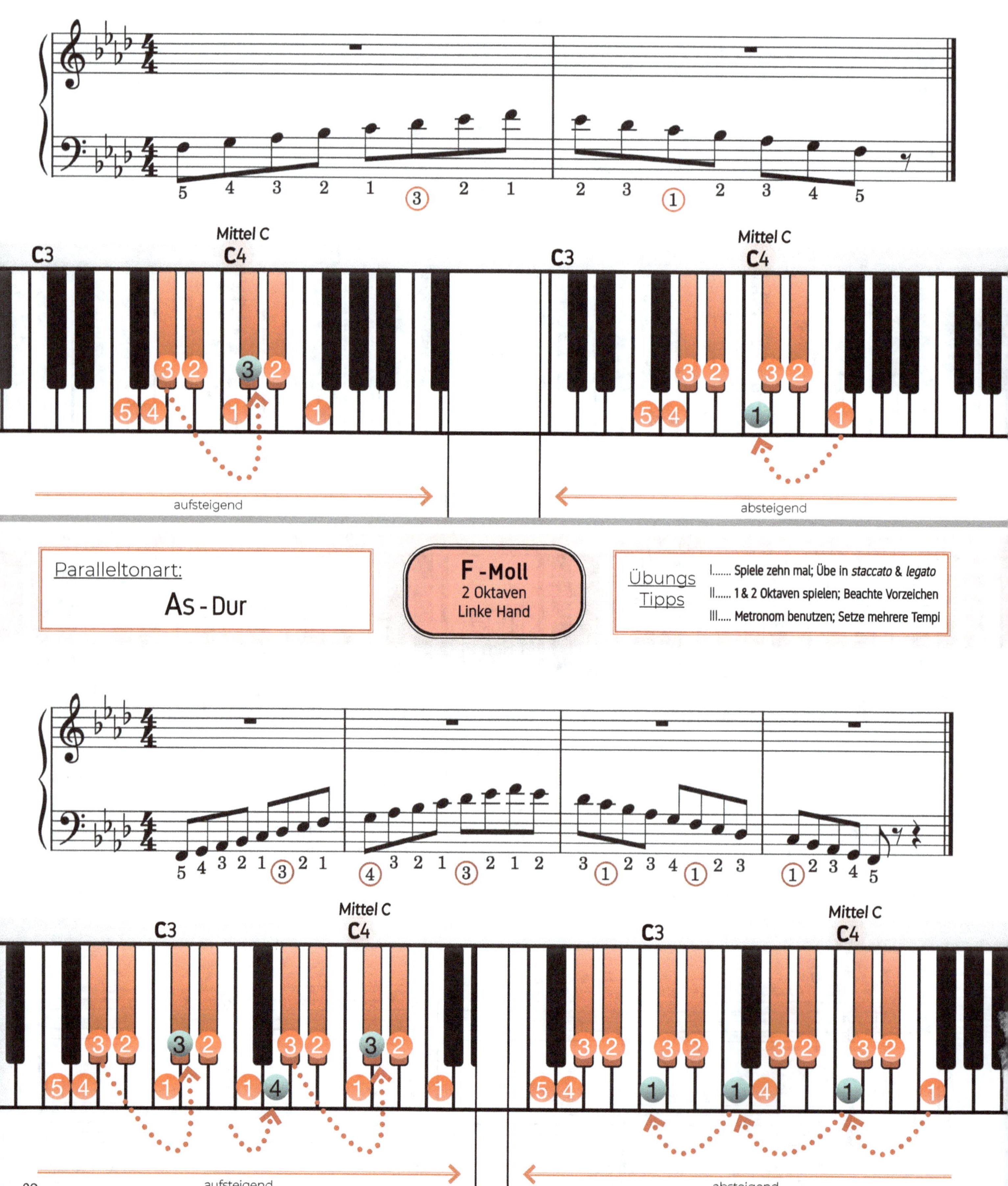

Noten der Tonleiter:
F, G, As, B, C, Des, Es
F -Moll
1 Oktave
Linke Hand
Tonart:
4 Bs ( B, Es ,As ,Des )
C3
Mittel C
C4
C3
Mittel C
C4
5 4 3 2 1 3 2 1
2 3 1 2 3 4 5
3 2 3 2 1 1 1
5 4
3 2 3 2 1 1
5 4 1
aufsteigend
absteigend
Paralleltonart:
As - Dur
F -Moll
2 Oktaven
Linke Hand
Übungs Tipps
I....... Spiele zehn mal; Übe in staccato & legato
II....... 1 & 2 Oktaven spielen; Beachte Vorzeichen
III..... Metronom benutzen; Setze mehrere Tempi
5 4 3 2 1 3 2 1
4 3 2 1 3 2 1 2
3 1 2 3 4 1 2 3
1 2 3 4 5
C3
Mittel C
C4
C3
Mittel C
C4
3 2 3 2 3 2 3 2
5 4 1 1 1 1
3 2 3 2 3 2 3 2
5 4 1 1 4 1 1
aufsteigend
absteigend

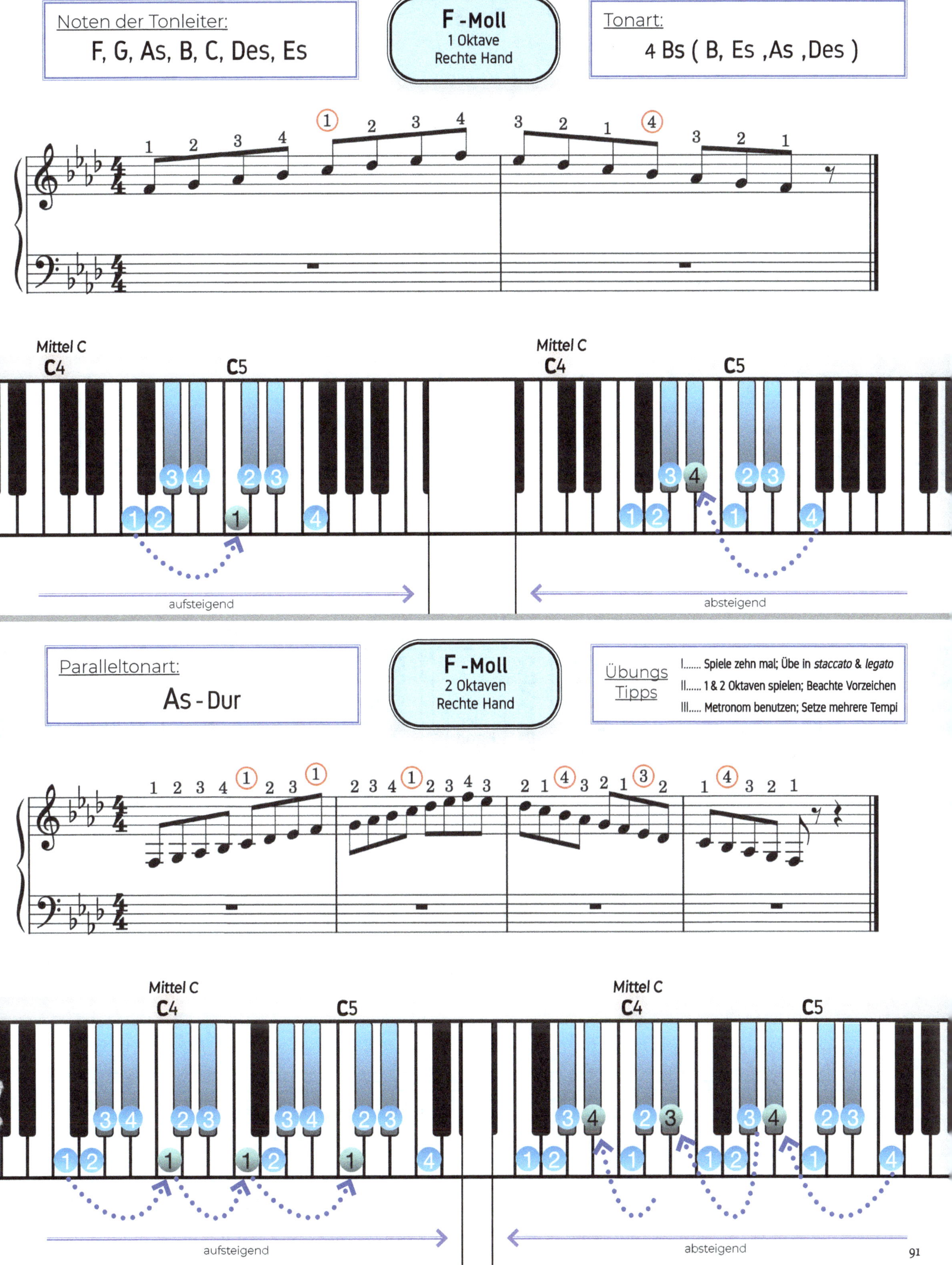

Noten der Tonleiter:
F, G, As, B, C, Des, Es
F -Moll
1 Oktave
Rechte Hand
Tonart:
4 Bs ( B, Es ,As ,Des )
Mittel C
C4
C5
aufsteigend
absteigend
Paralleltonart:
As - Dur
F -Moll
2 Oktaven
Rechte Hand
Übungs Tipps
I....... Spiele zehn mal; Übe in staccato & legato
II...... 1 & 2 Oktaven spielen; Beachte Vorzeichen
III..... Metronom benutzen; Setze mehrere Tempi
Mittel C
C4
C5
aufsteigend
absteigend
91

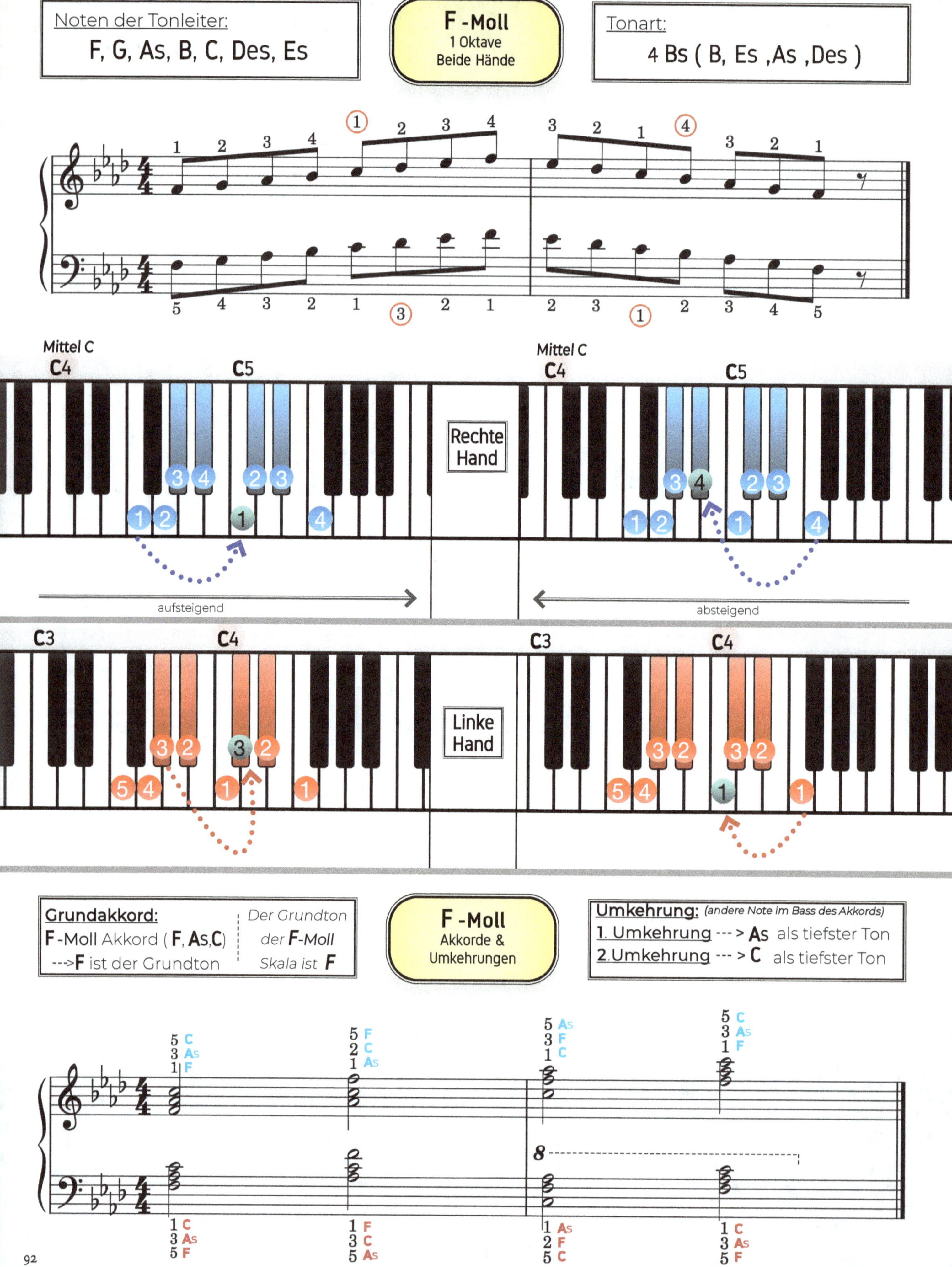

Noten der Tonleiter:
F, G, As, B, C, Des, Es
F -Moll
1 Oktave
Beide Hände
Tonart:
4 Bs ( B, Es ,As ,Des )
Mittel C
C4
C5
Rechte Hand
aufsteigend
absteigend
C3
C4
Linke Hand
Grundakkord:
F-Moll Akkord ( F, As,C)
--->F ist der Grundton
Der Grundton der F-Moll Skala ist F
F -Moll
Akkorde & Umkehrungen
Umkehrung: (andere Note im Bass des Akkords)
1. Umkehrung --- > As als tiefster Ton
2.Umkehrung --- > C als tiefster Ton

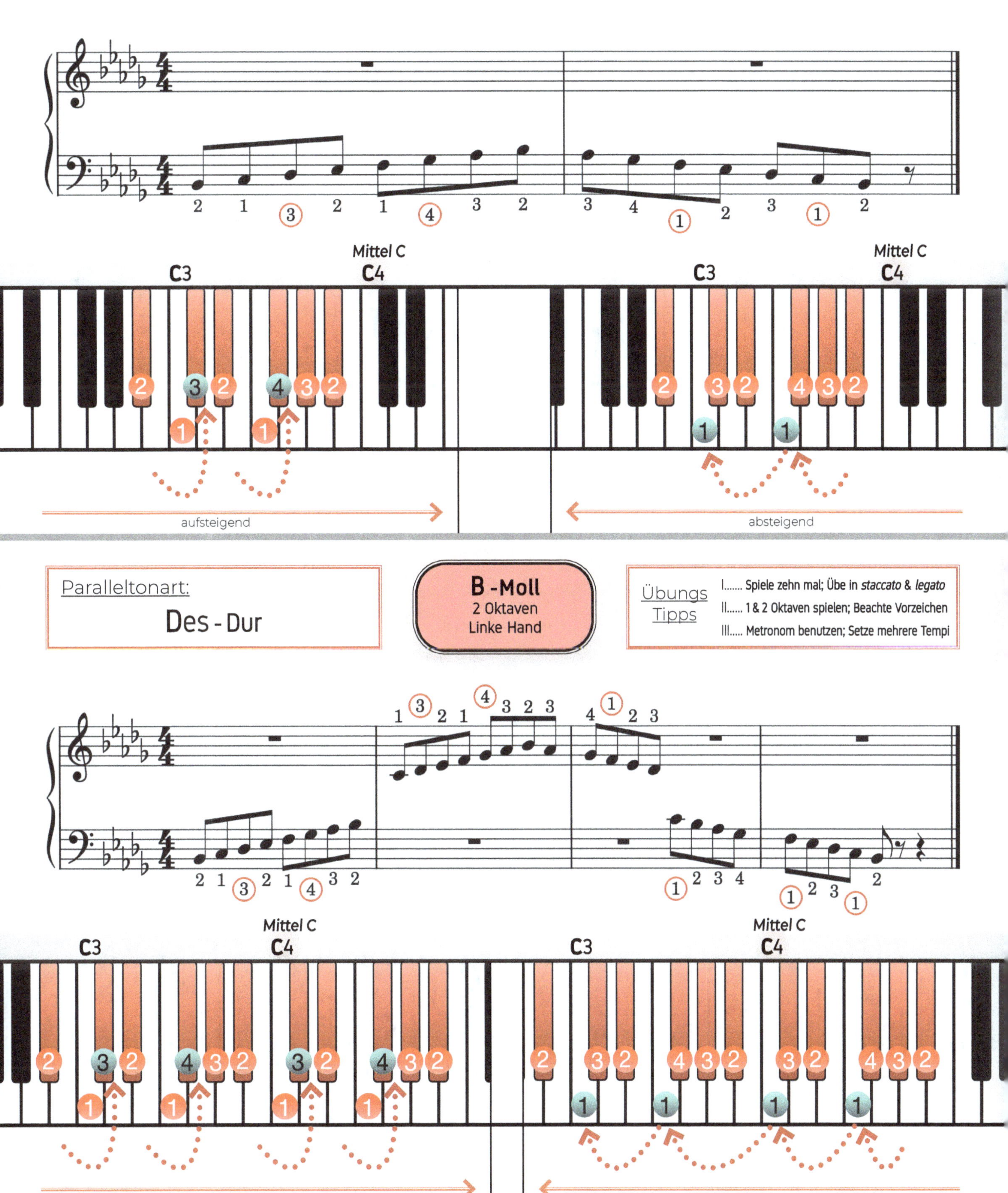

Noten der Tonleiter:
B, C, Des, Es, F, Ges, As
B -Moll
1 Oktave
Linke Hand
Tonart:
5 Bs ( B, Es, As, Des, Ges )
Mittel C
C3
C4
2 1 3 2 1 4 3 2
3 4 1 2 3 1 2
2 3 2 4 3 2
1 1
2 3 2 4 3 2
1 1
aufsteigend
absteigend
Paralleltonart:
Des - Dur
B -Moll
2 Oktaven
Linke Hand
Übungs Tipps
I....... Spiele zehn mal; Übe in staccato & legato
II...... 1 & 2 Oktaven spielen; Beachte Vorzeichen
III..... Metronom benutzen; Setze mehrere Tempi
1 3 2 1 4 3 2 3 4 1 2 3
2 1 3 2 1 4 3 2
1 2 3 4 1 2 3 1 2
Mittel C
C3
C4
2 3 2 4 3 2 3 2 4 3 2
1 1 1 1
2 3 2 4 3 2 3 2 4 3 2
1 1 1 1
aufsteigend
absteigend

Noten der Tonleiter:
B, C, Des, Es, F, Ges, As

B -Moll
1 Oktave
Rechte Hand

Tonart:
5 Bs ( B, Es, As, Des, Ges )

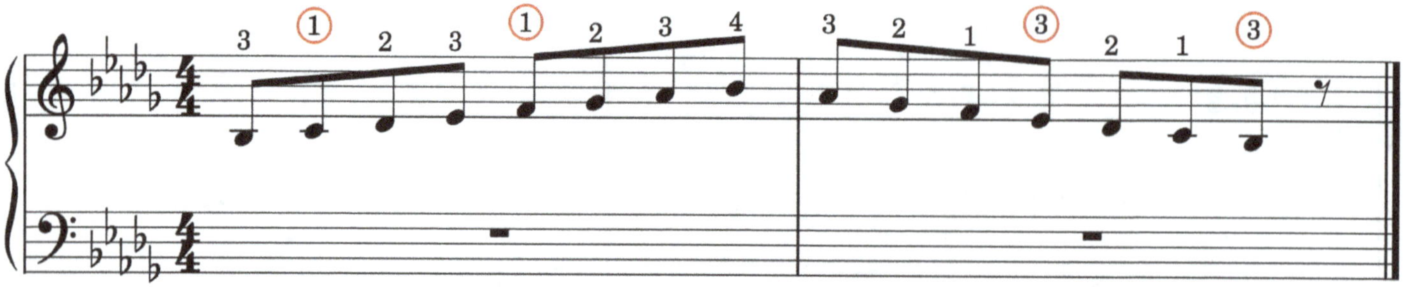

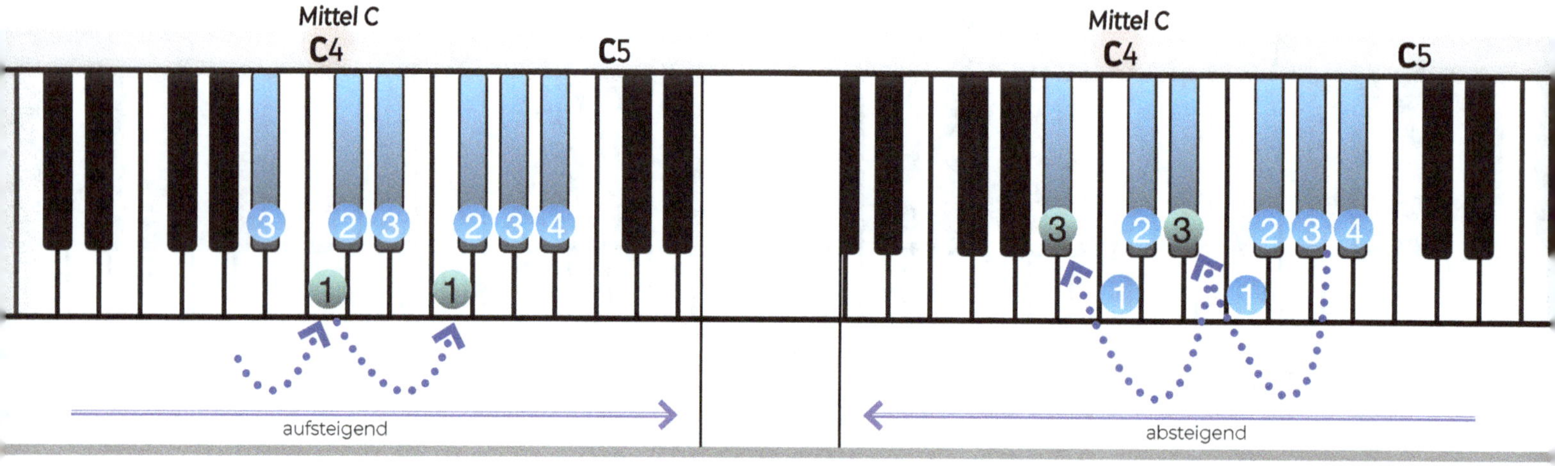

Mittel C
C4
C5
aufsteigend
absteigend

Paralleltonart:
Des - Dur

B -Moll
2 Oktaven
Rechte Hand

Übungs Tipps
I....... Spiele zehn mal; Übe in staccato & legato
II...... 1 & 2 Oktaven spielen; Beachte Vorzeichen
III..... Metronom benutzen; Setze mehrere Tempi

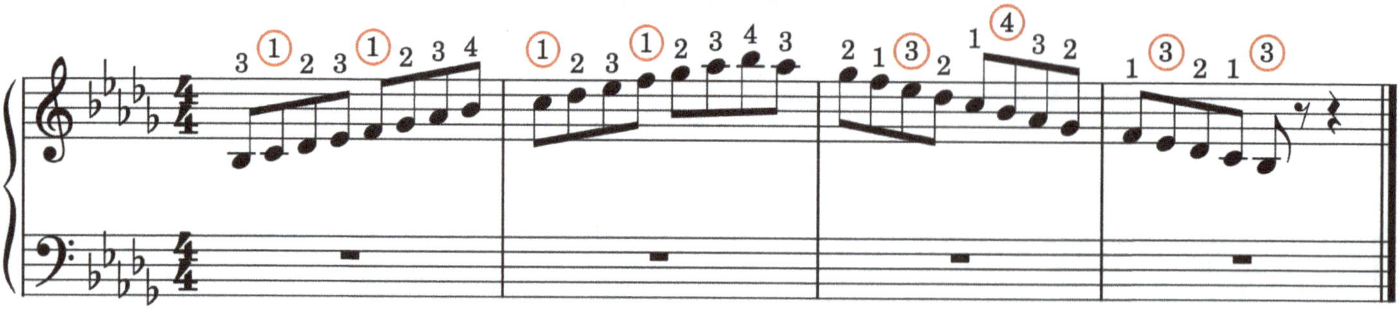

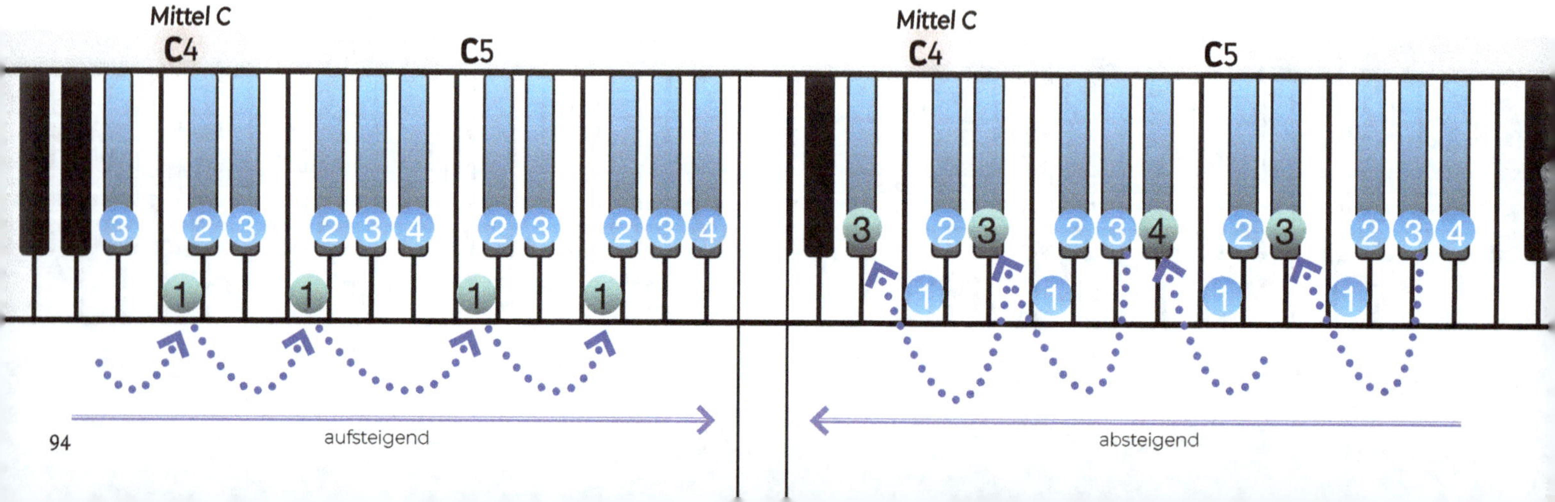

Mittel C
C4
C5
Mittel C
C4
C5
aufsteigend
absteigend

Noten der Tonleiter:
B, C, Des, Es, F, Ges, As

B -Moll
1 Oktave
Beide Hände

Tonart:
5 Bs ( B, Es, As, Des, Ges )

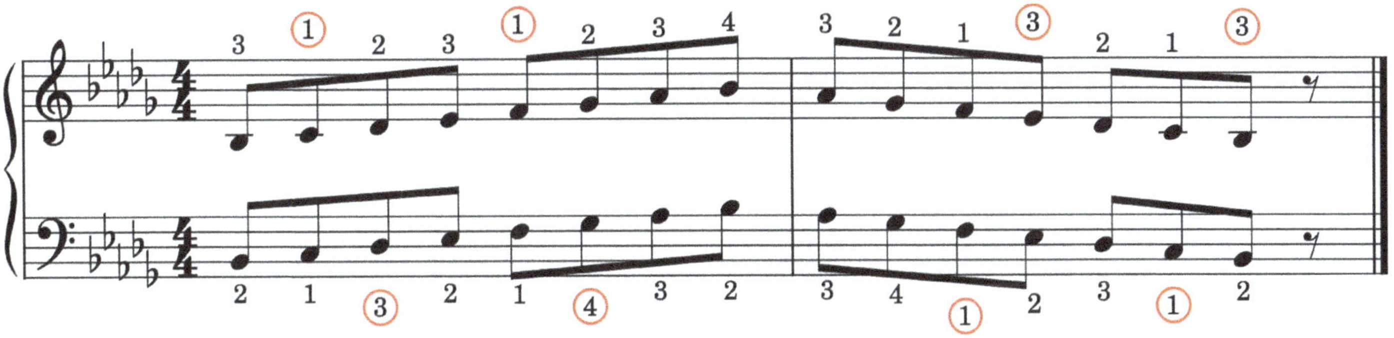

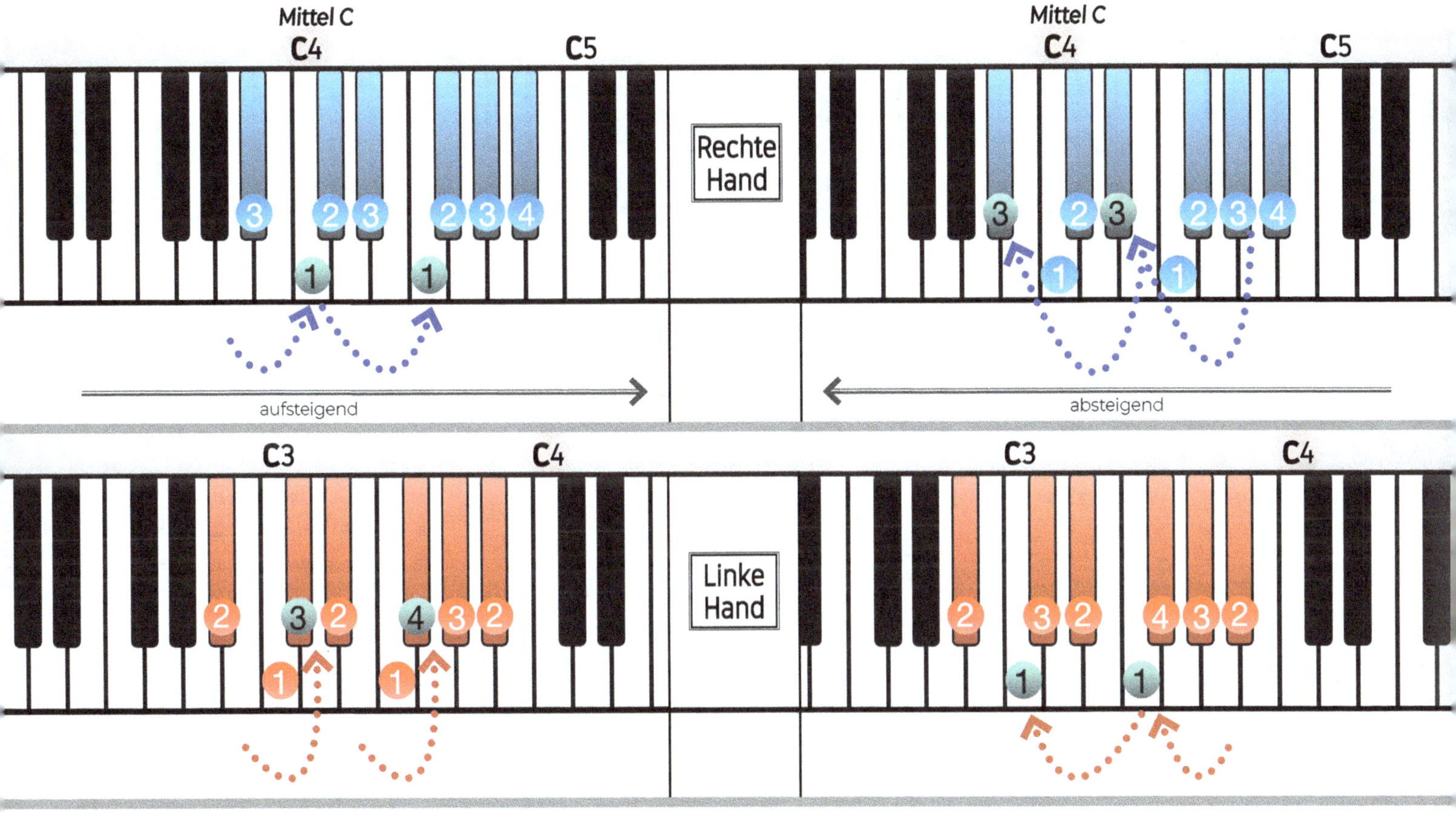

Mittel C
C4
C5
Rechte Hand
aufsteigend
absteigend

C3
C4
Linke Hand


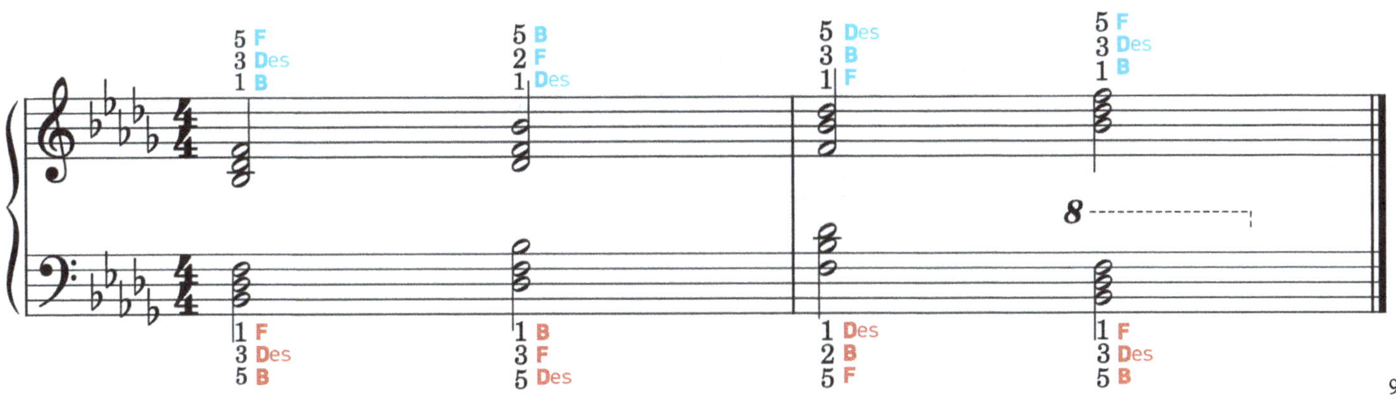


Grundakkord:
B -Moll Akkord ( B, Des, F)
-->B ist der Grundton

Der Grundton
der B-Moll
Skala ist B

B -Moll
Akkorde &
Umkehrungen

Umkehrung: (andere Note im Bass des Akkords)
1. Umkehrung --- > Des als tiefster Ton
2. Umkehrung --- > F als tiefster Ton

5 F    5 B    5 Des    5 F
3 Des  2 F    3 B      3 Des
1 B    1 Des  1 F      1 B

8

1 F    1 B    1 Des    1 F
3 Des  3 F    2 B      3 Des
5 B    5 Des  5 F      5 B

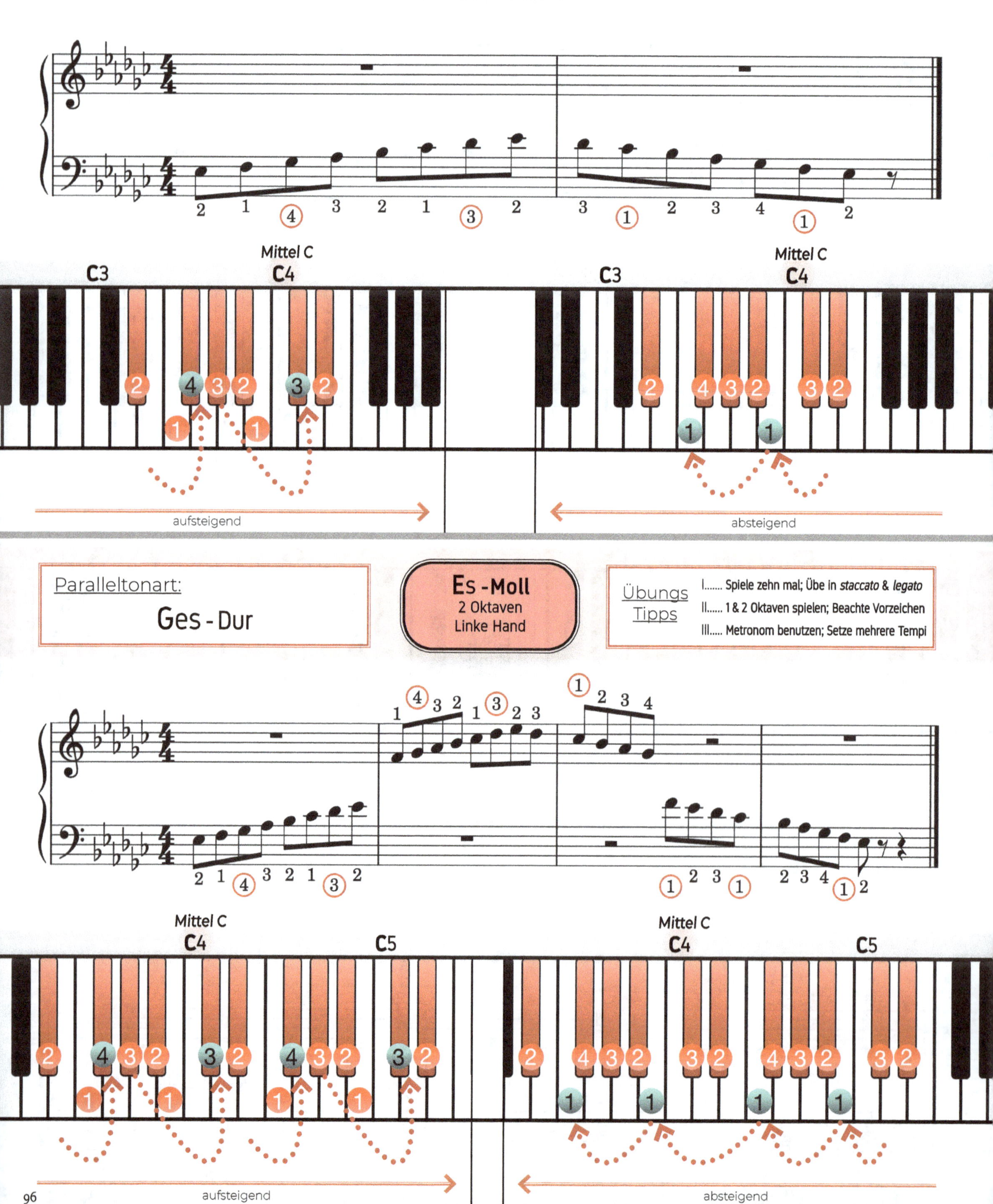

Noten der Tonleiter:
Es, F, Ges, As, B, Ces, Des
Es-Moll
1 Oktave
Linke Hand
Tonart:
6 Bs ( B, Es, As, Des, Ges, Ces )
C3
Mittel C
C4
2 1 4 3 2 1 3 2
3 1 2 3 4 1 2
2 1 4 3 2 1 3 2
C3
Mittel C
C4
aufsteigend
absteigend
Paralleltonart:
Ges-Dur
Es-Moll
2 Oktaven
Linke Hand
Übungs Tipps
I....... Spiele zehn mal; Übe in staccato & legato
II...... 1 & 2 Oktaven spielen; Beachte Vorzeichen
III..... Metronom benutzen; Setze mehrere Tempi
4 3 2 1 3 2 3
1 2 3 4
1 2 3 1 2 3 4 1 2
2 1 4 3 2 1 3 2
Mittel C
C4
C5
Mittel C
C4
C5
aufsteigend
absteigend

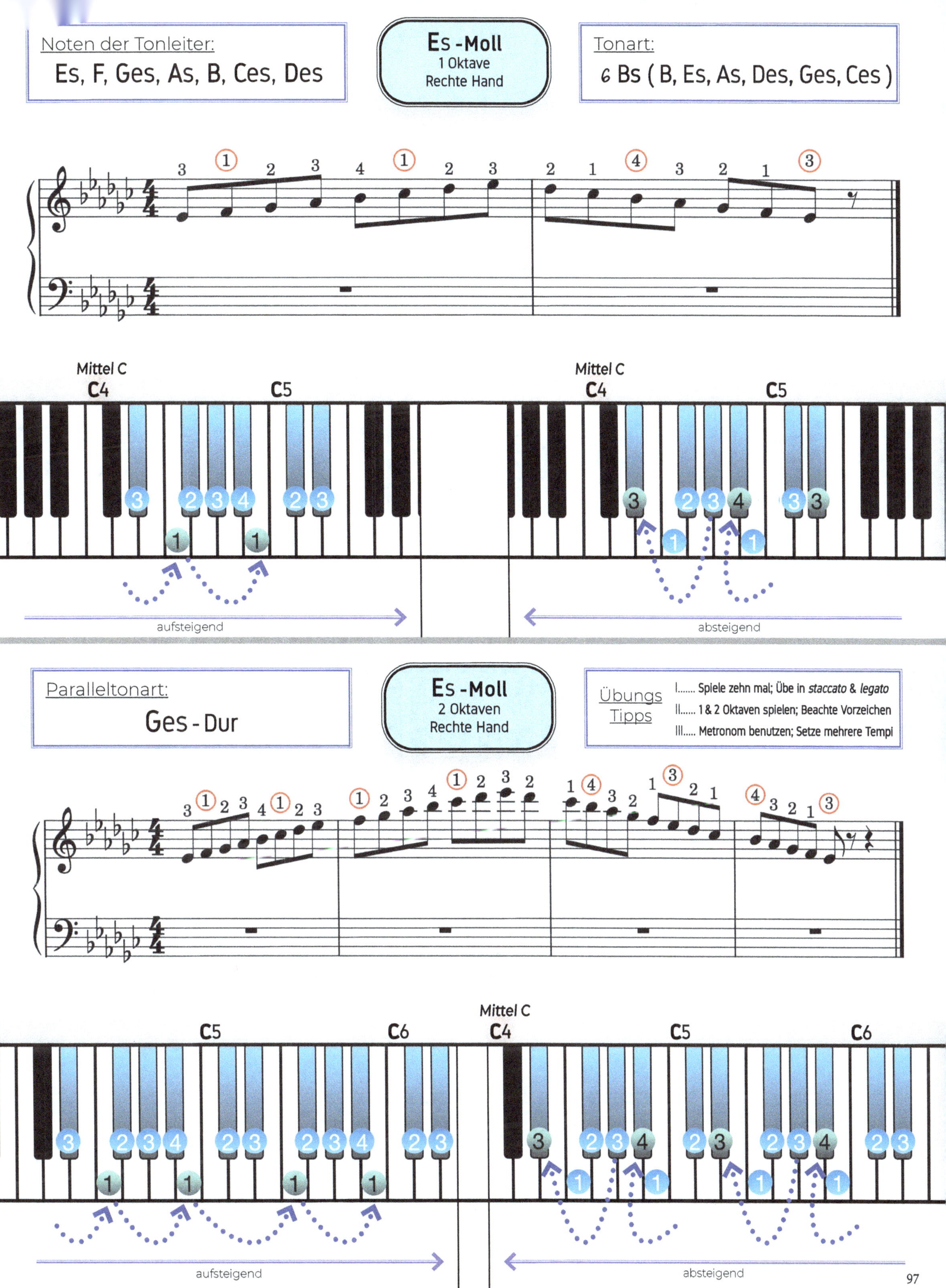
Noten der Tonleiter:
Es, F, Ges, As, B, Ces, Des
Es -Moll
1 Oktave
Rechte Hand
Tonart:
6 Bs ( B, Es, As, Des, Ges, Ces )
Mittel C
C4
C5
Mittel C
C4
C5
aufsteigend
absteigend
Paralleltonart:
Ges - Dur
Es -Moll
2 Oktaven
Rechte Hand
Übungs Tipps
I....... Spiele zehn mal; Übe in staccato & legato
II...... 1 & 2 Oktaven spielen; Beachte Vorzeichen
III..... Metronom benutzen; Setze mehrere Tempi
C5
C6
Mittel C
C4
C5
C6
aufsteigend
absteigend

Noten der Tonleiter:
Es, F, Ges, As, B, Ces, Des

Es -Moll
1 Oktave
Beide Hände

Tonart:
6 Bs ( B, Es, As, Des, Ges, Ces )

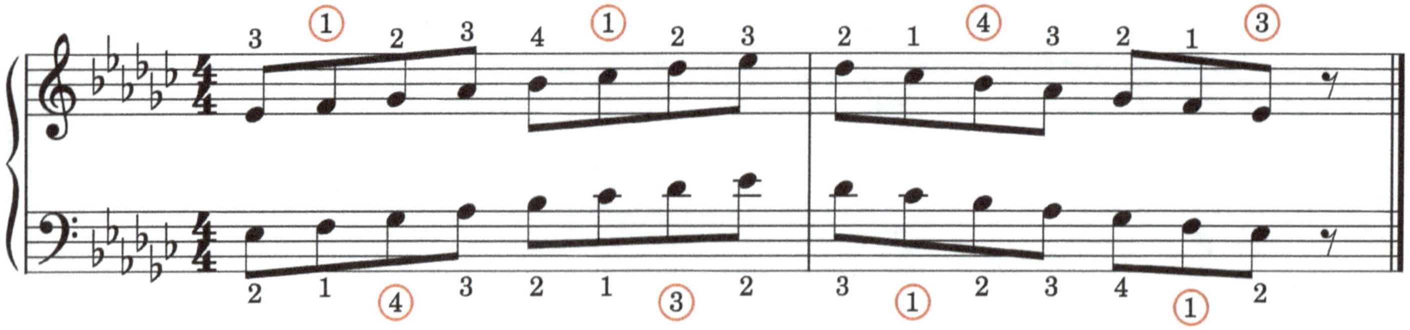

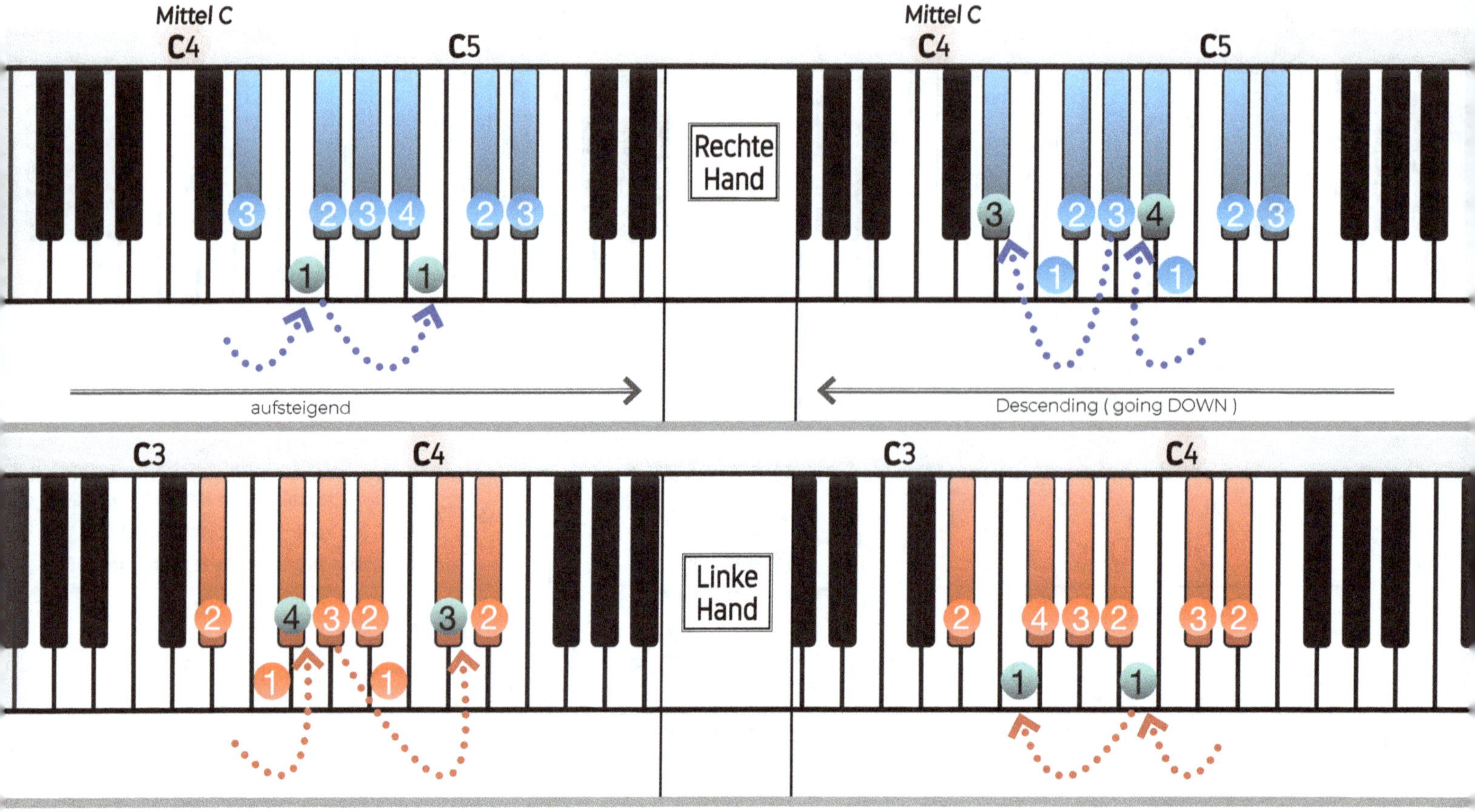

Mittel C
C4
C5
Rechte Hand
aufsteigend
Descending ( going DOWN )

C3
C4
Linke Hand

Grundakkord:
Es -Moll Akkord ( Es, Ges, B )
-> Es ist der Grundton
Der Grundton der Es-Moll Skala ist Es

Es -Moll
Akkorde &
Umkehrungen

Umkehrung: (andere Note im Bass des Akkords)
1. Umkehrung ---> Ges als tiefster Ton
2. Umkehrung ---> B als tiefster Ton

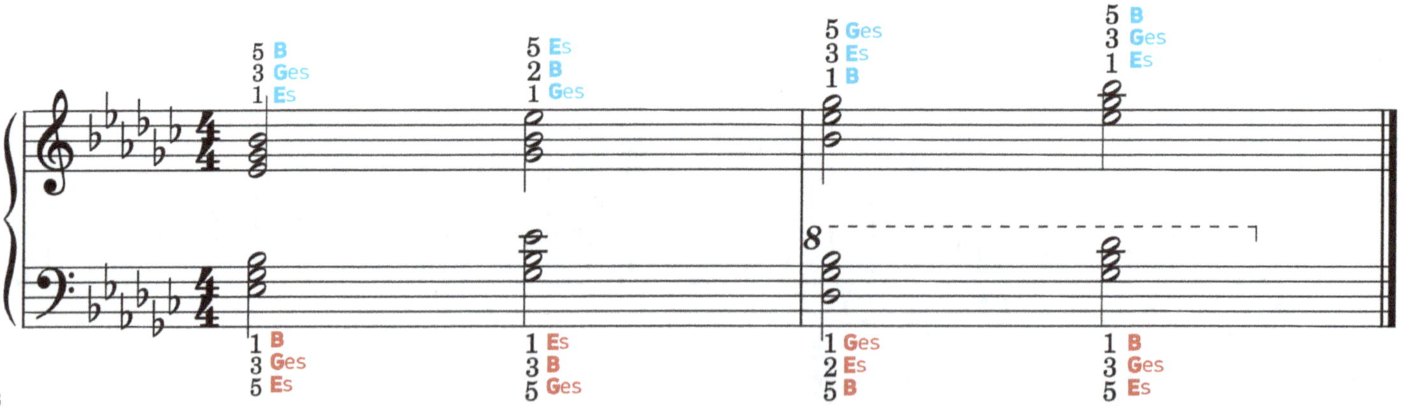

5 B
3 Ges
1 Es

5 Es
2 B
1 Ges

5 Ges
3 Es
1 B

5 B
3 Ges
1 Es

1 B
3 Ges
5 Es

1 Es
3 B
5 Ges

1 Ges
2 Es
5 B

1 B
3 Ges
5 Es

Noten der Tonleiter:
As, B, Ces, Des, Es, Fes, Ges
As - Moll
1 Oktave
Linke Hand
Tonart:
7 Bs ( B, Es, As, Des, Ges, Ces, Fes ) 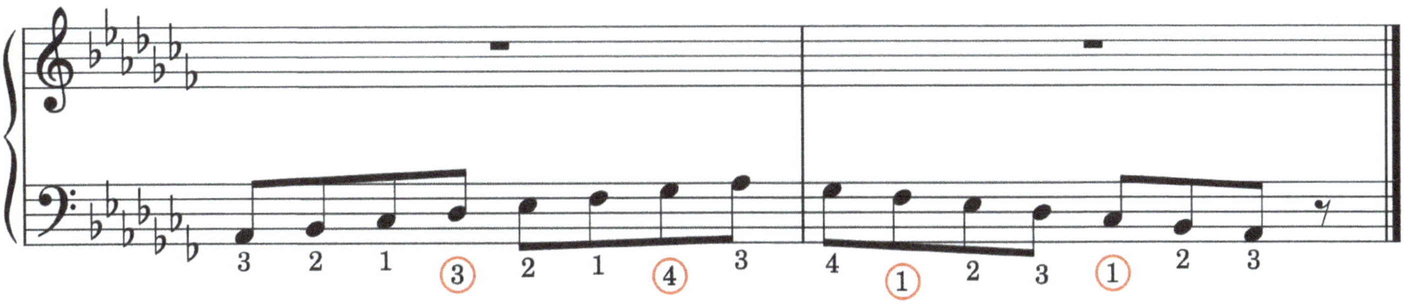 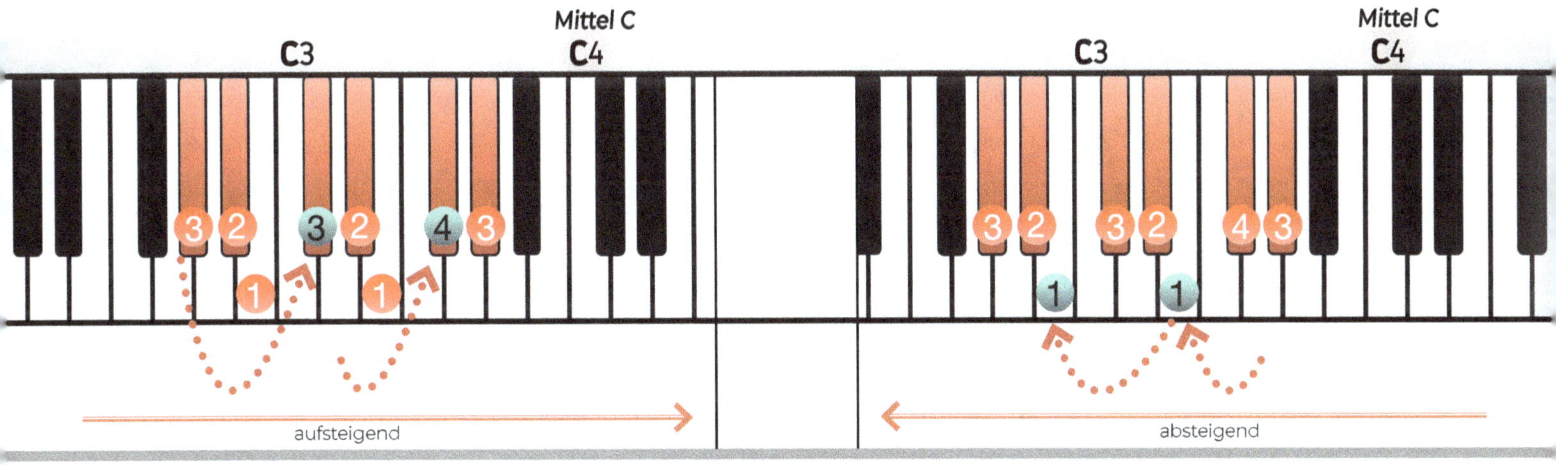
C3
Mittel C
C4
C3
Mittel C
C4
3 2 1 3 2 1 4 3
4 1 2 3 1 2 3
aufsteigend
absteigend
Paralleltonart:
Ces - Dur
As - Moll
2 Oktaven
Linke Hand
Übungs Tipps
I....... Spiele zehn mal; Übe in staccato & legato
II...... 1 & 2 Oktaven spielen; Beachte Vorzeichen
III..... Metronom benutzen; Setze mehrere Tempi
2 1 3 2 1 4 3 4 1 2 3 1
3 2 1 3 2 1 4 3
2 3 4 1 2 3 1 2 3
C3
Mittel C
C4
C3
Mittel C
C4
aufsteigend
absteigend

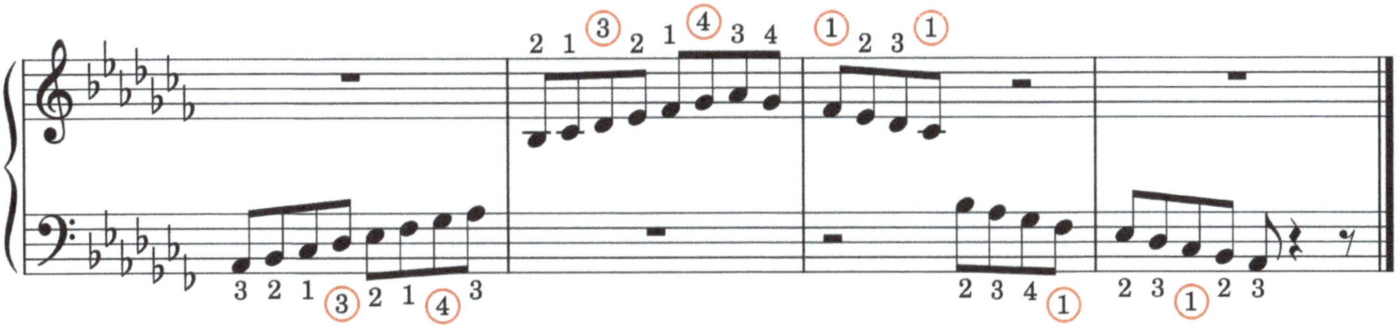

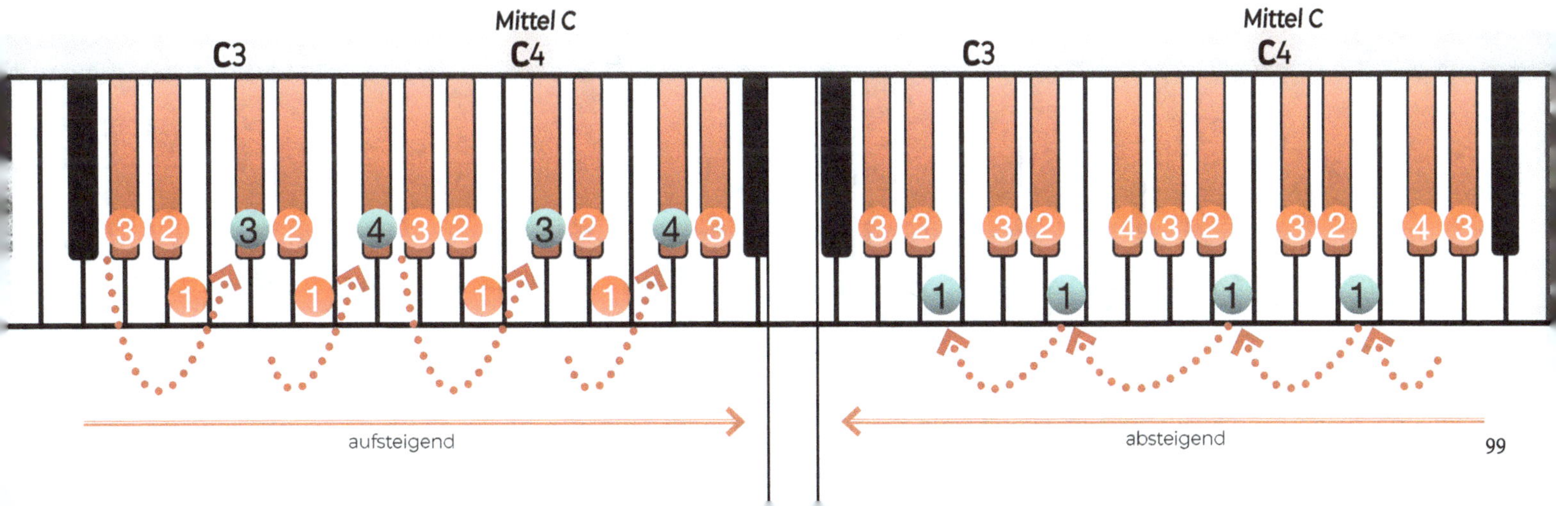

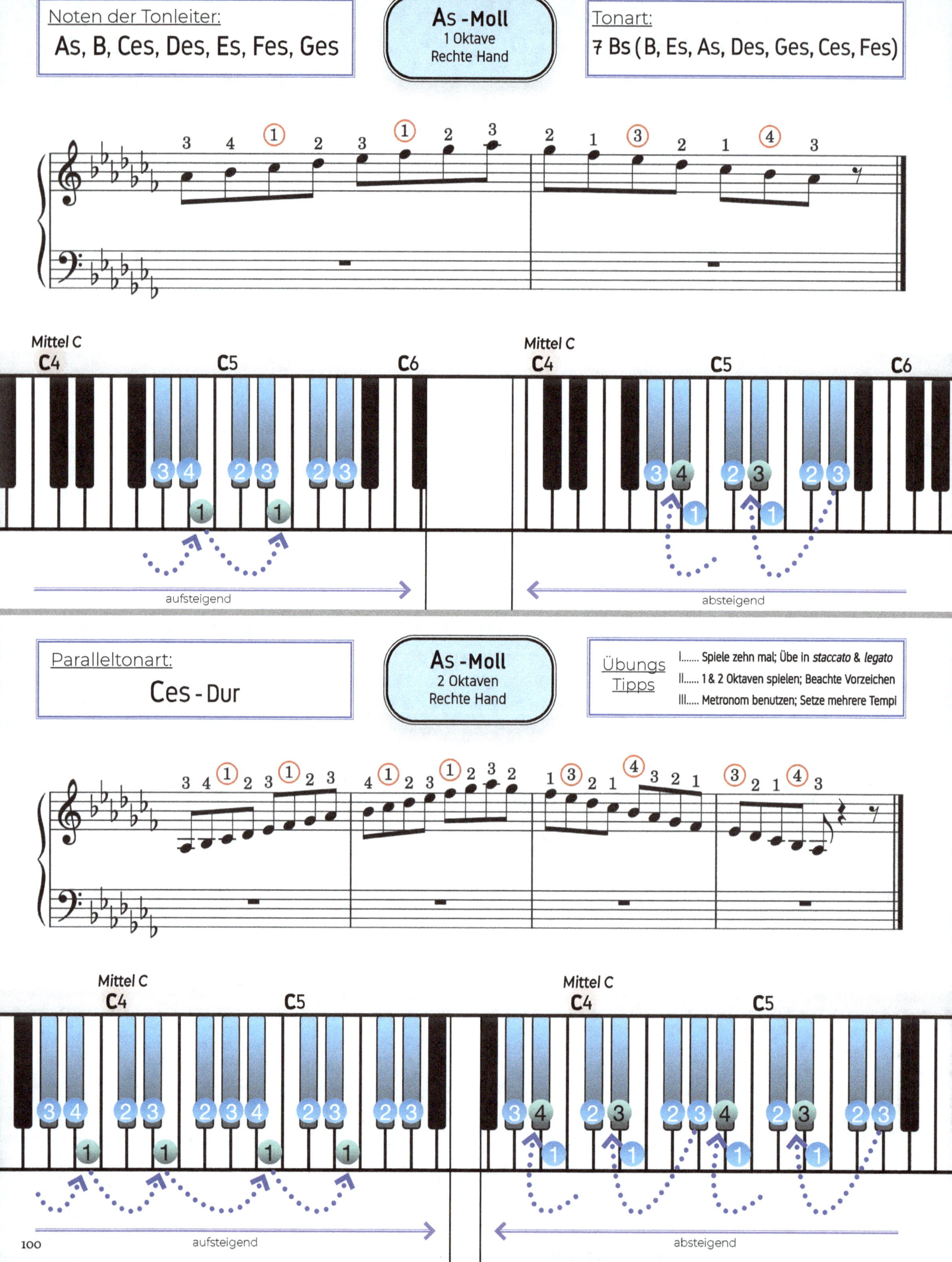

Noten der Tonleiter:
As, B, Ces, Des, Es, Fes, Ges

As -Moll
1 Oktave
Rechte Hand

Tonart:
7 Bs ( B, Es, As, Des, Ges, Ces, Fes)

Mittel C
C4
C5
C6
Mittel C
C4
C5
C6
aufsteigend
absteigend

Paralleltonart:
Ces - Dur

As -Moll
2 Oktaven
Rechte Hand

Übungs Tipps
I....... Spiele zehn mal; Übe in staccato & legato
II...... 1 & 2 Oktaven spielen; Beachte Vorzeichen
III..... Metronom benutzen; Setze mehrere Tempi

Mittel C
C4
C5
Mittel C
C4
C5
aufsteigend
absteigend

100

Noten der Tonleiter:
As, B, Ces, Des, Es, Fes, Ges



As -Moll
1 Oktave
Beide Hände



Tonart:
7 Bs ( B, Es, As, Des, Ges, Ces, Fes)

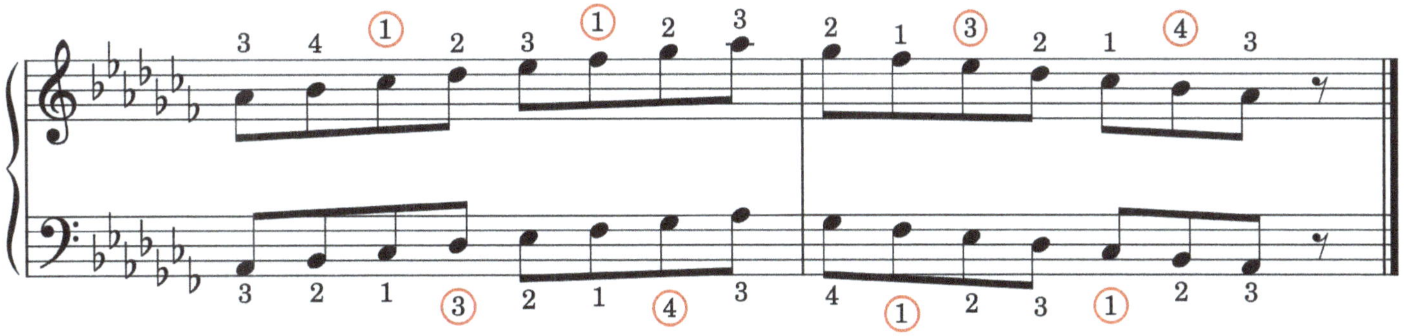

3 4 1 2 3 1 2 3 2 1 3 2 1 4 3
3 2 1 3 2 1 4 3 4 1 2 3 1 2 3

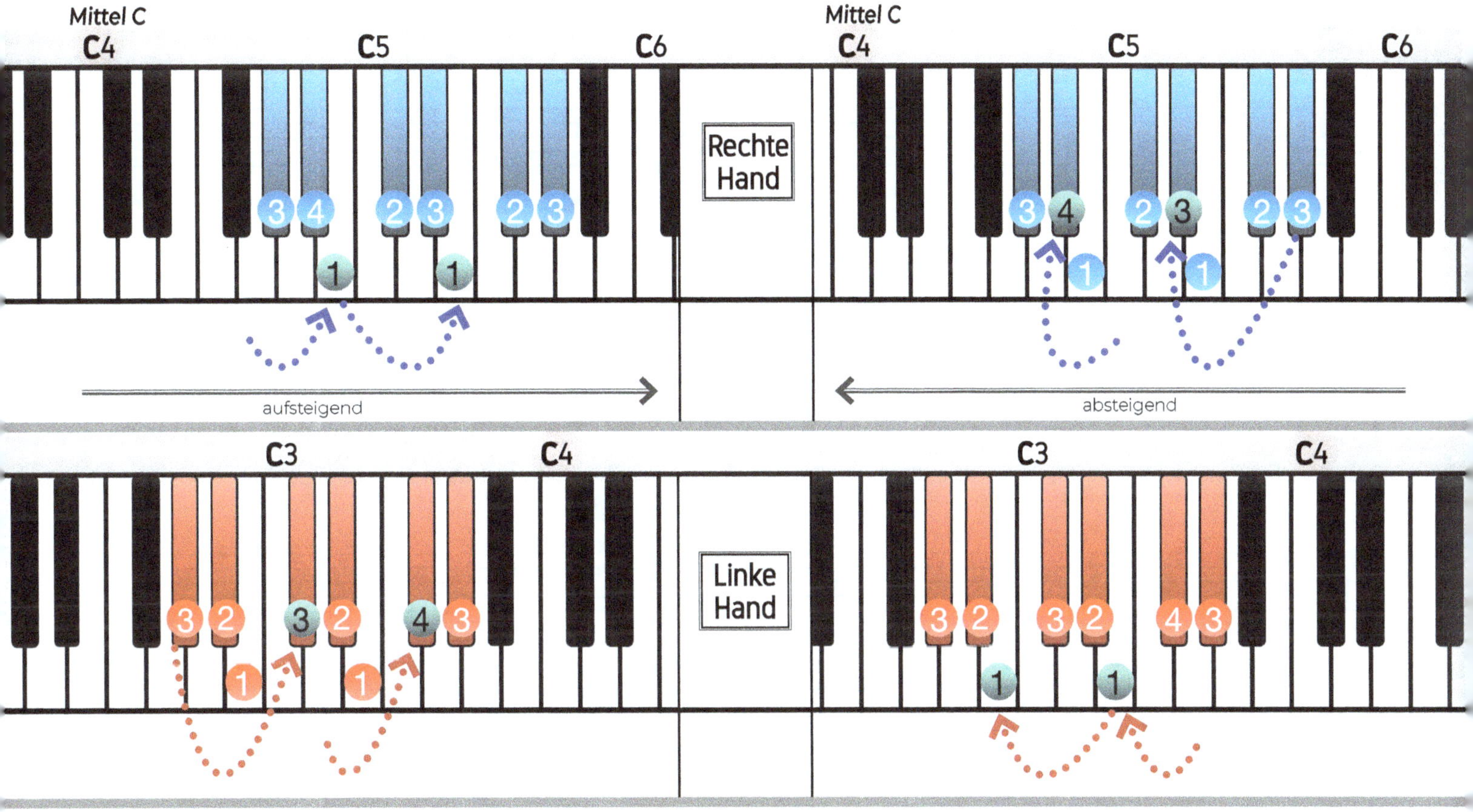

Mittel C
C4
C5
C6
Mittel C
C4
C5
C6
Rechte Hand
3 4 2 3 2 3
1 1
3 4 2 3 2 3
1 1
aufsteigend
absteigend



C3
C4
Linke Hand
C3
C4
3 2 3 2 4 3
1 1
3 2 3 2 4 3
1 1



Grundakkord:
As -Moll Akkord (As, Ces, Es)
--> As ist der Grundton
Der Grundton
der As-Moll
Skala ist As



As -Moll
Akkorde &
Umkehrungen



Umkehrung: (andere Note im Bass des Akkords)
1. Umkehrung --- > Ces als tiefster Ton
2. Umkehrung --- > Es als tiefster Ton

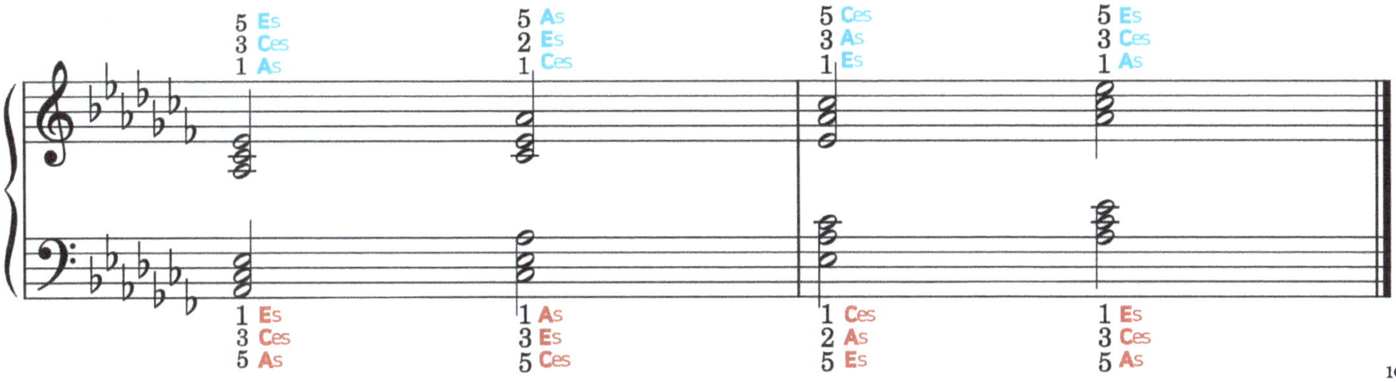

5 Es
3 Ces
1 As
5 As
2 Es
1 Ces
5 Ces
3 As
1 Es
5 Es
3 Ces
1 As
1 Es
3 Ces
5 As
1 As
3 Es
5 Ces
1 Ces
2 As
5 Es
1 Es
3 Ces
5 As

# Großes Notensystem

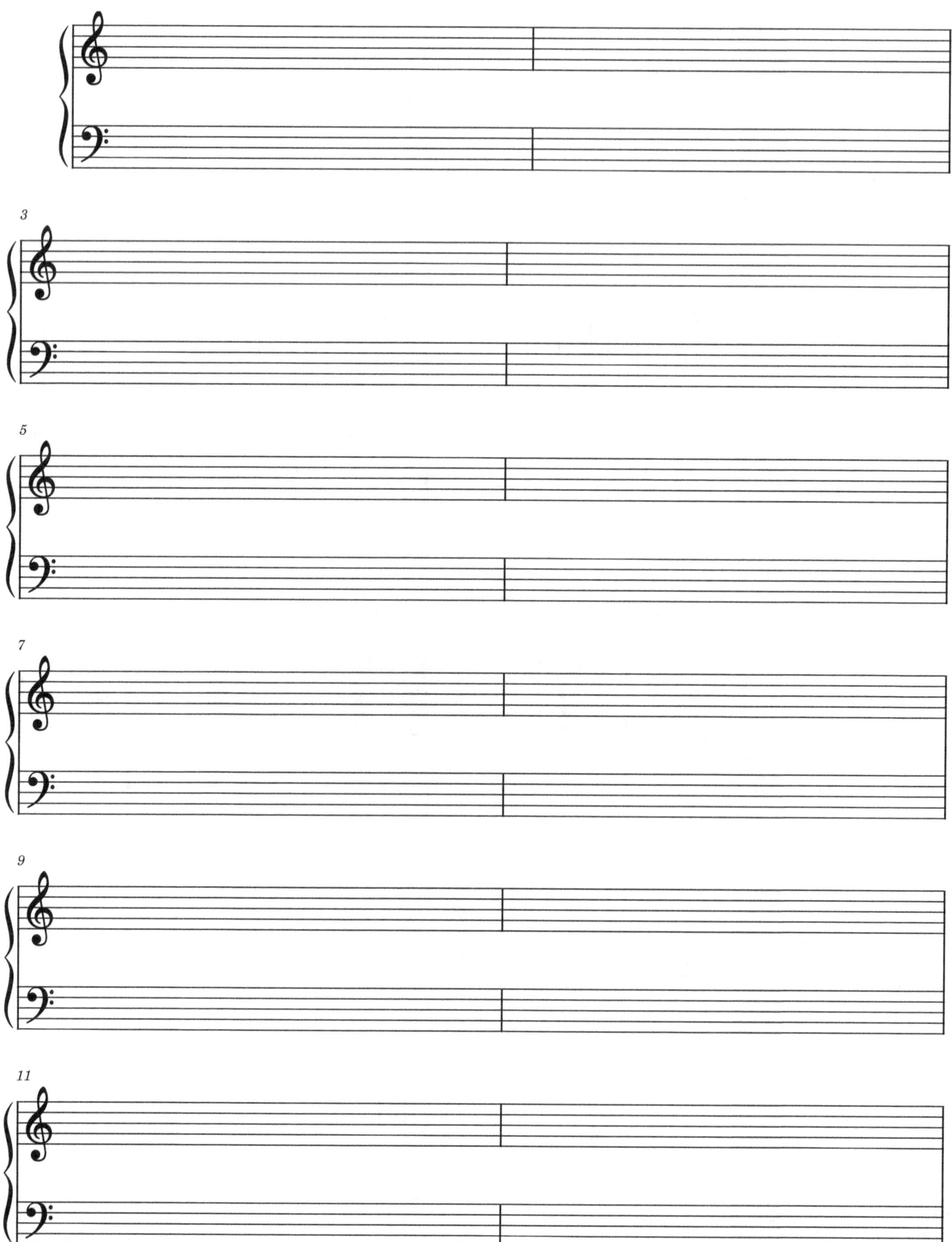

# LÖSUNG ZU ÜBUNGEN

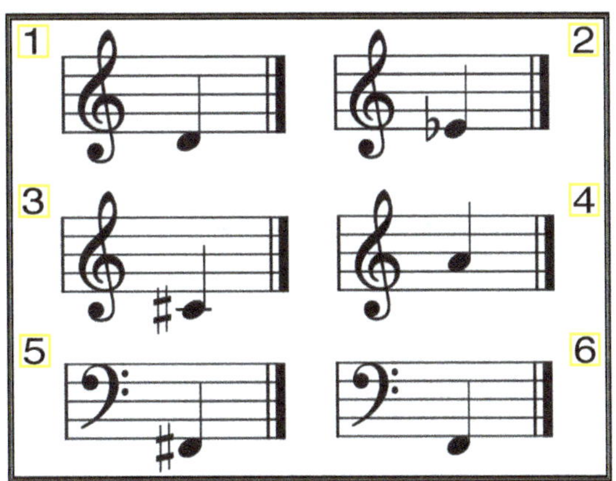

## Übung I

Schreibe jede Tonleiter aus dem Bild als <u>aufsteigende</u> natürliche Moll- Skala.

## Übung II

Schreibe jede Tonleiter aus dem Bild als <u>absteigende</u> Dur- Skala.

### Lösungen:

Man kann entweder die Vorzeichen vor jede Note setzen (siehe unten), oder die Tonart nach dem Schlüsselsymbol eintragen, wie auf unseren Seiten für die Tonleitern gezeigt.

1. D -Moll    --> *siehe S. 82*

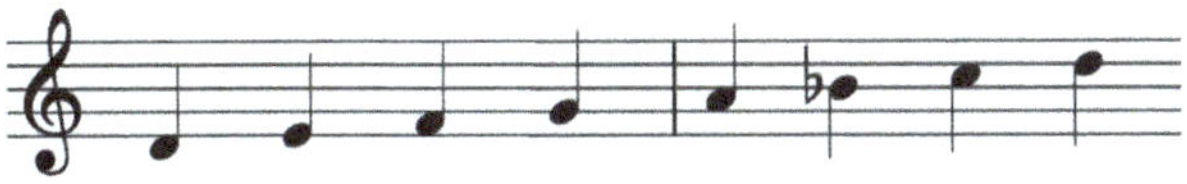

2. Es -Moll    --> *siehe S. 96*

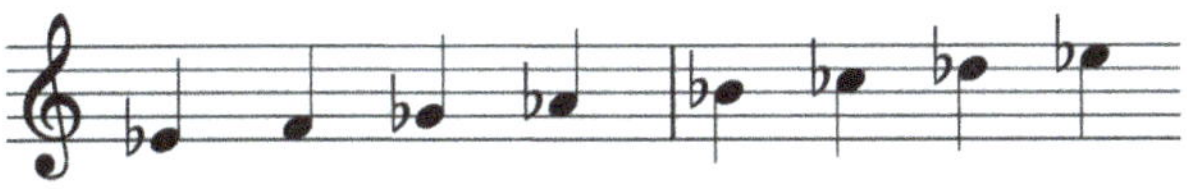

3. Cis -Moll    --> *siehe S. 68*

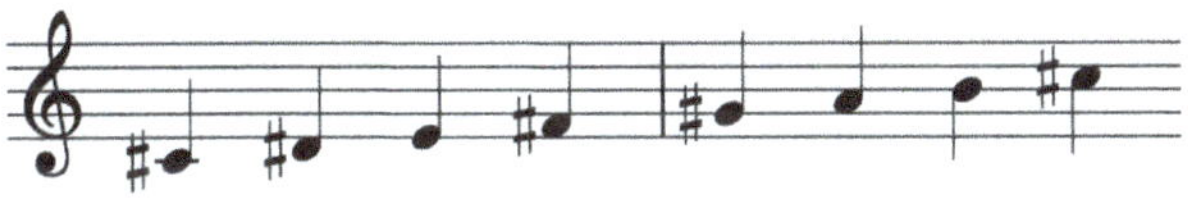

4. A -Moll    --> *siehe S. 56*

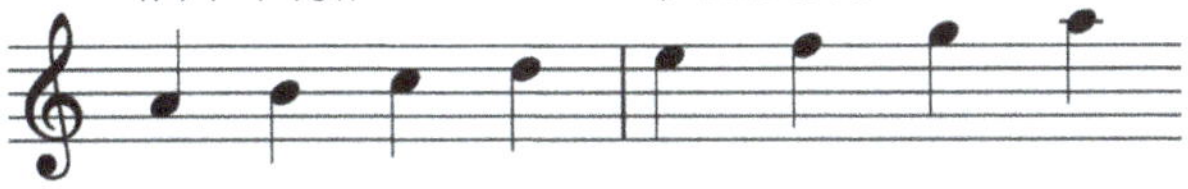

5. Fis -Moll    --> *siehe S. 65*

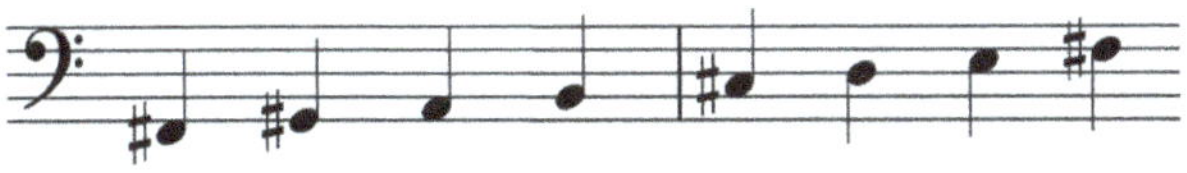

6. F -Moll    --> *siehe S. 90*

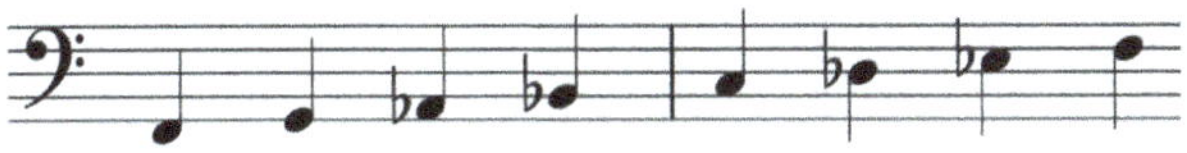

1. D -Dur    --> *siehe S. 15*

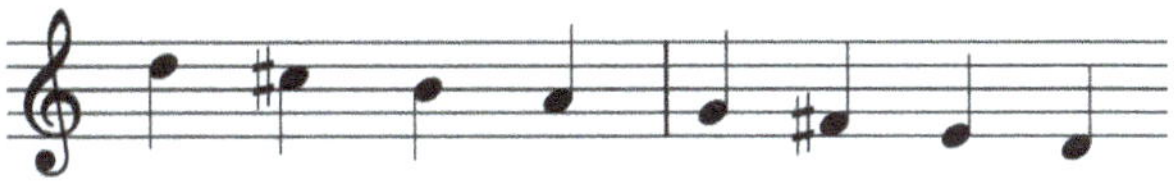

2. Es -Dur    --> *siehe S. 40*

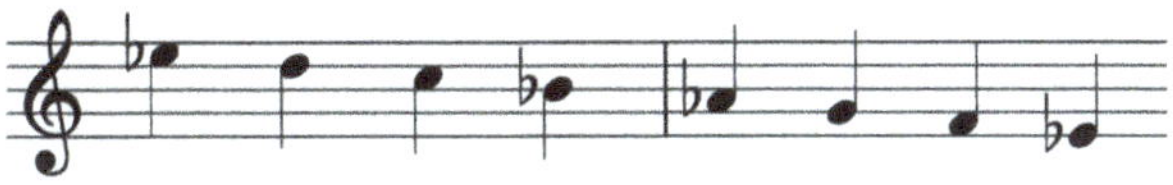

3. Cis -Dur    --> *siehe S. 30*

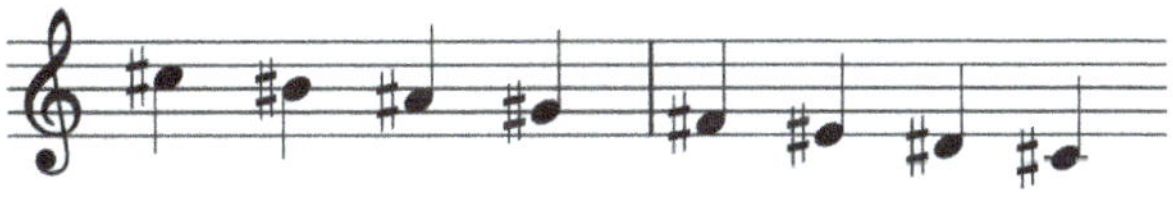

4. A -Dur    --> *ssiehe S. 18*

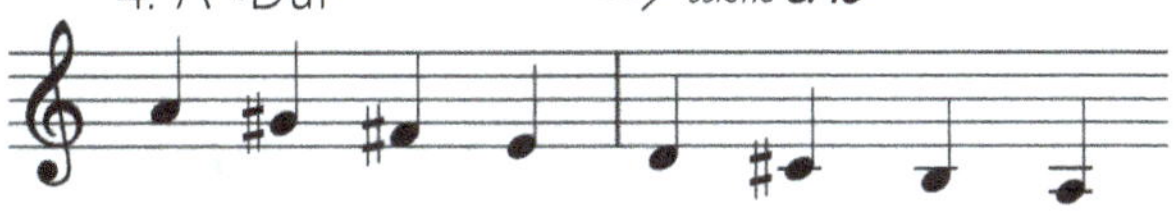

5. Fis -Dur    --> *siehe S. 27*

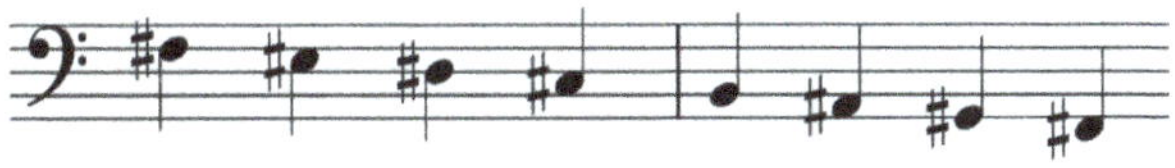

6. F -Dur    --> *siehe S. 34*

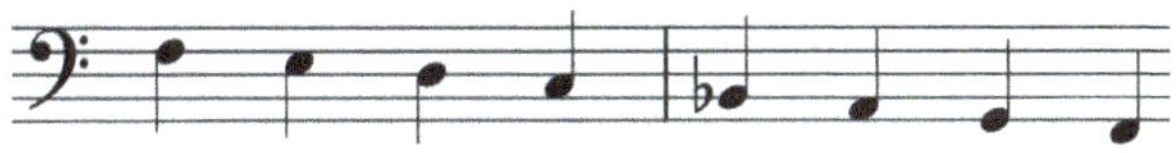

Eine Tonart ist wichtig, da sie dir Informationen gibt über die Musik, verwandten Noten und wie sie klingen könnte. Sie liefert dir ausserdem eine Richtlinie beim Komponieren, da der Quintenzirkel dir eng verwandte Tonarten angibt. Die Tonart wird üblicherweise am Anfang notiert.

# Herzlichen Glückwunsch!

Du hast es bis zum Ende dieses Buches geschafft.

Denke daran "Übung macht den Meister".

Ich hoffe dieses Buch ist weiterhin ein hilfreicher Leitfaden für dich auf deiner
Reise hin zu wundervoller Musik,
und wünsche dir alles Beste.

DER KLAVIER LEHRER BUCH REIHE:

www.HermannPress.com

www.ingramcontent.com/pod-product-compliance
Lightning Source LLC
Chambersburg PA
CBHW080330030726
47593CB00010B/2953